U0526012

汽车总动员系列丛书

汽车号牌总动员

邓勇 林平·编著

电子工业出版社
Publishing House of Electronics Industry
北京·BEIJING

内 容 简 介

世界汽车保有量目前接近15亿辆，全球道路上行驶着浩如繁星的汽车，每一辆在道路上行驶的汽车上都安装有一个相同而又独一无二的附件——汽车号牌。汽车号牌通常简称为车牌，它是各个国家汽车管理机构根据法律法规规定，对申领牌照的汽车进行审核检验并登记后，核发的带有全国唯一注册登记编码且具有相对统一格式和式样的法定凭证。车牌是政府准许汽车在道路上行驶的凭证，通过车牌可以知道汽车的所属地区，也可查到该汽车的主人及汽车的登记信息，道路交通管理与社会治安管理部门还可以通过车牌监督汽车的行驶情况。世界各国车牌种类繁多，样式各异，色彩斑斓，可谓形形色色。车牌随处可见，这看似寻常的汽车标识牌，却是一扇了解汽车历史、文化和奇趣的大门。然而，纵观全国，至今并无专门研究介绍车牌的书籍，这也正是《汽车号牌总动员》诞生的原因所在。

未经许可，不得以任何方式复制或抄袭本书之部分或全部内容。
版权所有，侵权必究。

图书在版编目（CIP）数据

汽车号牌总动员/邓勇，林平编著. —北京：电子工业出版社，2024.6
（汽车总动员系列丛书）
ISBN 978-7-121-48010-2

Ⅰ. ①汽… Ⅱ. ①邓… ②林… Ⅲ. ①车辆牌照—普及读物 Ⅳ. ①U491

中国国家版本馆 CIP 数据核字（2024）第 110794 号

责任编辑：管晓伟　　文字编辑：杜　皎
印　　刷：北京利丰雅高长城印刷有限公司
装　　订：北京利丰雅高长城印刷有限公司
出版发行：电子工业出版社
　　　　　北京市海淀区万寿路 173 信箱　　邮编：100036
开　　本：787×1 092　1/16　印张：21　字数：538 千字
版　　次：2024 年 6 月第 1 版
印　　次：2024 年 6 月第 1 次印刷
定　　价：100.00 元

凡所购买电子工业出版社图书有缺损问题，请向购买书店调换。若书店售缺，请与本社发行部联系，联系及邮购电话：（010）88254888，88258888。
质量投诉请发邮件至 zlts@phei.com.cn，盗版侵权举报请发邮件至 dbqq@phei.com.cn。
本书咨询联系方式：（010）88254460，guanxw@phei.com.cn。

前 言
Preface

2009 年，中国汽车产销量超过 1360 万辆，首次超越美国和日本，成为世界汽车产销第一大国，并保持至今；2022 年，中国汽车保有量达到 3.19 亿辆，首次超越美国，成为世界汽车保有量最多的国家；2023 年，中国汽车出口量为 522.1 万辆，首次超越日本，跃居世界首位。中国汽车工业取得了巨大的成就，让世人瞩目。

世界汽车保有量目前接近 15 亿辆，全球道路上行驶着浩如繁星的汽车，每一辆在道路上行驶的汽车上都安装有一个相同而又独一无二的附件——汽车号牌。汽车号牌通常简称为车牌，它是各个国家汽车管理机构根据法律法规规定，对申领牌照的汽车进行审核检验并登记后，核发的带有全国唯一注册登记编码且具有相对统一格式和式样的法定凭证。车牌是政府准许汽车在道路上行驶的凭证，通过车牌可以知道汽车的所属地区，也可查到该汽车的主人及汽车的登记信息，道路交通管理与社会治安管理部门还可以通过车牌监督汽车的行驶情况。世界各国车牌种类繁多，样式各异，色彩斑斓，可谓形形色色。车牌随处可见，这看似寻常的汽车标识牌，却是一扇了解汽车历史、文化和奇趣的大门。然而，纵观全国，至今并无专门研究介绍车牌的书籍，这也正是《汽车号牌总动员》诞生的原因所在。

在这本前所未有的书中，编著者将随您一同踏上一段关于车牌的奇妙旅程。

第一，我们将追溯车牌的历史渊源。从 1893 年巴黎《警察法令》的规定开始，车牌作为一种标志和证明，迅速成为汽车的"身份证"。那块保存至今的慕尼黑 1 号车牌，仿佛是一张时光的明信片，承载着汽车和人们的回忆。车牌的材质也随着时间的推移发生了翻天覆地的变化，从木板、皮革及陶瓷，到纸张、塑料和金属，每一种材质都留下了时代的痕迹。在可读性和规范性方面，车牌的编号字符大小也经历了漫长的探索和改进，目的是努力让每一块车牌都能让人们一目了然。

第二，我们将探寻中国车牌的演变历程。从清末到民国，从新中国的第 1 代到第 6 代车牌，车牌见证了中国汽车工业的诞生和成长，见证了国家的变革和发展。在车牌的背后，隐藏着各种技术标准和秘密，如序列号、校验码、二维码及正弦曲线等，构成了一张张神秘的密码图。在香港街头，我们看到车牌五光十色；进入澳门，车牌只是"红""黑""白"三色；转到台湾，细心观察，我们会发现牌号平安无"4"，背后折射的是中华文化的一脉相承……

第三，穿过太平洋，来到美国。美国是车牌种类样式最多的国家，从纽约标志性的帝国大厦到阿拉斯加的边疆，从佛罗里达阳光明媚的海岸到俄勒冈的太平洋之滨，从宾夕法尼亚的拱顶石到怀俄明的牛仔，从马里兰的"1812年战争"到印第安纳的"美国的十字路口"等，美国的历史通过车牌链接与我们邂逅。美国每个州都努力在车牌上使用独特的标识或宣传语，展示其独特的魅力、个性和诉求，背后链接的往往是美国人对自然、人文或历史的喜爱。当然，书中仅是客观展示一些宣传语，有些宣传语中不乏夸张和炫耀之辞，读者应该审慎看待。

第四，我们将在各大洲穿梭，一览全球车牌的多样性。为便于您快速、高效地了解全球车牌风貌，编著者只精选分布于各大洲不同语言及文化背景下，具有代表性的十多个国家（组织）的车牌进行介绍。从德国车牌的分类复杂到巴西车牌的简洁明了，从英国车牌的五花八门到澳大利亚车牌复杂的个性化等，每一块车牌都是一个国家的名片，将其文化、地理和历史汇聚于一身；每一块车牌都如一面镜子，映照着所属国家的风土人情与精神面貌。

第五，我们将探索车牌的奇趣之处。这里有会说甜言蜜语的个性化车牌，有违背逻辑、令人瞠目的天价车牌，还有颇带几分神秘的"666""888"等牌号数字的奇怪禁忌与诱惑……在这里，车牌不仅是标识，还可能是爱情故事的起点，是社会地位的标志，是文化差异的表达。这些车牌的奇闻趣事必然会带给您开心、感叹和思考。

希望您在短暂的"旅程"中，发现更多车牌的奥秘，感受历史的厚重，领略文化的多样性，品味奇趣的无穷。愿《汽车号牌总动员》为您带来更多的惊喜和启发！

需要说明的是，根据不同场景的需要，书中使用了"汽车号牌""汽车牌照""车牌""号牌"等词语，您可以将其理解为同一意思。而"牌号"，为车牌上的编号，一般为车辆正式注册登记编码，通常包括字母（汉字）与数字，不包括宣传语、国家名称及背景图案等。

在编写本书的过程中，编著者得到了多方面无私的帮助，特别是电子工业出版社管晓伟编辑给予了极大的鼓励和支持，在此表示感谢；香港特别行政区运输署、澳门特别行政区交通事务局、中国社会科学院栗燕杰研究员及美国亚特兰大的 Kay 女士等，对本书编写给予大力支持并提供了相关资料，在此一并表示感谢。同时，本书引用和参考了一些书籍、报刊和网站的资料，因时间跨度长，资料不断被更新转述等原因，无法一一注明出处，敬请见谅。

尽管编著者尽心竭力，力争做到历史性和现实性结合，知识性和趣味性并举，既有普遍事例又有典型代表，既科学严谨又通俗易懂，但限于编著者水平、多语种翻译及资料搜集考证难度大等因素，书中或有不当之处，请您批评指正。编著者也相信，瑕不掩瑜，本书是中国第一本聚焦汽车号牌研究的专门著作，具有开创性意义，或许能为未来中国车牌制度的改革发展提供一些有价值的参考，也能从汽车文化的独特视角为您推开一扇认识世界的窗户。

谢谢大家！

编著者
2024 年春

目录 Contents

1 车牌溯源

    1.1 1893 年巴黎《警察法令》：汽车牌照的起源   1

    1.2 慕尼黑 1 号：现存最古老的车牌   3

    1.3 从木板、皮革、陶瓷、金属到纸：车牌材质的演变   6

    1.4 多样化和标准化：车牌尺寸大比拼   10

    1.5 可读性和规范性：车牌编号字符大小   12

    1.6 从 0 到 6：挂几块车牌合法   16

2 中国车牌

    2.1 从无到有，从简到繁：清末与民国车牌   21

    2.2 从第一代到第六代：新中国车牌演变   26

    2.3 分类、材料、尺寸、编号：车牌技术标准   32

    2.4 序列号、校验码、二维码、暗记及正弦曲线：车牌上的秘密   39

    2.5 五光十色：香港车牌   43

    2.6 "黑牌""白牌""红牌"：澳门车牌   50

    2.7 平安无"4"：台湾车牌   57

3 美国车牌

    3.1 亚拉巴马（Alabama）：迪克西之心   69

    3.2 阿拉斯加（Alaska）：最后的边疆   71

    3.3 亚利桑那（Arizona）：大峡谷州   73

    3.4 阿肯色（Arkansas）：自然之州   75

    3.5 加利福尼亚（California）：金州   77

    3.6 科罗拉多（Colorado）：百年之州   80

    3.7 康涅狄格（Connecticut）：宪法之州   82

    3.8 特拉华（Delaware）：第一州   84

3.9	佛罗里达（Florida）：阳光之州	86
3.10	佐治亚（Georgia）：桃子之州	89
3.11	夏威夷（Hawaii）：阿罗哈州	92
3.12	爱达荷（Idaho）：驰名土豆	95
3.13	伊利诺伊（Illinois）：林肯之地	98
3.14	印第安纳（Indiana）：美国的十字路口	102
3.15	艾奥瓦（Iowa）：玉米之州	106
3.16	堪萨斯（Kansas）：小麦之州	110
3.17	肯塔基（Kentucky）：蓝草之州	113
3.18	路易斯安那（Louisiana）：户外爱好者天堂	116
3.19	缅因（Maine）：度假胜地	121
3.20	马里兰（Maryland）：1812年战争	123
3.21	马萨诸塞（Massachusetts）：美国精神	126
3.22	密歇根（Michigan）：清醇密歇根	129
3.23	明尼苏达（Minnesota）：万湖之地	132
3.24	密西西比（Mississippi）：木兰花州	136
3.25	密苏里（Missouri）：索证之州	139
3.26	蒙大拿（Montana）：宝藏之州	142
3.27	内布拉斯加（Nebraska）：玉米剥皮者之州	145
3.28	内华达（Nevada）：家即内华达	148
3.29	新罕布什尔（New Hampshire）：不自由，毋宁死	150
3.30	新泽西（New Jersey）：花园之州	154
3.31	新墨西哥（New Mexico）：迷人之地	156
3.32	纽约（New York）：帝国之州	160
3.33	北卡罗来纳（North Carolina）：是比似乎好	167
3.34	北达科他（North Dakota）：和平花园州	171
3.35	俄亥俄（Ohio）：航空诞生地	174
3.36	俄克拉何马（Oklahoma）：美洲原住民	178
3.37	俄勒冈（Oregon）：太平洋仙境	181
3.38	宾夕法尼亚（Pennsylvania）：拱顶石州	184
3.39	罗得岛（Rhode Island）：海洋之州	188
3.40	南卡罗来纳（South Carolina）：一息尚存，不弃希望	191
3.41	南达科他（South Dakota）：伟大的面孔，伟大的地方	195

3.42	田纳西（Tennessee）：义勇军之州	200
3.43	得克萨斯（Texas）：孤星之州	204
3.44	犹他（Utah）：团结一致	208
3.45	佛蒙特（Vermont）：青山之州	212
3.46	弗吉尼亚（Virginia）：只为恋人	215
3.47	华盛顿（Washington）：常绿之州	219
3.48	西弗吉尼亚（West Virginia）：狂野与奇妙	223
3.49	威斯康星（Wisconsin）：美国乳品场	227
3.50	怀俄明（Wyoming）：牛仔之州	231
3.51	华盛顿哥伦比亚特区（Washington D.C.）：终结无代表纳税	236

4　环球车牌

4.1	最早统一登记的国家：荷兰车牌	240
4.2	分类复杂：德国车牌	244
4.3	12个字母行天下：俄罗斯车牌	255
4.4	阿拉伯数字与阿拉伯语数字：沙特阿拉伯车牌	263
4.5	察"源"观色：尼日利亚车牌	268
4.6	复杂化、个性化：澳大利亚车牌	273
4.7	简洁明了：巴西车牌	282
4.8	赤橙黄绿青蓝紫：古巴车牌	289
4.9	车龄大小车牌晓：英国车牌	296
4.10	求大同存小异：欧盟车牌	302

5　车牌奇趣

5.1	"1 L0VE Y0U""BYE BYE"：有趣的香港自订牌号	304
5.2	一尺见方看实力：中国车牌拍卖	310
5.3	＄675000：美国最贵的车牌	318
5.4	没有最贵，只有更贵：全球车牌拍卖最高价	320
5.5	"666"和"888"：吉利号与魔鬼号	324

1 车牌溯源

1.1 1893年巴黎《警察法令》——汽车牌照的起源

在汽车诞生之初，各国政府并未要求上路汽车悬挂牌照。

随着19世纪末汽车工业的快速发展，汽车产销量增加，加上原有的马车，欧洲许多城市的道路愈加拥挤，叠加公共安全等因素，欧洲各国开始考虑如何处理汽车带来的新问题。法国首开先河，法国政治家、时任巴黎警察局局长的路易·莱皮纳（图1-1）下定决心要对巴黎街道上行驶的车辆[①]进行规范监管，于1893年8月14日签署通过《警察法令》，其中规定每辆汽车均须在一块金属牌上清楚地写上车主的姓名（名称）、地址及经授权的编号。该金属牌应放在车身左侧，且任何时候不能遮挡和隐藏。这种写上授权编号的金属牌，就是公认的现代车牌的起源。该法令的实施，让法国成为第一个实行汽车牌照制度的国家。

图1-1 路易·莱皮纳

实际上，法国首次尝试车辆登记挂牌可以追溯到18世纪，只是那时的车辆还不是现代意义上的汽车。1749年，巴黎的一位警官曾向国王路易十五建议在巴黎建立车辆登记系统。有趣的是，这位警官的主要动机是为了更好地追踪巴黎的罪犯，以控制该地的非法活动，但其建议并未得到路易十五的采纳。直到1783年，路易十五的继任者（他的孙子路易十六）采纳了建立车辆登记系统的建议，强制要求巴黎的马车夫在车厢上放置金属牌，金属牌上面记录车夫名字和居住地址等信息。19世纪，里昂等其他几个法国城市也先后施行了马车登记制度。

1893年的巴黎《警察法令》除规定车牌的使用外，还引入了许多革命性与前瞻性的制度要求，包括车辆登记、驾驶能力证明、危险品运输和车速限制等。

对于车辆登记，法令规定，除用于特许铁路运营的机动车辆外，未向警方申请并经授权，任何车辆不得投入使用。授权申请书一式两份，应当载明车辆的尺寸、重量、最大轴重，车辆、

---

① 如无特别说明，本书所指"车辆"泛指包括汽车在内的各种机动车。

发动机及制动部件制造商的名称和住所，以及预定用途等信息。

对于驾驶能力证明，法令规定，申请人必须向当局工程师或其代表证明：本人具备迅速、安全地使用启动、停止装置及车辆转向所需的经验，能够识别各种设备是否处于良好工作状态，并采取必要的预防措施防止爆炸和其他事故，可以在必要时修复车辆在行驶过程中的轻微故障。申请人经测定合格的，将获得能力证书。法令同时规定，证书只发给年满21周岁的申请人。法国巴黎在1899年发出的机动车驾驶能力证书如图1-2所示。

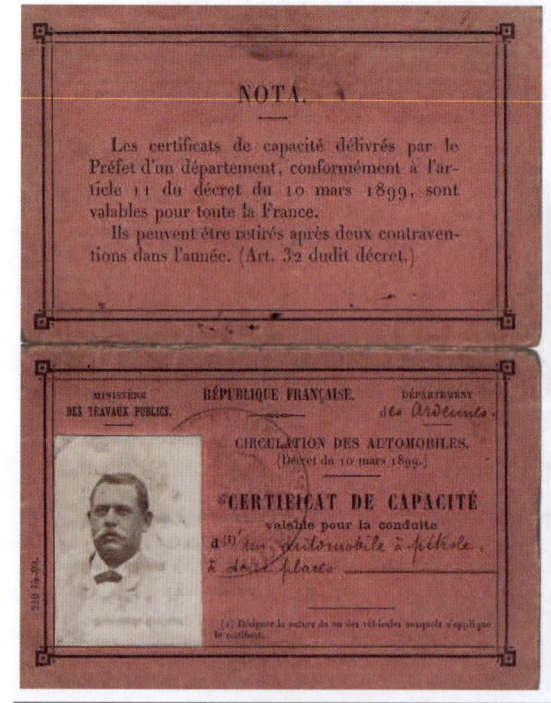

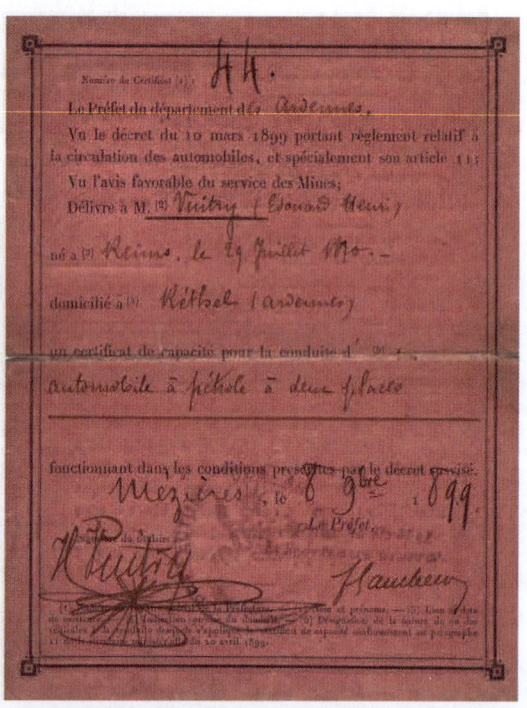

图1-2 法国巴黎在1899年发出的机动车驾驶能力证书

对于危险品运输，法令规定，盛装易燃易爆物品的液舱、喉管及相关部件，其制造及维修必须保证良好的密封性。法令还对驾驶人报警责任进行明确，要求发生人身意外、重大财产意外或任何爆炸事件，车主或驾驶人必须立即告知警务部门。

对于车速限制，法令规定，在人口稠密地区，车速不得超过12千米/时；在开阔的乡间，车速可以提高到20千米/时，但仅限于平坦、宽阔、弯道较缓及交通流量较小的道路。在任何时候，驾驶人都必须遵守限速规定。

法令还有许多对现行交通管理颇具启发意义的规定。例如，禁止驾驶人阻断葬礼车队、军用车队及学校队伍等，禁止车辆在上午10时前通过政府中央大厅前，要求驾驶人相互不得竞速驾驶。

从此，巴黎开始实施车辆注册登记制度并分配车辆编号，车牌由车主提供并悬挂。

巴黎在车辆管理和公共安全管理上取得的成功，让该制度得以推广实施。根据1901年9月的另一项警察法令，对机动车辆悬挂车牌的要求已扩展到法国全境，并适用于任何时速超过

30 千米/时的车辆，车牌编号也统一为三位阿拉伯数字加一个代表某地区的字母，如 456-M，M 代表马赛地区（Marseille）。

1896 年，德国紧随其后，成为第二个实施车牌制度的国家。1898 年，荷兰全国实施统一的车牌制度。1900 年，比利时和西班牙相继引入车牌制度。随后，美国、瑞士、加拿大及丹麦等国也陆续实施车牌制度。车牌制度随着汽车工业的发展，以燎原之势，逐渐成为全世界各个国家采用的管理汽车最广泛和最有效的制度。

当然，车牌制度的扩展并非一帆风顺。1899 年，英国著名的《汽车》（The Autocar）杂志坚决反对引入类似法国车牌制度的提议。该杂志的一篇文章表示："一辆汽车必须携带一个编号的牌匾，就像普通的出租车一样，这足以阻止很多人使用这种车辆。"

那时出租车只有马车和"蜂鸟"电动汽车，1897 年的"蜂鸟"电动汽车如图 1-3 所示。

图 1-3　1897 年的"蜂鸟"电动汽车

1901 年 3 月，《汽车杂志》（The Motor Car Journal）报道，比利时布鲁塞尔每辆车都由警察编号，"这些数字非常丑陋，给人的印象是，这些汽车不是私人车辆，而是出租的车辆"。受访的车主表露出对车牌编号的不屑和反感，声称车牌制度会"引起对主体权利的各种轻微干涉"，而该记者也认为英国采取任何类似法国的做法将会"灾难性地影响（汽车）行业的发展"。在英国，驾车者也进行了反击，一些人甚至宣称，如果引入车牌制度，他们就会完全放弃汽车。但是，一些郡议会和地方当局，在马车团体等利益集团和其他不喜欢汽车的人支持下，坚持认为应该立法强制使用车牌。只是这种推进使用车牌的目的在于阻止汽车被使用，似乎颇为荒唐。

从现在的视角看，无论驾车者阻止车牌制度推行，还是马车团体支持车牌制度推行，似乎都有些荒谬甚至可笑，但新事物被认可总是需要时间的，历史也总是在曲折和迂回中前进的，这正为我们提供了一个以史为鉴的故事。

1.2　慕尼黑 1 号
现存最古老的车牌

在汽车开始悬挂车牌之前，大部分地区普遍实行过注册登记以获得当局许可使用汽车这一制度，早期通常发放纸质许可。

最早的汽车驾驶许可出现在 1888 年。卡尔·本茨制造出汽车后，车辆发出的噪声和排出的油烟引起不少人向政府部门投诉，地方当局最后坚持要求卡尔·本茨需要获得在公共道路上驾驶汽车的书面许可。该许可于 1888 年 8 月 1 日发出，主要载明车辆的驾驶地域范围与责任，本茨签名确认——这便是世界上第一张汽车驾驶许可证。可以说，这张许可证在一定程度上兼具现代驾驶证与行驶证的功能。本茨的妻子贝尔塔·林格也于 1888 年 8 月 5 日从曼海姆驾驶汽车出发到 100 千米外的普福尔兹海姆，完成了世界上第一次长途驾驶，这让汽车的可靠性和可行性更加令人信服。

传说世界上第一块汽车车牌是在德国柏林出现的，它的主人是当时经营汽车的商业家鲁道夫·赫尔措格，他的汽车车牌上写有 JA1 字样。在一次晚宴上，有记者问鲁道夫车牌上的符号是什么意思。他答道："JA 是我妻子姓名的缩写，她叫约甘纳·安凯尔；数字 1 表示我对她一片忠诚。也就是说，约甘纳·安凯尔是我第一个，同时是我唯一的心上人。"这终归是传说，固然美好，但不可信。

1896 年，德国开始引入车牌制度。现存最古老的汽车车牌就是在德国发行的，如图 1-4 所示。根据帕特里克·罗伯逊的《第一之书》（*The Book of Firsts*）记载，现存最古老的汽车车牌是 1899 年 4 月 14 日由德国巴伐利亚州慕尼黑警察局发行的 1 号车牌，受领人为当地汽车制造商人赫尔曼·贝斯巴斯和丹尼尔·贝斯巴斯兄弟，该车牌用在他们的沃特堡汽车上。该车牌黑字红底，数字 1 位于中央，并未标注发行年份及发行地等信息。丹尼尔·贝斯巴斯与他驾驶的沃特堡汽车（1899 年）如图 1-5 所示。

图 1-4　现存最古老的汽车车牌

2010 年，吉尼斯世界纪录认证机构颁发给加拿大人约翰·罗伯茨一项纪录——世界上最古老的车牌，并注明"最古老的车牌是来自加拿大不列颠哥伦比亚省维多利亚市的 1884 年哈克尼出租马车车牌，车主是约翰·罗伯茨（加拿大）"。当然，这里所说的车牌并不局限于汽车车牌，包括马车车牌。约翰·罗伯茨和他的 6 号车牌如图 1-6 所示。

图 1-5　丹尼尔·贝斯巴斯与他驾驶的沃特堡汽车

图 1-6 约翰·罗伯茨和他的 6 号车牌

然而，就在罗伯茨庆祝获得吉尼斯世界纪录之后，这项世界纪录很快在车牌收藏家中引起争议。历史学家、车牌收藏业余爱好者、《来自后保险杠的故事：不列颠哥伦比亚百年车牌》（Tales From the Back Bumper, A Century of BC License Plate）一书的作者克里斯托弗·加里什在美国车牌收藏家协会（Automobile License Plate Collectors Association）主办的杂志《牌照》（Plates）中发文提出质疑，指出那个时代的维多利亚市章程表明罗伯茨的车牌是在 1913 年发行的。更关键的是，他还提供了同款但编号更小的 1 号和 2 号车牌。克里斯托弗·加里什提供的 1 号车牌如图 1-7 所示。随后，吉尼斯世界纪录机构撤销发出的"世界上最古老的车牌"纪录，也不再受理该项纪录的申报。罗伯茨原本打算将该车牌以 790 万美元卖给阿联酋买家的交易也直接告吹，后来只能无奈地表示："我只能想象，或许吉尼斯已被多如牛毛的最古老的车牌申报所淹没，他们已经厌倦了。"

图 1-7 克里斯托弗·加里什提供的 1 号车牌

或许，"第一"总是要面对来自四面八方的挑战，但可以确认的是，1899 年德国巴伐利亚州慕尼黑警察局发行的 1 号汽车车牌是已知现存的世界第一块汽车车牌。

1.3 从木板、皮革、陶瓷、金属到纸——车牌材质的演变

车牌制作材料是决定车牌使用寿命和牌号可识读性的关键因素，受到材料资源、加工能力、制作成本及特定使用环境等诸多因素影响。随着科学技术的发展，车牌的制作材料在不断演化和改进。

在汽车车牌被使用之前，世界不少地方为加强对马车的管理，开始在辖区内为马车编号并发放车牌。当然，这些牌子还不能称为现代意义上的车辆牌照，但对后续汽车车牌的发行与发展奠定的基础是毋庸置疑的。

从现存的马车车牌看，马车车牌可以追溯到19世纪初甚至更早的时间。18世纪末或19世纪初，英国在乔治三世统治期间，已经开始为运输邮件的马车设置皇家邮政编号牌。1847年9月22日获得批准通过的《悉尼哈克尼马车法》，第19条明确要求每辆马车都必须在车厢侧面安装高度不低于2英寸（约50.8毫米）和印有该牌照号码的锡制编号牌。之后，俄罗斯和美国等一些地方为马车发放编号牌，通常只要求金属材质，并未明确具体使用哪一种金属。从现存马车车牌看，使用铜制作的居多。1860年俄国圣彼得堡马车车牌如图1-8所示。1879年美国新奥尔良马车车牌如图1-9所示。

图1-8　1860年俄国圣彼得堡马车车牌　　　　图1-9　1879年美国新奥尔良马车车牌

1893年8月14日，法国巴黎警察局通过《警察法令》，该法令第17条规定："每辆机动车均须在金属牌上以可见及可读的文字标明其车主的姓名或名称与住所，以及在许可的申请书上所分配的识别号码。"该法令规定的写有授权编号的金属牌，被认为是现代车牌的起源，同样只要求使用金属材质。现存最古老的汽车车牌——1899年4月14日由德国巴伐利亚州慕尼黑警察局颁发的1号汽车车牌，也是用金属制作的。19世纪初，欧洲研制出铸铁搪瓷；19世纪中期，钢板搪瓷在工业发展中兴起。从世界上最古老的汽车车牌的外观可以推断其极有可能是在钢板上使用搪瓷技术制作而成的。

20世纪初，美国汽车工业蓬勃发展，大部分州开始实施车辆注册登记制度，这些州大多数经历了由车主自己提供车牌和政府统一制作发行车牌两个阶段。

在车主自己提供的车牌中，有的由车主用手头材料制作或从五金店购买套件制作，有的则委托专门的制作商或从汽车俱乐部获得，方式和渠道颇多。在车牌制作中，金属架、木板与皮革是最常用的材料。有的将皮革包裹在金属架上，再将预制好的牌号字符铆在皮革上制成车牌；还有的将预制好的单个牌号字符，按车主登记的编号选用并安装固定在预制的金属框或金属板上。各国早期对车牌制作的规定比较宽泛，因此车牌式样、布局和材料等各种各样。由车主提供，使用金属、木材及皮革等作为材料制作的车牌，受道路泥泞及风霜雨雪侵蚀等影响，其可识读性及耐用性不足；随着车辆的增加，车牌难以规范管理等不足愈加凸显，政府统一制作车牌便成为合适的选择。

美国早期发行的车牌一般由州或城市当局负责制作，以搪瓷车牌为主。1909年年底，美国有12个州已经开始发行搪瓷车牌，之后向西部和南部扩张。1913年，美国同时发行搪瓷车牌的州达到最高峰的19个。1915年年底，美国近九成的州正在发行或曾经发行过搪瓷车牌。美国发行的搪瓷车牌如图1-10~图1-12所示。由于容易产生裂纹和脱瓷等缺点逐渐暴露，搪瓷车牌实际上很快开始衰落。1914年，美国有3个州停止发行搪瓷车牌，到1930年几乎不再有州或城市继续发行搪瓷车牌，而是转向金属压纹印制车牌。例如，特拉华州在1909年开始发行搪瓷车牌，1916年改为发行以薄钢板为底板制作的车牌。

图1-10　美国纽约州1912年发行的搪瓷车牌

图1-11　美国印第安纳州1913年发行的搪瓷车牌

图1-12　美国特拉华州1915年发行的搪瓷车牌

美国后来发行的金属车牌以薄钢板为基础，多采用压纹印制的方法压印字符图案，再烤漆上色。纽约州 1915 年以钢为底板的车牌如图 1-13 所示。有的州短暂使用钢铁以外的金属作为材质制作车牌，如亚利桑那州在 1932—1934 年采用铜制作车牌。为什么使用铜制作车牌？根据《亚利桑那州公路》（*Arizona Highways*）杂志在 1931 年 9 月发表的一篇文章，受经济大萧条影响，该州生产的铜价格暴跌，铜矿要么大幅削减产量，要么完全关闭，导致数千名矿工失业，结果整个州都受到严重影响。于是，该州公路委员会批准使用铜制作车牌，以帮助该州铜开采冶炼行业重新振兴。亚利桑那州 1933 年铜制车牌如图 1-14 所示。第二次世界大战中后期，亚利桑那、犹他及蒙大拿等州一度短暂使用大豆纤维作为材料制作车牌，以减少金属使用，尽量保证战争中的军工金属需求。第二次世界大战时期伊利诺伊州大豆纤维车牌如图 1-15 所示。

图 1-13　纽约州 1915 年以钢为底板的车牌

图 1-14　亚利桑那州 1933 年铜制车牌

图 1-15　第二次世界大战时期伊利诺伊州大豆纤维车牌

美国20世纪早期使用的钢板车牌，由于受材质和加工技术的影响，往往使用一年半载后，容易锈蚀，致使牌号不便识读。20世纪60年代，因重量相对较轻、不易锈蚀及使用时间长等特点，铝板逐渐成为车牌的主要材料。至于使用铝制车牌的历史，可以追溯到更早时期。1911年，密苏里州制作发行由两块铝板拼装而成的车牌——将一块带有凸纹印制字符的较薄铝板固定在另一块较厚的铝板上，但只发行了一年，便改用薄钢板作为车牌底板。美国密苏里州1911年铝制车牌如图1-16所示。

图1-16 美国密苏里州1911年铝制车牌

美国旁边的加拿大，车牌制作材料也在不断变化。以魁北克省为例，在发行车牌之初的1908—1910年，使用橡胶制作车牌，不太令人满意；在1911年试验搪瓷车牌，结果因其太脆弱，仅发行了一年就结束了。加拿大魁北克省1911年搪瓷车牌如图1-17所示。1912年，魁北克省改用纤维板制作车牌。纤维板一般以木质纤维为原料，通过添加胶粘剂制作而成，具有成本低廉、制作容易等特点。这种材质的车牌一直发行至1924年。1925—1943年，魁北克省以钢板为基础，通过压纹印制的方式制作发行车牌。受第二次世界大战金属短缺的影响，为减少对钢铁等金属的使用，魁北克省在1944年车牌的制作中，将底板改为木压制板。木压制板是一种将木屑等压制转化而形成的坚硬、致密且表面光滑的高密度板，广泛应用于建筑及家具行业。加拿大魁北克省1944年木压制板车牌如图1-18所示。1945年，魁北克省恢复发行钢板车牌，至1950年。1951年后，魁北克省开始使用铝板制作车牌，除1981年短暂试用镀锌钢板外，一直使用铝板制作车牌。铝制车牌能够持续使用10年以上，几乎不会变色、卷曲、翘曲和破裂，也几乎不会生锈腐蚀，因此成为现在使用最广泛的车牌。

图1-17 加拿大魁北克省1911年搪瓷车牌　　图1-18 加拿大魁北克省1944年木压制板车牌

20 世纪 70 年代，塑料车牌开始兴起，与铝制车牌一样，成为现在使用最广泛的车牌之一。欧洲的一些国家，如英国、德国和法国，北美洲的美国部分州、加拿大部分省及墨西哥，大洋洲的澳大利亚部分州，亚洲的阿联酋、中国香港和中国澳门等地都在使用塑料车牌。塑料车牌易于制作，价格实惠，加上材料工艺的进步，其耐用性和柔韧性等得到极大的改善，逐步成为更多国家和地区的选择。

1.4 多样化和标准化 车牌尺寸大比拼

自 19 世纪末车牌问世以来，不同的国家和地区，甚至所属更小的行政管辖区域内，车牌的形状和尺寸各不相同，十分繁杂。当人们在国内不同地区迁移时，往往要在新到的地方为车辆注册登记并领取悬挂新的车牌。由于车牌尺寸标准可能不同，车主经常需要在车辆的适当部位重新钻孔安装车牌，非常麻烦。随着车辆在不同地区、不同国家间流动更加频繁，车牌标准化显得愈加迫切。

1956 年，美国、加拿大和墨西哥三国，以及美国机动车辆管理协会、美国汽车制造商协会和美国国家安全委员会达成协议，将三国乘用车车牌尺寸规范统一，车牌长度为 12 英寸（约 304.8 毫米），宽度为 6 英寸（约 152.4 毫米），同时带有标准化的安装孔。这次北美车牌尺寸标准的统一，为不同国家之间形成车牌统一尺寸标准提供了样板。

2014 年，巴西、阿根廷、乌拉圭和巴拉圭等南美洲国家组成的南方共同市场缔约国，在巴西首都布宜诺斯艾利斯签订协议，决定从 2016 年 1 月起强制推行新的统一车牌尺寸标准，即长度 400 毫米，宽度 130 毫米。这是近年来不同国家之间车牌标准化的又一重大进展。2015 年 3 月，乌拉圭首先按照此标准发行车牌，之后阿根廷和巴西等国逐步跟进。

各国和地区及其内部行政管辖区的车牌尺寸也在逐步从分散走向统一，车牌的标准化趋势不曾停歇。从尺寸来看，全球的车牌大致分为两类：一是以美国和日本等为主的长方形车牌，二是以欧洲和中国为主的长条形车牌，前者地名及编号等主要内容通常呈两行排列，而后者主要为一行排列。严格讲，后者也是长方形车牌，只是车牌形状更为细长而已，长方形与长条形之间也本无明确的界定。图 1-19 为欧洲、中国、日本、美国、瑞士和摩纳哥等典型乘用车牌尺寸对比示意图（长度递减，有一定的误差）。

美国的乘用车车牌标准尺寸在 1956 年与加拿大和墨西哥统一后，至今未变。图 1-20 为美国弗吉尼亚州退役海军人员特别车牌样板图。非洲的尼日利亚和利比里亚两国，也采用北美洲 12 英寸 ×6 英寸（304.8 毫米 ×152.4 毫米）车牌尺寸标准，而埃及则使用与之类似但更宽大的 350 毫米 ×170 毫米标准。日本一般家用轿车车牌的标准尺寸为 330 毫米 ×165 毫米（俗称"中牌"），大型车辆使用长宽为 440 毫米 ×220 毫米的车牌（俗称"大牌"）。两种车牌纵横比率均为 1：2，形状与美国车牌相似，车牌字符通常呈两行排列，如图 1-21 所示。

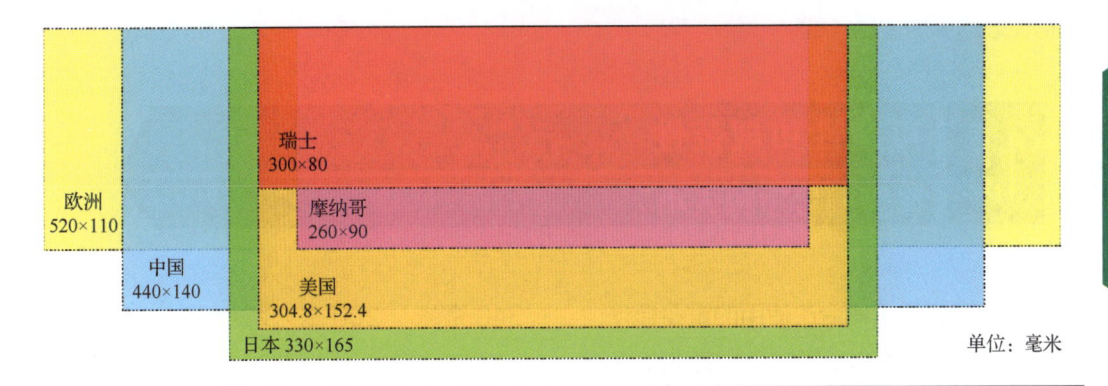

图 1-19　欧洲、中国、日本、美国、瑞士和摩纳哥等典型乘用车牌尺寸对比示意图（长度递减）

图 1-20　美国弗吉尼亚州退役海军人员特别车牌样板图

图 1-21　日本一般家用轿车车牌

欧洲的车牌以长条形车牌为主。欧盟各成员国，乘用车车牌格式已基本统一，无论尺寸与式样，车牌标准尺寸以 520 毫米 ×110 毫米为主，包括德国和法国等主要成员国。其他非欧盟成员国，通用的车牌尺寸各有不同，如原欧盟成员国英国，车牌尺寸与欧盟主要车牌尺寸一致；芬兰使用 440 毫米 ×120 毫米尺寸车牌；摩纳哥前车牌使用 260 毫米 ×90 毫米尺寸，后车牌使用 340 毫米 ×110 毫米尺寸；瑞士和列支敦士登车牌尺寸为 300 毫米 ×80 毫米。芬兰车牌是欧洲国家中最宽的，而摩纳哥国小车少，现有各型登记车辆仅 3 万多辆，牌号同时使用数字与字母编列，一般不超过 4 个字符，前车牌也成了欧洲长度最短的车牌，如图 1-22 所示。

总体来看，车牌的标准尺寸差异很大，往往取决于发放的国家。车牌太小，牌号信息很难辨认识读，可能导致混乱和潜在的执法困难。相反，车牌太大，会让车辆看起来笨拙，不够协调，影响车辆整体美感。因此，车牌的尺寸大小十分重要，要在可识读性、外观和制作成本等方面综合考量，在各要素间

图 1-22　摩纳哥车牌不如车标大

取得良好的平衡才是关键。

1.5 可读性和规范性 车牌编号字符大小

车牌通常是车辆合法使用的重要标志，车牌编号字符的大小因国家与地区的不同而不同，受到多种因素的影响。一般来讲，车牌编号字符大小需要重点考虑以下因素。

第一，车牌具有较好的可读性。车牌使用的主要目的是便于管理和追踪，让行政当局和其他道路使用者能够识别特定车辆，因此车牌字符应该足够大，以确保人们能够在不费力的情况下识读牌号。过小的字符可能导致牌号难以识别。第二，车牌面积的限制也是车牌字符大小重要的考量因素。车牌上可以印制的字符数量和大小受到车牌面积的限制，字符大小应该合理安排，确保重要和必要的信息能呈现在车牌之上。第三，美观度也是考量因素之一。车牌字符大小需要与车牌的设计相匹配，以确保车牌看起来美观、大方和整洁。近年来，各国发行的个性化车牌和定制车牌愈加普遍，对车牌美观度的要求也随之提高。第四，随着车牌识别技术的发展与车牌识别场景的增加，字符大小的规范化和标准化也愈加重要，以使所有车牌都能够被交通管理部门、道路和停车场等各类电子化系统正确识别和处理。当然，车牌字符大小还跟文化、传统甚至国家面积大小等因素相关。图1-23为部分国家通用尺寸车牌对比示意图。

印度《机动车辆法》规定，小型汽车通用车牌可以使用500毫米×120毫米和340毫米×200毫米两种尺寸，车牌上的编号字符必须至少高65毫米，字符间隔至少10毫米，笔画宽度至少为10毫米。需要注意的是，该法并未对牌号字符宽度进行明确规定，而这些尺寸也是通用指导尺寸，车辆类型和车牌发放管辖区不同，字符尺寸可

图1-23 部分国家通用尺寸车牌对比示意图

能有一些变化。图 1-24 为典型印度私家车车牌。

图 1-24　典型印度私家车车牌

日本使用的车牌外形较为方正，类似美国车牌，车牌上的字符内容呈两行排列，上面一行通常标识注册地地名及车辆分类编号，下面一行主要为表示用途的日语平假名和阿拉伯数字编号。上下两行各类字符大小不一，最常见的私家车车牌中的阿拉伯数字通常高约 45 毫米，宽约 22 毫米。需要注意的是，字符的确切尺寸可能因车牌制造商使用的特定字体不同而略有不同。典型日本私家车车牌如图 1-25 所示。

图 1-25　典型日本私家车车牌

在美国，标准车牌上的字母和数字的高度和宽度因车牌发行的州或司法管辖区不同而略有不同，字符通常高 3 英寸（约 76 毫米），宽 1.5 英寸（约 38 毫米），高度和宽度比为 2∶1；字母高度不应低于 2.5 英寸（约 64 毫米），笔画宽度至少为 0.25 英寸（约 6.4 毫米）。对于车牌的最小可读距离要求，通常为 50～250 英尺（15.24～76.2 米），各州会有不同，白天和夜间也有不同。例如，在内华达州，车牌在白天必须满足从最少 100 英尺（约 30.48 米）的距离清晰可读；车牌在夜间必须满足在 110 英尺（约 33.53 米）外由标准前灯照明时可读。

加拿大车牌上使用的字体大小与美国相似，不同省或地区发行的车牌有所不同。但是，加拿大车牌的牌号主要在金属板上压印制作，更易识读。按照加拿大车辆安全管理条例，车牌应至少在 15 米外可读，各省也可以制定更严格的要求。

墨西哥使用与美国相同的车牌外形尺寸标准,但牌号字符尺寸呈缩小趋势。在 2016 年推出的墨西哥最新车牌标准中,车牌字符总体较美国和加拿大两国稍小一些,高 60 毫米,宽 24 毫米,如图 1-26 所示。墨西哥车牌通常由塑料制成,可识读性不如金属压印车牌。

图 1-26　墨西哥通用车牌

法国现在发行的车牌牌号通常由"XX-999-XX"组成[①],三组字符间使用短线作为分隔符,如图 1-27 所示。牌号字符大小因不同注册地区或不同车辆类型而有所不同。通用车牌牌号中字母和数字高 67 毫米,宽 44 毫米,笔画宽度为 10 毫米,字间距至少为 14 毫米,字符组间距(如连字符和数字)至少为 39 毫米。

图 1-27　法国车牌及牌号字符示意图

澳大利亚车牌的大小因发行州或领地而异。在大多数州,字符高 2.5 英寸(约 64 毫米),宽 1.5 英寸(约 38 毫米)。

新西兰的车牌如图 1-28 所示,2006 年前发行的车牌字符高 84 毫米,宽 48 毫米,之后有所缩减,字符尺寸改为高 78 毫米,宽 45 毫米。

---

① 在本书车牌牌号样式中,为方便统一表述,如无特别说明,字母以"X"代表,数字以"9"代表。

图 1-28　新西兰车牌

肯尼亚现在发行的通用车牌，牌号样式为"XXX 999X"，字符高度至少为 75 毫米，字符笔画至少宽 15 毫米。牌号字母每个至少宽 47.5 毫米，牌号数字每个至少宽 44.5 毫米，但字母 I 和数字 1 不在此限。相邻两个字母或数字间隔 8 毫米，字母与数字间的空格会留出更大的间隔距离。在直观上，该国的车牌字母较数字宽，字符笔画也较粗。前车牌为一行字符，后车牌为两行（XXX 在上，999X 在下）。肯尼亚不是发达国家，但推广数字化车牌走在了前面。从 2022 年 8 月 30 日起，在 18 个月内，肯尼亚境内的约 480 万辆机动车必须全部采用新一代数字化车牌，新车牌内置的安全装置让执法机构得以轻松追踪汽车所有权。

自 2020 年 8 月以来，埃及开始发行新版车牌。埃及标准车牌尺寸为 350 毫米 × 170 毫米，车牌内容实际分为三行，上面一行为埃及国名的英文与阿拉伯文，中间一行为阿拉伯语牌号，下面一行为阿拉伯数字与英文字母组成的牌号，与中间一行牌号对应。上面和下面两行不同语言展示的牌号字符尺寸相对较小，高度通常不到 40 毫米。与其他国家的牌号字符相比，埃及牌号字符整体相对较小，如图 1-29 所示。

图 1-29　埃及车牌

尽管不同国家和地区的车牌尺寸和字符尺寸差异很大，但所有车牌都需要遵守有关设计与规格要求，以确保车牌易于识别和统一规范。不同国家和地区车牌字符的大小差异很大，使用单行排列牌号的车牌字符通常较两行或三行排列的字符更宽大。人口较多国家的车牌上往往有更多的空间和更大的字符；人口较少国家的车牌往往空间有限，选择较小的字符。同样需要注意的是，车牌大小会随着时间的推移而发生变化。

1.6 从0到6 挂几块车牌合法

一辆合法上路的汽车，究竟可以或者应该悬挂几块车牌？这实际上是一个很有趣的问题。通常来说，汽车上可以悬挂的车牌数量取决于每个国家的具体法律法规。在大多数国家，一辆汽车通常需要悬挂两块车牌——一块在车前，另一块在车后。然而，总有一些例外，有的汽车不需要悬挂车牌，而有的汽车需要悬挂6块甚至更多的车牌。

少数国家或地区，豁免某些特定人员使用的车辆或在某些特别情况下使用的车辆悬挂车牌，它们不用悬挂车牌即可合法上路。当然，这取决于具体地区的规定要求。在君主立宪制国家，君主及皇室使用的车辆，不少就不需要或被豁免悬挂车牌。

最典型的就是英国。英国王室使用的车辆，车头和车尾都不需要悬挂车牌，这是因为王室使用的车辆获得了英国政府的特别豁免，允许其在没有车牌的情况下上路行驶。这是因为英国女王和其他王室成员被认为是国家的代表，从而被赋予某些特别权力或豁免特定义务。就车牌而言，这一豁免是基于英国君主制传统和人们对王室在英国社会中占有的独特地位的认识。图1-30为英国女王伊丽莎白二世使用过的无牌照车辆。

图1-30 英国女王伊丽莎白二世使用过的无牌照车辆

实际上，使用代表国家或者皇室的徽章作为车牌标识的做法还不少。在英联邦成员国或地区中，代表英国君主的各地总督座驾普遍使用皇冠徽标作为车牌标识，包括加拿大、澳大利亚、新西兰。在其他国家或地区，也有使用本国（地区）徽章作为车牌标识的，通常将其用于国家（地区）元首的座驾，例如芬兰总统、印度总统的车辆，如图1-31和图1-32所示。

图 1-31　悬挂芬兰国徽的芬兰总统车辆

图 1-32　悬挂印度国徽的印度总统车辆

在实行君主立宪制的文莱，最高领导人苏丹驾驶的车辆，也不需要悬挂车牌，如图 1-33 所示。

图 1-33　文莱苏丹哈吉·博尔基亚使用的无牌照车辆

当然，还有不少欠发达国家和地区，缺乏对车辆的有效管理，车辆未悬挂车牌违法上路行驶也是颇为正常的事。

在少数国家或地区，车辆只需悬挂一块车牌就可以合法上路。在美国，大多数州要求车辆上路展示两块车牌，但亚利桑那州、阿肯色州和特拉华州等 20 多个州，通常只要求车辆悬挂一块后车牌。在加拿大，情况类似，如不列颠哥伦比亚省、马尼托巴省和爱德华王子岛省等，同样只要求车辆悬挂一块车牌。在英国，一些老式车辆也被免于在车前悬挂车牌。

车辆只被要求悬挂一块而非两块车牌，主要有以下原因：一个原因是可以降低制造和发放车牌的成本，政府可以节省材料和劳动力成本；另一个原因是一块车牌被认为足以达到识别特定车辆的目的，还可以简化执法和其他识别过程。另外，在一些国家或地区，车辆从设计开始就未特别预留悬挂前车牌的位置。例如，一些超级跑车或豪华车有独特的前格栅设计，没有为车牌留出足够的空间，在此情况下要求其悬挂前车牌不切实际，甚至损害车辆的外观。此外，使用后位交通摄像较使用前位交通摄像更利于保护驾乘人员的隐私，这在有的地方也是车牌以后车牌为主的一个考量因素。

车辆合法上路需要前后悬挂两块车牌，是当今世界车牌制度的主流，被多数国家和地区采用。一方面，这样更方便执法和对车辆的识别与监管；另一方面，其他驾驶人和行人可以更容易从不同方位识别车辆，有助于在发生事故或意外后追踪车辆。

图 1-34 为迪拜 D5 号汽车前后车牌。

图 1-34　迪拜 D5 号汽车前后车牌

车辆悬挂三块车牌的情形较少，通常是在非常规情形下的特殊要求。在德国，上路行驶的车辆需要悬挂两块车牌，但在车辆后部安装自行车托架等附属设施的，需要在附属设施上增挂一块同号车牌，让整辆车实际悬挂三块车牌，如图 1-35 和图 1-36 所示。在俄罗斯，小型汽车拖挂无动力拖车，在拖车上需要悬挂与牵引车辆不同牌号的车牌，如图 1-37 所示。在我国，车辆管理所办理注册登记时，对牵引车和挂车分别核发机动车登记证书、号牌、行驶证和检验合格标志，也就是说后面的挂车也需要核发车牌。美国对于挂车的规定与我国相似，挂车通常也需要车牌，但用于牵引的车辆可能只悬挂一块前车牌——如密苏里州与加利福尼亚州部分载货车辆；或只悬挂一块后车牌——如亚拉巴马州与佐治亚州等东南部多数州大部分车辆；或悬挂前后两块车牌——如纽约州与华盛顿州等东北部与西北部多数州车辆。所以，加上拖车车牌，车辆整体可能悬挂两块或三块车牌。

图 1-35　德国轻型车后部附属件安装同号车牌（悬挂三块车牌）

图 1-36　德国大巴车后自行车架安装同号车牌（悬挂三块车牌）

图 1-37　俄罗斯拖车后部安装与牵引车辆非同号车牌（悬挂三块车牌）

车辆悬挂四块车牌的情形也不多，最典型的就是我国内地、香港与澳门三地间获得其中两地相互认可通行权的车辆，如香港获准进入内地的车辆、澳门获准进入内地的车辆，以及内地获准进入香港的车辆。这些被获准在两地通行的车辆，需要悬挂两地两式前后共四块车牌。通行于广东、香港和澳门各口岸的车辆，多数悬挂四块车牌，如图 1-38 和图 1-39 所示。

图 1-38　香港与内地车牌（悬挂四块车牌）

图 1-39　澳门与内地车牌（悬挂四块车牌）

悬挂五块车牌的车辆在理论上是有可能存在的，如内地获批同时具有香港通行权限的乘用车辆，在牵引小型拖车时，加上拖车车牌即为悬挂五块车牌。

悬挂六块车牌的车辆极少，但确实存在。原始注册登记地在香港的车辆获批进入澳门与内地，三地均实行两块车牌制度，这样便出现了车辆同时悬挂六块车牌的情形，如图 1-40 所示。

图 1-40　集香港、澳门与内地车牌于一身的车辆（悬挂六块车牌）

有没有悬挂超过六块甚至更多车牌合法上路的车辆？在理论上有这种可能。例如，前述已经悬挂六块车牌的车辆，再申请拖曳旅行拖车出游，加上拖车牌照，自然会超过六块车牌。究竟最多可以悬挂几块车牌才可以合法上路，因每个国家或地区实施的具体管理制度而异，这些考量因素包括成本、通行权限和管理需求等。总体来说，车辆前后悬挂两块车牌是主流，悬挂一块车牌（尤其一块后车牌）的情况也有，悬挂其他数量车牌的算是特殊情况。

2 中国车牌

2.1 从无到有，从简到繁
清末与民国车牌

清光绪二十七年（1901年）冬天，匈牙利人李恩时（Leinz）将两辆美国生产的奥兹莫比尔（Oldsmobile）汽车从香港运到上海。从此，中国开始出现汽车，上海也成为中国第一座行驶汽车的城市。当年腊月廿一（1902年1月30日），上海公共租界工部局经例会讨论，决定先发临时牌照，次年发正式牌照，并每月收取捐银2元。于是，李恩时带来的两辆汽车被发放了和马车牌照一样的临时牌照。

第一个拥有汽车的中国人据说是慈禧太后。1902年，在慈禧太后67岁生日前，直隶总督袁世凯赠送其一辆美国杜里埃（Duryea）汽车作为礼物，如图2-1所示。也有人认为，袁世凯从香港买进后献给慈禧太后的是德国奔驰轿车。当然，此车并不曾悬挂车牌。

图 2-1 慈禧太后使用过的杜里埃汽车（20世纪30年代拍摄）

1903年，随着汽车逐步增加，清政府首先在天津安排专门管理交通的警务人员，任务为"平易道路"（即管理交通）。1905年，北京巡警总厅警务处设立交通股，成为专门的交通管理机构。

清宣统三年（1911年），上海公共租界已有汽车217辆，工部局这时才正式订出章程，给汽车制作车牌，并规定从1号到500号为私家车号。民国元年（1912年），上海工部局开始发行车牌，这被公认为我国第一批正式的汽车车牌，如图2-2所示。当时的车牌采用搪瓷材质，私家车为黑底白字，车辆税金为每季度每辆车15两银，相当昂贵。当时，取得1号车牌的不是中国人，而是一位丹麦医生。后来，那位医生回国了，其汽车和牌照一起被宁波籍的房地产大王周湘云的弟弟周纯卿买去。2 号车牌主人为犹太商人沙逊，3 号车牌主人为马立斯，4 号车牌主人为哈同。好事者都以重金求购最小牌号，以显荣耀。周湘云被称为民国期间的房地产大王，身前财产有 8000 万银圆，曾被誉为中国首富。周纯卿是当时上海著名的地产富商。

图 2-2　首批上海工部局制作的车牌

　　上海 1 号车牌汽车是一辆黑色的英国戴姆勒轿车，司机的座位在右边，车内前座和中座之间有一排玻璃窗隔着，有小窗可与司机通话。不过，周家嫌车牌原件与汽车不搭，于是重新设计了一块铜质椭圆形车牌，上面是黑色的罗马数字"Ⅰ"，下方还带有上海工部局的缩写"S.M.C"。而上海工部局颁发的正式车牌平时被放在家里。

　　周纯卿在取得 1 号车牌后，有喜更有忧。他为了保住这块车牌可谓费尽了心血，这也成为他人生中的一段传奇经历。当时，上海许多有财有势的人物都觊觎这块车牌，不择手段地想弄到手。上海公共租界工部局捐务处的承办人不断受到各方面的人情包围及其他方面的压力。周纯卿得知后，使出一个绝招，干脆把汽车锁进车库里不再露面，而另买了一辆奥斯汀轿车使用。这样，1 号车就神秘失踪了，再也无人见其出现在大街小巷中。

　　这辆悬挂 1 号车牌的汽车，据说最后一次使用是在 1945 年周纯卿的葬礼上。周纯卿与其兄秉性大为不同，其兄心仪古董字画，而他钟情新派汽车、游艇和跑马等物，且样样精通。周家人决定在周纯卿葬礼上让老人再使用一次他生前钟爱的 1 号汽车，于是将老人的遗像放大后供在车上，作为送葬队伍中的"像亭"。此后，1 号汽车再也没上过街，而传奇的 1 号车牌也不知所终。历史已经封存，1 号车牌的细节也愈加模糊，但周家人曾拥有中国最早的 1 号汽车车牌应是无疑的。

　　随着各地汽车出现与增加，各地发行的不同车牌也涌现出来。20 世纪 20 年代，北平、青岛、汉口、广州和昆明等大城市相继通过核发车牌对汽车进行管理，具体由各地区自行组织实施，全国没有统一的车牌样式标准。图 2-3 为 1920—1930 年的车牌。图 2-4 为 20 世纪 20—40 年代各地各式车牌。

图 2-3　1920—1930 年的车牌（左中右：青岛、济南、上海）

图 2-4　20 世纪 20—40 年代各地各式车牌

　　1936 年 2 月，民国政府发布《全国汽车（包括机器脚踏车）调查办法》，要求各省对汽车进行普查登记，并颁发汽车牌照；并规定以后如有车辆易主，只变车主姓名，不变更原牌号；车辆报废时原牌号可以发给其他车辆使用，但必须签报各项内容。1939 年 9 月，民国政府发布《汽车管理规则》，首次对全国的汽车牌照做出统一规定，规定各种车牌由交通部牌照主管机关统一制发，经交通部指定公路交通管理机关转发给车主；车牌外廓长宽分别为 420 毫米和 150 毫米，车牌基材采用厚度为 0.65 毫米的钢板，正面使用搪瓷材料。该规则同时规定不同用途车辆的车牌样式（自用客车车牌为黑底白字、营业客车车牌为白底黑字、货车车牌为黄底黑字等），通用牌号格式为"'國'加登记号码和上牌地简称"，车辆通常只能在注册地行驶。

　　上海汽车数量迅速增加，1920 年已经达到 1899 辆，到 1927 年增至 5326 辆。1935 年，根据上海公共租界工部局发布的统计数据，上海共有各种汽车 10292 辆。四位甚至五位数字的牌号随之出现。此时的车牌，颜色使用较为丰富，任何车主都可以申领黑底白字车牌，而红底白字车牌只发给汽车修理行和汽车行，黄色车牌主要发给商业车辆，如图 2-5 ～图 2-7 所示。

　　在顺序发放牌号的同时，上海一些连号或吉祥数字牌号被富甲名流花重金购得。例如，上海 3333 号汽车的车主是鄂森大律师，4444 号汽车的车主是"中国商父"盛宣怀四子盛恩颐（因为排行为四，所以他还高价购买了哈同的 4 号车牌，并花钱将 44 号车牌购得），5555 号汽车的车主是银行家虞洽卿之婿江一平大律师，这类车牌常常需要二三十两黄金才能到手。"上海教父"杜月笙的 1930 年款雪佛兰 7777 号车牌是别人赠送的。古语云"七上八下"，当时人们认为"7"有蒸蒸日上之意，是最好的兆头。据称，杜月笙的车经常停在上海商业银行门口，旧上海尽人皆知，一看到"7777"就知道杜月笙来了。1935 年，有人送了杜月笙一辆凯迪拉克 V12 轿车，杜月笙自己去申领了一个"11711"牌号，后来就一直坐这辆车。

　　图 2-8 为"电影皇后"胡蝶与上海 6435 号车牌汽车。

图 2-5　20 世纪 20 年代上海车牌（牌号 5764） 　　图 2-6　20 世纪 30 年代上海双层公共汽车
（牌号 15178）

图 2-7　20 世纪 30 年代上海自用小客车车牌 　　图 2-8　"电影皇后"胡蝶与上海
6435 号车牌汽车

　　20 世纪 30 年代后期，上海开始发行牌号形式为"國 99999 滬"的车牌，如图 2-9 所示。在这期间，上海也发行一种可以跨省驾驶的车牌，牌号格式有所不同，车主需要在原来的注册登记地和需要前往的地区缴纳捐税，之后会另行发放标注有效期限的金属小标签，将其安装于车牌之上，以便查验，如图 2-10 所示。

　　自 1947 年起，全国开始发行可在各地通行的新式车牌，实际上就是在前述通用牌号中去掉后面的上牌地简称，格式为"國 99999"，如图 2-11 所示。1949 年，新中国成立前，民国政府曾再度改版车牌，通用牌号格式为"99-9999"，前两位数字代表某省或直管市，如 00～02 代表南京市、03～07 代表上海市、15 代表台湾省、16 代表广东省、19 代表贵州省、29 代表北平市，后四位数字则为某一地区的车牌唯一编码，如图 2-12 和图 2-13 所示。

图 2-9　20 世纪 30 年代后期上海车牌 　　　图 2-10　上海跨省车牌（可前往江苏）

图 2-11　1947 年开始发行的新式车牌（國 00466）

图 2-12　1949 年广州街头（推测牌号应为 16-1678） 　　　图 2-13　1949 年江苏长途汽车车牌（08 为江苏省代码）

民国期间的其他省区，车牌方面的规定也各不相同。以陕西省为例：1929 年 11 月，陕西省首次对私营长途汽车核发车牌，规定私营长途汽车车牌每月换领一次，车牌为纸质，贴于挡风玻璃内侧。1930 年 1 月，陕西省规定所有汽车均核发车牌，私营长途汽车车牌为椭圆形，上方书"陕建"（即陕西省建设厅）二字，下记号数；官营汽车车牌为长方形，左方书一"陕"字，右记号数。两种车牌均为蓝底白字，每车两牌，车前车后各挂一个车牌。私营汽车除悬挂车牌外，行车时还必须携带陕西省建设厅制发的通行证。1931年冬，为便于监督稽查，陕西省颁布汽车管理规章并重新制发车牌，车牌改以镀锌钢板制作，号码前冠有"陕西"字样，并根据车辆类别采用不同颜色：国民革命军十七路军总指挥部及省政府专用汽车为正红色；十七路军各部、处及省政府各局汽车为黄色；各军队汽车为蓝色；商民自用汽车为白色；各商行营业汽车为黑色。1935年3月，陕西省换发珐琅车牌：官营汽车为黑底白字；私营汽车为蓝底白字；自用汽车为白底黑字；公用汽车为白底红字；出租汽车为黄底黑字。1936年2月，陕西省根据民国政府《全国汽车（包括机器脚踏车）调查办法》，对汽车进行普查登记并据此颁发车牌，车牌编号从1号编起，号码左侧为"陕"字，其他按全国统一规定执行。1939年和1947年，陕西省根据民国政府《全国汽车总登记实施办法》与《汽车管理规则》的要求，制作换发汽车车牌。

北京的牌号，曾由阿拉伯数字编号、汉字编号与地名"北京"构成，如"183 百八三 北京"，如图2-14所示。车牌通常需要悬挂两块，前后车牌尺寸与样式并不一致。

图2-14 挂有牌号"183 百八三 北京"的汽车前后部（1917年）

在新中国诞生前，民国政府尝试统一全国汽车注册登记与车牌发行制度，但并未很好地进行，各地发行的车牌主要还是基于地方规定，车牌样式更是不胜枚举。当然，从清朝到民国时期的汽车车牌发展和演变经历了从无到有和从简单到复杂的过程，这一时期的各种尝试为新中国车牌制度的统一奠定了基础。

2.2 从第一代到第六代
新中国车牌演变

自新中国成立以来，汽车车牌的发展随着经济社会的发展不断演变并迭代。车牌从最初形式单一逐步发展到现在分类众多、功能齐备，在编号规则、制作材质及样式种类等方面都在持续更新变化。为便于读者了解新中国车牌的发展演进，现结合北京警察博物馆与上海公安博物馆对新中国汽车车牌发展的总结和分类，对新中国成立以来的汽车车牌发展进行介绍。

第一代车牌（1949 年 9 月至 1950 年 9 月）

在新中国成立的前几个月，临时政府发行了一批车牌，有效期限到 1949 年年底，没有统一的规格和颜色。1949 年 9 月 23 日，北京市率先在全市进行车辆登记并核发新车牌。新车牌使用长方形薄钢板为基材，正面使用搪瓷工艺，各式车牌上均有红色五角星图案和"北京"字样。车牌主要有红字白底和白字黑底两种样式，整体简明直观，干净利落。车牌最左侧为五角星，接下来是地名，后面跟随数字，数字最多为四位。新中国成立初期，汽车保有量很小，1949 年全国民用汽车保有量仅 5 万余辆，北京的汽车牌号使用四位数字便能够满足牌号编列的需求。

这一代车牌是新中国成立一周前推出的统一车牌，可以算作新中国第一代车牌。不过，严格来讲，第一代车牌只是过渡车牌，毕竟那时全国仍有部分省市未解放，各地也无完整统一的规范与要求。图 2-15 为北京警察博物馆展示的第一代车牌。

图 2-15　北京警察博物馆展示的第一代车牌

第二代车牌（1950 年 10 月至 1964 年 2 月）

1950 年，政务院与国家交通部先后出台《汽车管理暂行办法》与《汽车管理暂行办法实施细则》，开始在全国统一和规范车牌制度。

新的车牌分为大型汽车车牌、小型汽车车牌、机器脚踏车车牌、试车车牌和临时车牌 5 种。其中的车牌标准尺寸长度和高度统一为 430 毫米和 150 毫米，字符单行排列。除临时车牌外，其他车牌使用薄钢板为基材，正面喷漆，字码凸出印制。在配色样式上，小型汽车车牌为蓝底白字，大型汽车车牌为黄底黑字，试车车牌为白底红字；临时车牌使用厚白纸，加盖核发机关印章。汽车牌号统一为六位数字，第一位代表大行政区（华北 1、东北 2、华东 3 和 4、中南 5、西北 6、西南 7、内蒙古 8），第二位代表省或市（如西北区中陕西为 1，华东区中江苏为 3），后四位为汽车编号，如陕西汽车车牌号段为 610001 ～ 619999。牌号第一个数字与后面五位数字使用红色五角星做间隔符，与第一代车牌前红色五角星一脉相承，如图 2-16 和图 2-17 所示。

图 2-16　悬挂第二代车牌的车辆 　　　　　图 2-17　上海公安博物馆展示的首辆抵沪的"解放牌"汽车使用的车牌

第三代车牌（1964 年 3 月至 1973 年 2 月）

1960 年，交通部印发《机动车管理办法》，明确废止 1950 年的《汽车管理暂行办法》与《汽车管理暂行办法实施细则》。新规定将原来的管理对象"汽车"拓展至"机动车"，适用范围变大，将快速增长的拖拉机纳入管理范围。

1964 年开始发行新的机动车车牌，牌号改为七位数字，前两位代表省（市）的数字编号加上五位登记数字号码，中间使用短线作为分隔符。原来按大区序排的汽车牌号改为按省序排，如上海市代号明确为"08"，车牌号段变为 08-00001～08-99999。在牌号中，前两代车牌使用的红色五角星不再出现，地区代号后面改用小短线与后面的五位编号分隔，以便识读。

图 2-18　斯大林赠送给宋庆龄女士的汽车及其安装的第三代车牌

图 2-18 为斯大林赠送给宋庆龄女士的汽车及其安装的第三代车牌。

第三代车牌在车牌尺寸上与前一代车牌保持一致，在配色样式上也整体延续上一代车牌要求；对新列入的拖拉机车牌，与大型汽车车牌一样，使用黄底黑字；同时增加白字黑底的用于特种车辆的车牌。在车牌基材使用上，为节约钢材，第三代车牌制作材料增加了木质材料，并规定钢质号牌要回收利用，临时号牌继续为纸质。

第四代车牌（1973 年 3 月至 1986 年 7 月）

第四代车牌沿用第三代车牌的组合方式，设计上没有太大变化。第四代车牌较上一代车牌的变化，主要是车牌种类在增加，电车车牌、手扶拖拉机车牌与港澳入境行驶车车牌先后出现。另外，伴随车辆的增加，开始通过增加省份代码的方式增加编号容量。原来各省地区代码使用 01～30，1975 年每个省增加 31 与 60 之间的一个代码，1983 年各省再次增加使用

61～90 的省份代码。

图 2-19 为北京警察博物馆展示的第四代车牌。

第五代车牌（1986 年 7 月至 1994 年 6 月）

1985 年 11 月，交通部会同公安部发布《关于使用新的机动车号牌的通知》，明确从 1986 年 7 月 1 日起发放新式机动车号牌，旧号牌须于 1987 年年底前全部更换为新号牌。第五代车牌较上一代车牌有很大的改变。在车牌尺寸上，汽车类车牌统一为 300 毫米 ×165 毫米，其他类车牌为 220 毫米 ×120 毫米，字符排列也从上一代的单行改为上下两行。机动车车牌种类增加到 14 种，在配色上更加丰富多样，色彩使用也更为标准化。车牌突破以往黄底黑字和蓝底白字两种主要配色，底色增加红色和绿色等颜色，其制作需要符合国家有关漆膜颜色的标准。在牌号编列上，省份代号从数字改为汉字，省份名后面首次出现两位数字的发牌机关代号，大致相当于现在的地市一级发牌机关代码。牌号格式统一为"省级地名汉字＋两位发牌机关数字代号＋五位数字编号"，如"上海 01 34567"。此代牌号容量大幅增加，号牌制作基材明确使用 1 毫米以上厚度的铝板材，同时开始鼓励并推广使用反光油漆。图 2-20 为上海公安博物馆展示的第五代车牌。

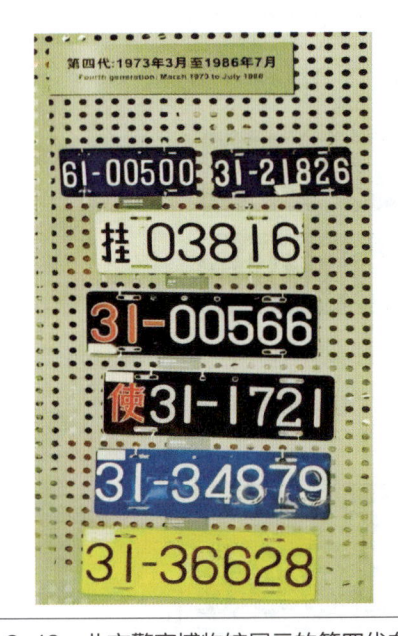

图 2-19　北京警察博物馆展示的第四代车牌　　图 2-20　上海公安博物馆展示的第五代车牌

第六代车牌（1994 年 7 月至今）

1992 年，公安部发布了公共安全行业标准《中华人民共和国机动车号牌》（GA 36—1992），对机动车车牌的种类及各类机动车车牌的式样、编号及制作等技术要求做了明确规定。此代机动车牌种类继续增加，规定明确有 22 种之多。新推出的通用车牌设计整体简洁明了，在规格尺寸上进一步统一，是我国车牌制度的一次重要改革。

跟新中国以往各代车牌相比，这一代车牌有许多突破：首次制定车牌公共安全行业标准，牌号中首次使用英文字母，发牌机关代码用英文字母表示；首次使用与字符同色边框设计，如蓝底车牌与黄底车牌，进一步规范车牌安装，使用有发牌机关代码的专用固封装置安装车牌；增加境外汽车车牌、境外摩托车车牌、临时入境汽车车牌和临时入境摩托车车牌等。

由于车牌标准发布年份为1992年，因此这一代车牌被俗称为"92"式车牌。新标准发布初期，只在乌鲁木齐与大庆等地进行试点，到1994年7月才开始在全国范围内按此标准大规模换发车牌。该式牌号字符从原来的两行变为以一行为主，车牌尺寸与牌号字体变得更大。汽车车牌尺寸主要有两种，小型汽车与大型汽车前车牌为440毫米×140毫米，大型汽车后车牌与挂车车牌尺寸为440毫米×220毫米。小型汽车车牌为蓝底白字，大型汽车车牌为黄底黑字，牌号通用格式为"省级汉字简称+一位发牌机关字母代码+五位编号"，如图2-21和图2-22所示。

图2-21　上海公安博物馆展示的第六代小型汽车车牌

图2-22　上海公安博物馆展示的第六代大型汽车与挂车车牌

"92"式车牌至今已使用超过30年，是新中国使用时间最长的一代车牌。为了适应机动车管理的发展需求，车牌制度先后于2007年、2010年和2014年进行了适当的调整。2018年4月，《中华人民共和国机动车号牌》（GA 36—2018）行业标准由公安部发布，该标准对包括2016年推出的新能源汽车车牌的分类、规格、颜色和式样等进行统一规范，成为现在我国车牌制作、核发和监督管理的主要依据。

为解决"92"式车牌容量不足和防伪性能不够好的问题，同时为满足人们自主选择牌号的需求，自 2002 年 8 月 12 日起，公安部许可北京、天津、杭州和深圳 4 个城市试点发放新式车牌。按照发行年份，这一代车牌称为"2002"式车牌，也被称为"个性化车牌"。

"2002"式车牌使用黑色字符，外侧有黑色框线，车牌背景从上到下由白色渐变为蓝色，车牌格式与"92"式车牌类似，区别在于牌号由五位变为六位。车牌的前三位和后三位中间用"·"或者"-"隔开，更易于识读，带"·"的表示前车牌，带"-"的表示后车牌，这样可以避免前后车牌互相调换。该式号牌有不少突破和创新：除省级简称与发牌机关字母代码外，后面跟随六位数字与字母编号，可按 3 个字母加 3 个数字、3 个数字加 3 个数字或 3 个数字加 3 个字母规则编号，但不得使用三位相同的英文字母或三位相同的阿拉伯数字。牌号资源更加丰富，每个发牌机关（或地市）名下每种车牌约有 3600 万个牌号组合。另外，特别突出的是牌号可按规则自编自选，满足车辆登记者的个性化需求。同时，牌号和车辆直接绑定，利于车辆与牌号管理。

图 2-23 为"2002"式车牌示意图。

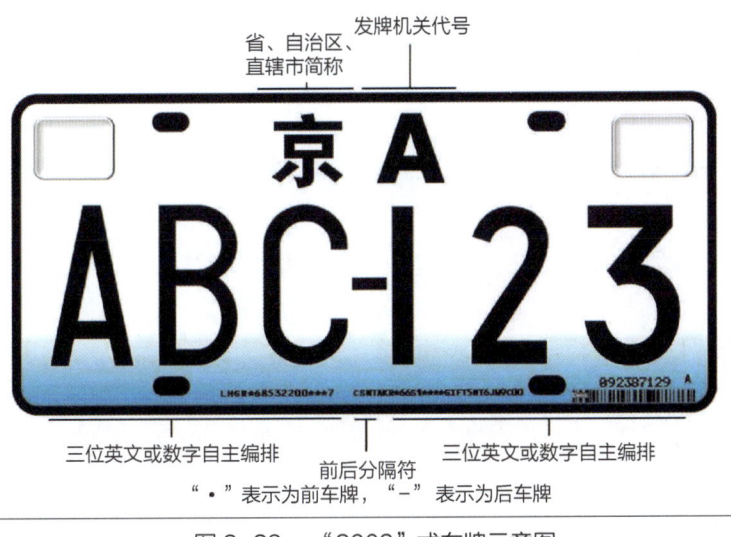

图 2-23　"2002"式车牌示意图

"2002"式车牌是现场制作并核发的。车主先在计算机里输入自己所选的号码，号码信息被传递给制作车间后，用仪器在面膜上打印车辆登记信息，然后把面膜贴在已经制作好的半成品上，最后冲压边框和预留功能区。一名熟练的工作人员完成整个制作流程需要的时间不到 2 分钟。

遗憾的是，此式车牌发行至当月 22 日（也就是仅 10 天后），"因技术原因"停止发行（全国共核发 7002 个车牌）。对于当时的自选牌号，实际上缺乏必要的牌号组合适当性审核机制，以至于出现许多包含"TMD""SEX"等易引发不文明联想、让人产生不适的车牌，可以大胆推测，这可能是该式车牌被叫停的真正原因。纵观德国、美国，以及我国香港和台湾等较早前已实施自选牌号的地方，自选牌号均需通过必要的审核，以尽量避免牌号彰显粗俗、暴力甚至宣扬纳粹主义等而让人产生不适。尽管此式车牌被叫停，但也算我国车牌制度的一次有益尝试，可以为未来车牌制度完善提供经验与参考。

图 2-24 为各式"2002"式自选牌号。

图 2-24　各式"2002"式自选牌号

我国的车牌经历了多次变革和升级。每一代车牌都反映了当时社会、经济和科技的发展水平，每一代车牌都有自己的特点和意义。随着汽车的普及、技术的进步和交通管理理念的更新，可以预测，未来我国的车牌制度还将持续变革，进一步向智能化、绿色化、数字化与个性化方向发展，以更好地满足人们和交通管理不断变化的需求和挑战。

2.3　分类、材料、尺寸、编号
车牌技术标准

2018 年 4 月，公安部发布行业标准《中华人民共和国机动车号牌》（GA 36—2018），代替了 2014 年的机动车车牌标准。2022 年 7 月 29 日，公安部技术监督委员会批准发布对 2018 年标准的第 1 号修改单，对临时车牌分类进行调整，自 2023 年 1 月 1 日起实施。

2018 年车牌行业标准与 2022 年的修改单，对包括 2016 年推出的新能源汽车车牌一并进行规范，明确了我国机动车车牌分类、规格、颜色及式样等，成为现在车牌制作、核发和监督管理最主要的依据。需要留意的是，中国人民解放军和中国人民武装警察部队车牌并不在此行业标准的调整范围内；该行业标准也不适用于中国香港、澳门及台湾地区。

根据 2018 年发布的《中华人民共和国机动车号牌》（GA 36—2018）行业标准，机动车车牌共分 21 类。在 2022 年第 1 号修改单发布后，实际上将原来的"临时行驶车号牌"细分为"普通机动车临时行驶车号牌""试验用机动车临时行驶车号牌"和"特型机动车临时行驶车号牌"3 类，故现在我国正在发行的机动车车牌实际共有 23 类，以车辆类型区分，用于汽车的车牌共计 14 类，用于挂车的 1 类，用于拖拉机的 1 类，用于摩托车的共 7 类，如表 2-1 所示。

表2-1 机动车号（车）牌的分类、规格、颜色及适用范围

序号	分类	外廓尺寸/毫米×毫米	颜色	数量	适用范围
1	大型汽车号牌	前：440×140 后：440×220	黄底黑字，黑框线	2	符合GA 802规定的中型（含）以上载客、载货汽车和专项作业车（适用大型新能源汽车号牌的除外）；有轨电车
2	挂车号牌	440×220		1	符合GA 802规定的挂车
3	大型新能源汽车号牌	480×140	黄绿底黑字，黑框线		符合GA 802规定的中型（含）以上的新能源汽车
4	小型汽车号牌	440×140	蓝底白字，白框线		符合GA 802规定的中型以下的载客、载货汽车和专项作业车（适用小型新能源汽车号牌的除外）
5	小型新能源汽车号牌	480×140	渐变绿底黑字，黑框线		符合GA 802规定的中型以下的新能源汽车
6	使馆汽车号牌	440×140	黑底白字，白框线	2	驻华大使馆、国际组织驻华代表机构和在华国际组织外交车辆用汽车
7	领馆汽车号牌				驻华领事机构领事车辆用汽车
8	港澳入出境车号牌		黑底白字，白框线		港澳地区入出内地的汽车
9	教练汽车号牌		黄底黑字，黑框线		教练用汽车
10	警用汽车号牌		白底黑字，红"警"字，黑框线		警用汽车
11	普通摩托车号牌	220×140	黄底黑字，黑框线	1	符合GA 802规定的普通摩托车
12	轻便摩托车号牌		蓝底白字，白框线		符合GA 802规定的轻便摩托车
13	使馆摩托车号牌		黑底白字，白框线		驻华大使馆、国际组织驻华代表机构和在华国际组织外交车辆用摩托车
14	领馆摩托车号牌	220×140	黑底白字，白框线	1	驻华领事机构领事车辆用摩托车
15	教练摩托车号牌		黄底黑字，黑框线		教练用摩托车
16	警用摩托车号牌		白底黑字，红"警"字，黑框线		警用摩托车

续表

序号	分类	外廓尺寸/毫米×毫米	颜色	数量	适用范围
17	低速车号牌	300×165	黄底黑字，黑框线	2	符合GA 802规定的低速载货汽车、三轮汽车和轮式专用机械车
18	普通机动车临时行驶车号牌	220×140	天（酞）蓝底纹，黑字黑框线	2	临时上道路行驶的载客汽车
				1	临时上道路行驶的非载客汽车
19	试验用机动车临时行驶车号牌	220×140	棕黄底纹，黑"试"字，黑字黑框线	2	试验用载客汽车、进行道路测试和示范应用的载客智能网联机动车
				1	试验用其他机动车、进行道路测试和示范应用的非载客智能网联机动车
20	特型机动车临时行驶车号牌	220×140	棕黄底纹，黑"超"字，黑字黑框线	1	特型机动车，即质量参数和/或尺寸参数超出GB 1589规定的汽车、挂车
21	临时入境汽车号牌	220×140	白底棕蓝色专用底纹，黑字黑边框	1	临时入境汽车
22	临时入境摩托车号牌	88×60		1	临时入境摩托车
23	拖拉机号牌	300×165	按NY 345.1执行		上道路行驶的拖拉机；细分为3个子类；尺寸相同

  大型汽车、挂车、大型新能源汽车、小型汽车、小型新能源汽车、使馆汽车、领馆汽车、港澳入出境车、教练汽车、警用汽车、普通摩托车、轻便摩托车、使馆摩托车、领馆摩托车、教练摩托车、警用摩托车、低速车和拖拉机使用的车牌用金属薄板作为基材。现在制作车牌的金属主要为铝合金，板材的力学性能等需要符合相应的国家标准。在车牌厚度上，大型汽车后车牌和挂车车牌使用的材料厚度不得小于1.2毫米，其他车牌厚度不小于1毫米。对于车牌表面使用的漆膜，其黏附性和反光性能等也有严格的要求。

  普通机动车临时行驶车车牌、试验用机动车临时行驶车车牌、特型机动车临时行驶车车牌、临时入境汽车车牌和临时入境摩托车车牌基材为纸质。对于前三类机动车临时行驶车牌，要求使用符合国家规定标准的胶版印刷纸，而对于后两类临时入境车辆车牌，需要使用专用水印纸，在打印后还需使用专用塑封膜塑封。

  小型汽车车牌现阶段主要使用的标准尺寸为440毫米×140毫米和480毫米×140毫米两种。前一标准尺寸适用于9座以下乘用车和小型货车，白字蓝底，汉字、字母与数字统一高度和宽度为90毫米×45毫米；后一标准尺寸适用于新能源汽车。新能源汽车车牌尺寸在公共安全行业标准《中华人民共和国机动车号牌》（GA 36—2018）中首次列入。新能源汽车车牌使用黑色字符,从下到上为绿色渐变至白色。由于车牌字符较"92"式小型汽车车牌增加至八位(含汉字),故车牌长度也增加至 480 毫米;车牌上汉字大小保持 1992 年的标准,但字符缩减为 90 毫米 ×43 毫米,即字符宽度缩减 2 毫米,整体样式更加细长。大型汽车后车牌与挂车车牌,上面一行的省、自治区、直辖市简称汉字与发牌机关代码字母,字符高度和宽度分别为 60 毫米和 80 毫米,下一行序号字符高度和宽度分别为 110 毫米和 65 毫米,明显较通用小型汽车车牌字符增大。图 2-25 为小型燃油汽车车牌尺寸示意图。

图 2-25　小型燃油汽车车牌尺寸示意图

传统燃油汽车车牌,主要使用蓝、黄、白和黑四种底色。小型汽车车牌为蓝底白字,白色外框线;大型汽车车牌、挂车车牌及教练车车牌为黄底黑字,黑色外框线;警用汽车车牌为白底黑字,但车牌上的"警"字为红色,黑色外框线;使馆、领馆汽车车牌及港澳入出境车车牌为黑底白字,白色外框线。

2016 年 12 月 1 日,上海、南京、无锡、济南和深圳 5 个城市率先启动新能源汽车车牌试点工作,后来陆续推向全国。2018 年 4 月,随着《中华人民共和国机动车号牌》(GA 36—2018)的发布,新能源汽车车牌在全国所有城市全面启用。

新能源汽车车牌主要有两种式样:小型新能源汽车车牌,底色从上到下为白渐变绿底,黑色字,黑色外框线;大型新能源汽车车牌,底色为黄色和绿色双拼色,黑色字,黑色外框线,左侧省份简称与发牌机关代码处底色为黄色,余下右侧为绿色。无论大型或小型新能源汽车,均印制新能源汽车专属标识,标识右侧为电插头图案,左侧彩色部分与英文字母"E"(Electric 首字母)相似,寓意电动新能源,如图 2-26 所示。

图 2-26　新能源汽车专属标识

传统燃油汽车牌号使用 7 个字符，通常由"一个省（自治区或直辖市）汉字简称 + 一个字母发牌机关代码 + 五位序号"构成，如图 2-27 所示。发牌机关即车辆登记机关，为省、自治区、直辖市公安厅（局）和地、市、州、盟公安局（处）公安机关交通管理部门，可以使用包括字母 I 和 O 在内的 26 个英文字母作为代码。通常一个地、市、州、盟使用一个对应的发牌机关字母代码，但因车辆保有量增加等原因，部分城市使用两个或更多代码，例如，四川省成都市自 2022 年 4 月起，除原来使用的代码 A 外，还启用代码 G；广西壮族自治区的桂林市使用代码 C 与 H，广东省佛山市则分配有 E、X、Y 三个代码。有的地方因管理等原因，将某一特定字母专用于某类车辆。例如，上海在 1995 年将"沪 O"字头专用于该市警车牌号，但在 2004 年该市警车牌号全部不再使用"O"字头，北京现在警车使用的牌号则以"京 D""京 A"为主。

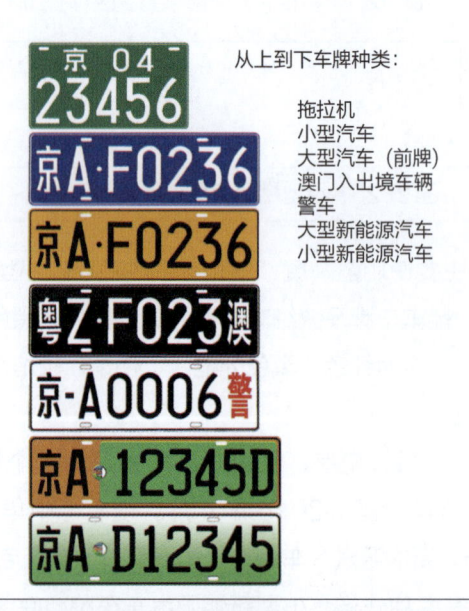

从上到下车牌种类：
拖拉机
小型汽车
大型汽车（前牌）
澳门入出境车辆
警车
大型新能源汽车
小型新能源汽车

图 2-27　目前发行的 7 种典型配色机动车车牌示意图

"五位序号"编码现有三种组合形式：一种是 5 个纯数字；一种是 1 个英文字母、4 个数字；还有一种是 2 个英文字母、3 个数字。在序号编列中，为避免误读，字母 I 和 O 不使用。

在专用汽车牌号中，使用特定汉字简称代表车牌类型，通常将其置于牌号最后。具体如下：领馆汽车车牌为"领"；使馆汽车车牌为"使"；警用汽车车牌为"警"；教练汽车车牌为"学"；

挂车车牌为"挂";香港特别行政区入出内地车辆车牌为"港";澳门特别行政区入出内地车辆车牌为"澳";试验车的临时行驶车牌为"试";特型车的临时行驶车牌为"超"。

自 2017 年 5 月 1 日起，旧版外交（使馆）车牌作废，更换为新版外交车牌，主要变化是将原本放置在开头的"使"字挪至牌号末尾，并由红色改为白色，原车牌数字编号不变，黑白相间配色，如图 2-28 和图 2-29 所示。

自 2018 年 6 月 1 日起，旧版外交领事车牌作废，新版外交领事车牌的样式和牌号均发生较大变化。驻华领馆新版车牌与新版外交（使馆）车牌一样，牌号中采用统一的三位数国家代码，牌号格式调整为"省级行政区汉字简称 + 三位驻华外交机构编号 + 二位序号 + '领'"，"领"字改用白色，如图 2-30 所示。

图 2-28　2017 年改版后的使馆车牌（上）与旧车牌（下）对比

图 2-29　乌拉圭驻华大使专车及新旧车牌

图 2-30　2018 年改版后的领馆车牌（下）与拆下的旧牌（上）对比

新能源汽车牌号使用 8 个字符，牌号编列规则与传统燃油汽车类似，主要变化在于将五位序号增加至六位序号。六位序号的编码有四种组合形式：一是 6 个纯数字；二是第一位为英文字母，其余为数字；三是第六位是英文字母，其余为数字；四是第一位与第二位为英文字母，其余为数字。在小型新能源汽车牌号中，按序号首字母 D、A、B、C 和 E 的顺序发放给纯电动汽车；按序号首字母 F、G、H、J 和 K 的顺序发放给非纯电动汽车。在大型新能源汽车牌号中，同样按照小型新能源汽车字母分配和字母排序分别依次发放给纯电动与非纯电动汽车，只是字母排列在第六位。需要留意的是，小型新能源汽车牌号第二位可以使用字母，目的在于增加小型车牌号资源。图 2-31 为各式新能源汽车车牌示意图。

在牌号字体上，拖拉机牌号使用黑体；新能源汽车牌号字体在整体上棱角更为明显，更趋向于宋体字；以小型汽车蓝底白字牌照为主的其他车牌字体，更为圆润，与黑体字更为接近，如图 2-32 所示。

图 2-31　各式新能源汽车车牌示意图

图 2-32　新能源汽车车牌数字（上）与传统小型燃油汽车车牌数字（下）对比

间隔符是对汽车牌号的有效分隔，能够提升牌号的可识读性。间隔符包括圆点"·"和短线"-"，后者仅用于警车后车牌。图 2-33 为分隔符不一样的警车前后车牌效果图。间隔符与车牌序号同样冲压，颜色与序号相同。新能源汽车车牌实际通过印制新能源汽车车牌专属标识的方式，对牌号进行分隔。

a. 前车牌

b. 后车牌

图 2-33　分隔符不一样的警车前后车牌效果图

从全球多数国家和地区来看，我国的车牌属于整体样式极为简洁明了的一类，车牌设计多年来一直坚守清晰简明的理念。

2.4 序列号、校验码、二维码、暗记及正弦曲线
车牌上的秘密

随着我国经济的发展和汽车行业的蓬勃发展，车牌的安全性和防伪性受到越来越多的关注和重视。为防止假冒或变造车牌，政府采取了一系列防伪安全措施，包括车辆登记实名制、牌号全国统一编列及升级号牌制作材料等。除此之外，金属材料车牌上面还有不少可以看得见、摸得着，但不被大部分人留意的标记，与其他防伪措施一起，构成了车牌的多重防伪屏障，如图 2-34 所示。

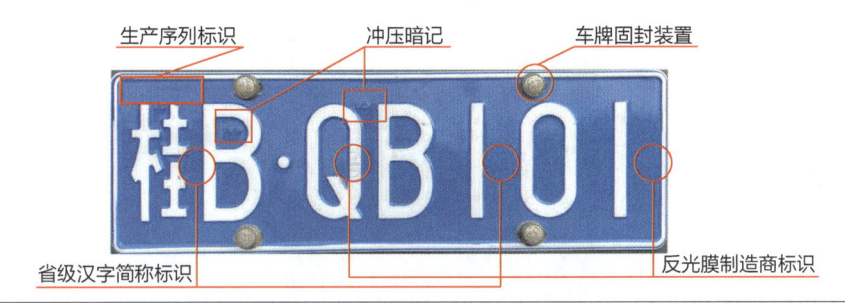

图 2-34　车牌上的秘密

按照现行金属材料车牌制作要求，每一块车牌都编有唯一的生产序列标识，同一副车牌前牌与后牌也不相同。生产序列标识由生产序列号、校验码和二维码共同组成，通过激光蚀刻签注于车牌反光膜里层，要求清晰可辨，多数位于车牌左上角处，如图 2-35 所示。生产序列标识蚀刻在反光膜里层，除严重物理损害外，通常从外表面难以涂抹改变，故能保证蚀刻信息长久完好；港澳入出境车车牌、使馆汽车车牌和领馆汽车车牌等生产序列标识在背面，其余种类车牌在正面。

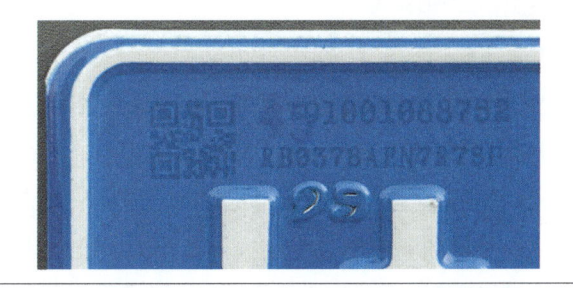

图 2-35　车牌左上角的生产序列标识

生产序列号由三部分组成，共 13 位。2 位省（自治区或直辖市）行政区划代码，使用阿拉伯数字，代码需要符合《中华人民共和国行政区划代码》（GB/T 2260）的规定，实际上与车辆注册登记地发行的身份证编号前两位一致，如北京市为 11、广西壮族自治区为 45、

39

贵州省为 52；1 位校验位，使用阿拉伯数字 0～9 和罗马数字 X，共 11 个字符；10 位顺序号，全部为阿拉伯数字，0000000001～9999999999，编排不区分车牌种类。同一副车牌的前牌与后牌的后一位校验码并不相同，10 位顺序号则为相邻的两个自然数，如前牌为 1001088752、后牌为 1001088753。

生产序列号中 2 位省（自治区或直辖市）行政区划代码使用特殊方式印制，具有动态效果。一般可以通过将车牌以任意小角度转动的方式来清楚观察，字体也较剩余 11 位生产序列号大。

车牌上的省级行政区代码如图 2-36 所示。

区域	代码	省份	区域	代码	省份
华东	31	上海	华中	41	河南
	32	江苏		42	湖北
	33	浙江		43	湖南
	34	安徽			
	35	福建	东北	21	辽宁
	36	江西		22	吉林
	37	山东		23	黑龙江
	71	台湾			
华南	44	广东	西南	50	重庆
	45	广西		51	四川
	46	海南		52	贵州
	81	香港		53	云南
	82	澳门		54	西藏
华北	11	北京	西北	61	陕西
	12	天津		62	甘肃
	13	河北		63	青海
	14	山西		64	宁夏
	15	内蒙古		65	新疆

图 2-36 车牌上的省级行政区代码

校验码由 14 位英文字母和阿拉伯数字组合表示。行业标准《中华人民共和国机动车号牌》（GA 36—2018）并未公布校验码的构成与具体生成规则，当然也不应或不会向公众公布，否则便丧失或降低了生产序列标识的防伪功能。在 2014 年版的车牌标准中，明确校验码由生产序列号、设备编号和生产日期按一定方式运算生成；2018 年版的车牌标准有意将表述粗放化，只告知由 14 位字母和数字组合表示。

二维码需要符合《快速响应矩阵码》（GB/T 18284）相关标准。与普通二维码不同，该二维码只有通过专用系统扫描才能读取相关车辆信息，利于保护公民隐私，防止个人信息外泄。交通警察通过专用条码设备可扫描识读车牌上的二维码等内容，能查询车牌生产的时间、地方及制作单位等信息，知晓车牌生产全过程，便于打击假牌，提高车牌的防伪性能。

车牌字符和间隔符使用全国统一的防伪专用模具冲压，保证各地生产出来的车牌字符和间隔符大小一致。同时，车牌字符与间隔符冲压后应突出牌面不低于 1 毫米，其中新能源汽车车牌要求冲压后的字符突出牌面不低于 1.2 毫米，字符边缘需要整齐平滑。车牌上冲压突起的字符如图 2-37 所示。

车牌暗记在 2018 年被首次纳入车牌标准中。此版车牌标准要求在省（自治区或直辖市）汉字简称和发牌机关代码字母周围必须有代表车牌制作单位的暗记，暗记经冲压成型，同批次位置和式样保持一致。暗记是什么和具体代表什么意思，官方并未公布，如果公布就是"明记"了。暗记大小近于成人指甲盖，一般由经过特别设计的字母、数字或符号构成，冲压印制在车牌汉字简称和发牌机关代码处，后面五位序号中有字母 Q 时，周边也有暗记，触摸有突出感，如图 2-38 所示。

图 2-37　车牌上冲压突起的字符

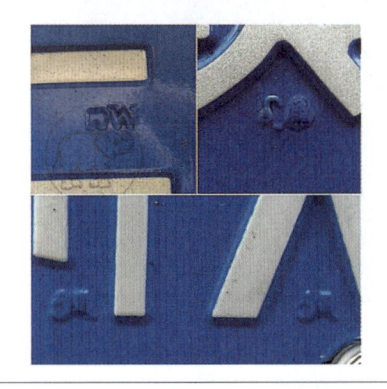

图 2-38　车牌上的暗记

2014 年版车牌标准明确金属车牌基材表面的反光膜内层必须印制统一的省（自治区或直辖市）汉字简称标识，省（自治区或直辖市）标志性图案标识则是由各省级行政区自身酌定选择的。汉字标识与图案标识需要报公安部交通管理局备案。图 2-39 为贵、鄂、湘、桂四地车牌上的省级简称。对于省（自治区或直辖市）标志性图案标识，大部分地区在依据 2014 年版车牌标准发行车牌时，在牌号上印制本地区最具代表性的动物、植物、文物及地理标志等图案，如四川大熊猫、青海藏羚羊、上海白玉兰、新疆雪莲、陕西兵马俑、甘肃马踏飞燕、贵州黄果树瀑布与安徽黄山迎客松等。甘、新、川、贵四地车牌上的标志性图案标识与来源如图 2-40 所示。

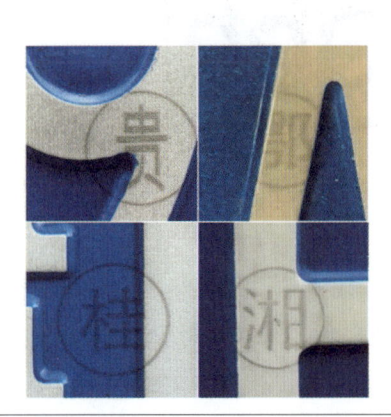

图 2-39　贵、鄂、湘、桂四地车牌上的省级简称

图 2-40　甘、新、川、贵四地车牌上的标志性图案标识与来源

对于反光膜制造商标识和型号标识，在2014年版车牌标准中只要求在金属车牌上满足清晰并与登记编号方向一致的要求，对其他方面并未做过多细化要求。

在2018年新版车牌标准中，未再规定省（自治区或直辖市）标志性图案标识、反光膜制造商标识和型号标识相关内容。当然，各省（自治区或直辖市）在发行汽车车牌时，对于国家标准明确要求的强制性规定，都按照要求执行，对于可选择或倡导性规定，根据自身情况酌定。因此，各地车牌在具体细微处有一些不同属于正常情况。图2-41为蓝牌与绿牌上的反光膜制造商标识和型号标识。

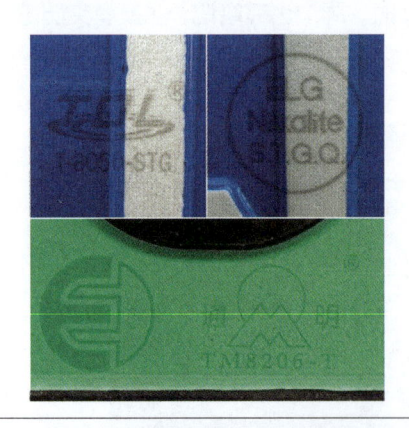

图2-41　蓝牌与绿牌上的反光膜制造商标识和型号标识

2018年版车牌标准首次加入新能源汽车车牌类别，新能源汽车专属标识也在该标准中首次出现。新能源汽车车牌专属标识在车牌上以两种方式呈现，一种方式是以发牌机关代码与后面的六位序号之间的间隔符方式呈现，将牌号分为前后两个部分，明亮鲜艳，让车牌更为美观，便于识读；另一种方式是在反光膜内层预先印制，色彩简单，类似省（自治区或直辖市）标志性图案标识，需要近距离细致观察才能看见。

正弦曲线标识是新能源汽车车牌重要的一项防伪标识。它与新能源汽车专属标识一样，只出现在新能源汽车车牌上，位于车牌偏下侧，为两条长条形正弦曲线，以激光蚀刻方式在反光膜内层签注，在近处从不同方位观察，在视觉上具有动态景深效果，若隐若现，如图2-42所示。

图2-42　具有动态景深效果的正弦曲线标识

除车牌本身印制及蚀刻的图案标识外，车牌的安装固定也颇为讲究。行业标准《机动车号牌专用固封装置》（GA 804）对车牌安装进行强制性规范。机动车车牌安装必须使用专用的固封装置，该装置主要由螺栓、螺母、固封底座和固封扣盖组成，标准对螺栓抗拉伸、抗扭曲及硬度等性能有明确的要求。车牌固封装置如图2-43所示。

对于固封扣盖，标准明确要求必须有代表省（自治区或直辖市）简称的汉字及代表发牌机关代码的字母，与牌号中对应登记的省级简称与发牌机关代码一致，汉字与字母需通过凹印方式呈现。车牌固封螺栓采用独特设计，使用一般的螺丝刀等工具安装时，只能在紧固方向上受力，在拆卸方向上不能受力，使螺栓正常安装时只能拧紧，安装后不易松动和拆卸，提升了车牌、车辆及乘用人员的安全性。车牌固封装置中特殊设计的螺栓头部如图 2-44 所示。车牌在拆卸时，需要使用专用的拆卸工具，否则只能通过物理损坏方式完成。自 2016 年起，如有证据证实车辆所有人或驾驶人故意少安装固封装置的，交警部门将以不按规定安装车牌为由对驾驶人予以扣分及罚款的处罚。

图 2-43　车牌固封装置　　　　图 2-44　车牌固封装置中特殊设计的螺栓头部

除车牌上印制与蚀刻的特有标识图案和车牌专用固封装置外，车牌还使用了其他一些特有防伪技术，目的在于尽可能避免车牌被伪造、变造、更换和防止被盗等，以确保车牌及车辆的安全，最终保障乘用人员的安全。

2.5 五光十色 香港车牌

香港的车辆登记制度与澳门、台湾和大陆有不少区别。香港车牌的登记管理由香港运输及房屋局下属的运输署负责。

20 世纪早期，香港车牌登记管理由香港警务处负责，后转由交通事务处负责。1968 年 12 月，交通事务处成为独立部门，并在 1975 年改名为运输署，专门负责规划和管理香港的交通运输网络、设施及服务，重点聚焦陆上交通，车牌登记管理属其职责范畴。现在的运输署主要由 1 名署长、2 名副署长、行政及牌照科等 6 个科、新界分区办事处、市区分区办事处与专营巴士安全小组构成。

香港运输署管辖的香港、九龙、观塘与沙田 4 个牌照事务处，根据《道路交通（车辆登记及领牌）规例》等法例提供各类车辆牌照服务，包括首次登记、取消登记、过户和续领等十余项许可登记。2022 年，香港有各类登记挂牌车辆 80 余万辆。

1901 年，香港出现第一辆汽车。香港实施车辆登记制度始于 20 世纪初，早期发行的车辆登记号码没有字母，从数字 1 至 9999；1951 年启用"HK"字头，从 HK1 发行至 HK9999；1957 年开始使用"XX"字头。"XX"字头的出现有一段趣闻：据说当年牌号由警司审批，"HK"字头已用完，当下属请示替换选项时，警司便顺手打了两个叉（××）。警司本来想表示随便用两个字母，结果被下属误以为英文字母"XX"，后来将错就错，开始用起了"XX"字头。图 2-45 为悬挂香港早期 175 号车牌的车辆。图 2-46 为悬挂香港"XX"字头车牌的车辆。

图 2-45　悬挂香港早期 175 号车牌的车辆　　图 2-46　悬挂香港"XX"字头车牌的车辆

1958 年，"XX"字头用完后，香港车牌按英文字母 AA、AB 及 AC 等顺序组合字头依次登记，后面跟随 1～9999 相应的数字编号。车牌发行至 AZ 字头后，便直接开始发行 BB 字头车牌，跳过 BA 字头，后来 BF 字头也被跳过。据说，未发行 BA 字头车牌是因为其可能与 AB 字头车牌混淆，也有人说 BA 代表英军（British Army）而未使用；而 BF 代表脏话"大傻瓜"（Bloody Fool），也有不少香港市民戏称其代表英国傻瓜（British Fool），不甚文明而未使用。随着香港回归，香港运输署于 2003 年开放 BA 与 BF 字头牌号参与牌号竞投。

图 2-47 为典型香港车牌编号式样（自 1985 年 6 月起，要求前牌为白底，后牌为黄底）。

图 2-47　典型香港车牌编号式样

自 1973 年起，香港开始将车辆登记号码分为普通登记号码和特殊登记号码。普通登记号码的车牌可随车一并转让；特殊登记号码的车牌则不能转让，原车主不再使用后即被政府收回，取得该车牌需要通过公开拍卖竞价。按照现行香港法例，特殊登记号码主要包括所有不含英文字母的登记牌号和牌号中包含一位数（如 1 和 5）、相同两位数（如 11 和 22）、相同三位数（如 222 和 333）、三位数回环（如 686 和 101），以及连号（如 1234 和 6789）等通常被认为有趣的、易记的号码。简单说，就是政府抽出其认为"好"的牌号，以供拍卖。车主想要这些牌号，可以通过香港运输署举办的拍卖会竞投获得。

1973 年 5 月，香港进行了第一次车辆牌号拍卖。拍卖车辆牌号的收入，在扣除必要的支出成本后，将净收益拨入政府奖券基金，用于慈善活动。

自 2006 年起，香港实施自订牌号制度。对于自订牌号，车主需要先向香港运输署提出心仪的个性化号码申请，再参加拍卖竞价，最后由拍卖中出价最高者获得。

香港车辆登记制度沿袭英制，因此许多要求规定跟英国有不少关联或相似。车牌悬挂、字体、排列格式、字符大小及间距要求，主要是通过《道路交通（车辆登记及领牌）规例》进行明确。

在车牌悬挂上，香港要求车辆前后各悬挂一块车牌，前面车牌为白底黑字，后面车牌为黄底黑字。在车牌制作上，明确要求底色必须用反光材料制成，反光材质符合标准，而车牌的字母与数字任何部分均不得采用反光材料；后牌还应装有牌照灯，确保夜间能被视力正常人员从车后不超过 15.25 米的地方识别。

字符可一行展示，类似欧式车牌，也可分上下两行展示，类似美日车牌。字符高度不得小于 80 毫米，不得大于 110 毫米，字体长宽有一定比例；经运输署署长批准，字符高度也可以小于 80 毫米。对于字符间距，要求自订车牌紧邻字符间距为 10～32 毫米，如字符间有空位，则间距为 55～70 毫米，而对于传统登记车牌，实际上并未专门规定间距。

在车牌尺寸上，香港法例并未规定明确的尺寸，具有较大的自由空间，利于车主根据自身车辆选择。香港的汽车主要是进口的，进口车辆车牌悬挂处标准不一，保留车牌尺寸的弹性空间，能够让车辆悬挂适当而美观的车牌。或许正是因为如此，香港并不统一制作发行车牌，而是分配牌号，由车主自行选择具备资质的厂商制作车牌。所以，香港法例明确要求车牌上必须清晰地标明制作厂商的名称、商标或其他标识厂商的记号，以及制作标准编号。目前，香港运输署共为 33 家厂商（公司）发出证书，以示其制作的车牌符合上述规格标准。

对于字体，香港法例用图案的方式展现，除明确规定不使用字母 I、O 与 Q 外，车牌上的字母与数字差别明显，易于识读，而且不易被变造成其他字符。

在车牌字型上，香港只要求字符不能从车牌上拆除；字符单独制作并固定在车牌底板上的，只要牢固焊或钉在底板上即可。因此，车牌字符有尖顶字、圆顶字和平顶字等不同字型，颇为丰富，如图 2-48 和图 2-49 所示。

图 2-48　尖顶字型车牌

尖顶字　　　　圆顶字　　　　平顶字

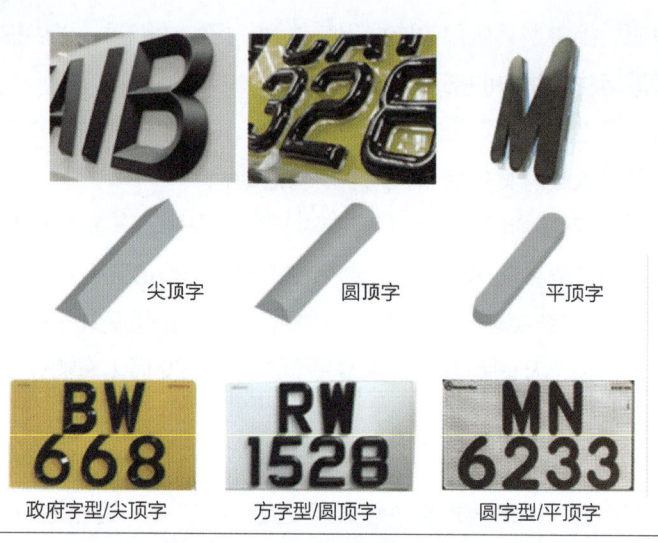

政府字型/尖顶字　　方字型/圆顶字　　圆字型/平顶字

图 2-49　不同字型车牌示意

除前述适用于一般民用车辆的牌号规则外，香港还有一些特别车辆适用较特殊的牌号规则，主要包括以字母 A、F、AM 及 LC 开头且后面跟随数字的牌号，全部为政府车辆使用。政府车辆只限于被聘用为公务员且经过内部考试并持有驾驶政府车辆许可证者才能驾驶。香港特别行政区驾驶政府车辆许可证如图 2-50 所示。CJ、CS、FS 及 SJ 等只有两个字母后面未跟随数字的车牌，分别为香港终审法院首席大法官（Chief Justice）、政务司司长（Chief Secretary for Administration）、财政司司长（Financial Secretary）及律政司司长（Secretary for Justice）等高官的专用牌号。香港金融管理局总裁的座驾所配车牌为"AM78"。以 VV 开头的牌号，主要发给香港岛、九龙及新界外离岛使用的小型汽车，2018 年后也开放给普通民用车辆。ZG（"驻港"拼音"zhù gǎng"的首字母）开头后面跟随数字登记牌号，为中国人民解放军驻香港部队专用牌号，如图 2-51 所示。ZM（珠海"Zhuhai"和澳门"Macau"首字母）开头后面跟随数字登记牌号，专门保留供经港珠澳大桥进入香港的澳门车辆使用。对于进入香港的内地小型汽车，原则上核发 FV 与 FU 开头牌号。进入香港的内地与澳门车辆悬挂的车牌如图 2-52 所示。图 2-53 为在广东注册并申领香港车牌的车辆。

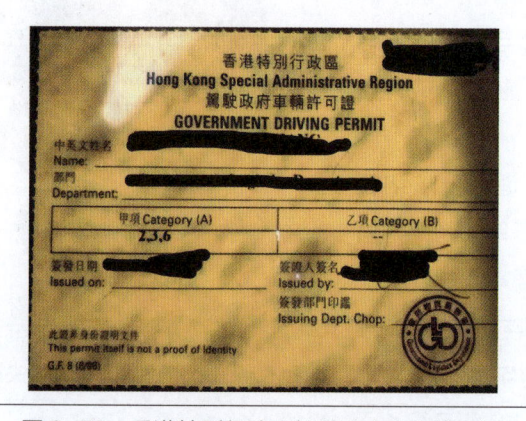

图 2-50　香港特别行政区驾驶政府车辆许可证

图 2-51　驻香港部队军营开放展示车辆

图 2-52　进入香港的内地与澳门车辆悬挂的车牌

图 2-53　在广东注册并申领香港车牌的车辆

　　2018 年 10 月，港珠澳大桥启用后，港澳两地车牌也开始推出，在澳门注册的车辆可以申领悬挂香港车牌进入香港境内。港澳两地车牌采用配额制度，包括个人配额和公司配额两类。个人申领港澳两地车牌的，必须为澳门居民，并符合在香港工作、开设公司，或持有房屋、商铺、土地等不动产任一条件。对于公司申领港澳两地车牌的，要求其在香港与澳门两地均注册有公司，或者在澳门注册的公司与在香港注册的公司为关联公司，同时要求两地公司均为 2019 年 12 月 31 日前注册。

在澳门注册并申领香港及内地车牌的车辆如图 2-54 所示。

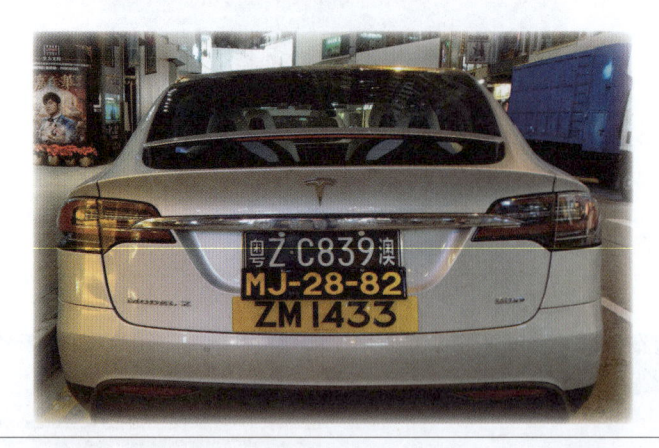

图 2-54　在澳门注册并申领香港及内地车牌的车辆

香港对于"老爷车"还有特别的规定。对所有车龄超过 20 年而未领有车牌的车辆，其车主在申请并加入香港老爷车协会（CCCHK）后，可以通过该协会向香港运输署申领"老爷车行驶许可证"，以在参加活动时上路使用。在通过香港运输署审核并获取许可证后，老爷车每年可在道路上行驶 12 次，但每次上路前均要预先向香港运输署报告。老爷车行驶许可证有效期一年，过期后必须重新申领。对于获得行驶许可的老爷车，香港运输署并不要求其必须悬挂香港车牌，也未明确禁止不能悬挂境外车牌，但必须在挡风玻璃上清晰展示"老爷车行驶许可证"，因此有部分进口老爷车悬挂进口国家（地区）的车牌上路行驶。香港街头的老爷车如图 2-55 和图 2-56 所示。

图 2-55　香港街头的"老爷车"

图 2-56　香港街头悬挂"BEYOND"（超越）车牌的老爷车

在香港注册的车辆，也可以通过申领香港内地车牌进入内地，这些车辆一般限于在广东省内行驶。申请者需向广东省公安厅交通管理局提出申请，但申领的门槛比较高，主要针对在广东省纳税数额达到一定标准或者以高新技术方式投资兴办实业的国外、国内香港、澳门及台湾的商户，港籍政协委员、人大代表或其他特殊人才，自改革开放以来在广东省捐赠兴办公益事业累计金额达到一定数额的海外华人华侨、港澳台同胞及社会团体。随着香港与内地的经济融合日渐紧密，跨境驾驶的现象越来越频繁，广东省开放的入境车辆指标数量也在逐渐增加，申领香港内地车牌的门槛也趋于降低。当然，香港内地车牌的审批权在广东省，实际上这种车牌算是内地车牌制度的一个特例。

图 2-57 为在香港注册并悬挂自订车牌与香港内地车牌的车辆。

图 2-57　在香港注册并悬挂自订车牌与香港内地车牌的车辆

总体来看，香港车牌管理较为完善，其中自订车牌及特别号码公益拍卖等模式，可以为内地车辆号牌管理提供不同角度的参考和借鉴。

尤其有趣的是，香港特别行政区行政长官的专用车牌并没有任何登记号码，而是悬挂特别行政区紫荆花区徽。在香港回归之前，香港总督专用车辆以英国圣爱德华皇冠徽章作为车牌，以此代表英国君主。小小的车牌标识从圣爱德华皇冠到香港特别行政区区徽，背后展示的是中国日益强大的综合国力与"一国两制"的伟大构想。香港的明天必将更加美好。

图 2-58 为悬挂圣爱德华皇冠徽章的香港总督车辆。图 2-59 为悬挂香港特别行政区区徽的香港特首专车。

图 2-58　悬挂圣爱德华皇冠徽章的香港总督车辆

图 2-59　悬挂香港特别行政区区徽的香港特首专车

2.6 "黑牌""白牌""红牌"
澳门车牌

澳门车牌制度主要通过澳门《道路交通规章》《核准汽车登记制度》等法规构建。澳门在明朝中叶（自 1557 年起）被租借给葡萄牙，其车辆注册制度大致沿袭葡制。现在澳门汽车保有量超过 12 万辆（澳门人口约 67 万），车牌格式标准类似葡萄牙 1937—1992 年发行的车牌。

澳门车牌由澳门交通事务局发行。按照使用阶段的不同，通常可以将澳门车牌分为特别车牌、试验车牌和正式车牌。

特别车牌，也称"ES"（葡萄牙语"Especial"，特别之意）车牌，一般只用于汽车销售商未出售的新车或以个人名义进口供个人使用的车辆；车辆在注册前需要在公共道路上通行时，申请人向交通事务局缴付相应的费用申领车牌。这种车牌红字白底，故俗称"白牌"，"ES"后面跟随的数字不超过三位。这种车牌实际上是临时上路许可证明，使用的时间及场景极少，因此在路上较少遇见，如图 2-60 所示。

图 2-60　悬挂澳门特别车牌的车辆

试验车牌，也称"EX"（葡萄牙语"Experiência"，试验之意）车牌，一般为办理车辆注册手续期间领用的临时车牌，按照道路交通规章允许车辆在公共道路上通行15日，有效时间从申领后的第二个工作日算起。试验车牌需要车主向交通事务局缴付相应的费用申领，作用近似内地新车悬挂正式车牌前使用的临时车牌。因车牌为白字红底，故俗称"红牌"，"EX"后面跟随的数字不超过四位。车主在取得试验车牌第二日起10个连续日内，必须向交通事务局办理车辆注册申请，并在提出申请第二个工作日起至试验车牌有效期内前往专门的验车中心检验车辆。车辆经检验合格后，车主缴纳车辆使用牌照税，粘贴已纳税标志，领取并换上车辆注册号牌（即正式车牌），将试验车牌交还交通事务局。图2-61为悬挂澳门试验车牌的车辆。

图2-61　悬挂澳门试验车牌的车辆

　　正式车牌是车辆正式合法使用的标识，主要为白字黑底，而商用车牌为黄字黑底，俗称"黑牌"。目前，澳门牌号格式主要为两个字母后面跟随四位数字，字母与数字间、前两位数字与后两位数字间使用短线分隔开，如"MA-12-43"。牌号的排列形式，可以根据车辆需求一行排列，也可以两行排列。

　　在澳门回归前，澳门总督座驾一般使用镶嵌有字母"GM"（意为澳门总督，葡萄牙语"Governador de Macau"的缩写）且字母间布置有澳门盾徽的车牌，更早的澳门总督座驾也有在车牌上直接标明"Governador"（总督）字样的。澳门回归前澳门总督车牌如图2-62所示。

图2-62　澳门回归前澳门总督车牌

澳门最早发行的车牌，以字母 M（"Macau"首字母）开头，短线分隔符后面跟随数字，数字前不设 0 的虚位，不超过三位数，如"M-902"。后来，字母 M 后面数字扩展为从"10-00"至"99-99"。此后接着使用"MA"字头（从"MA-10-00"至"MA-99-99"），往后是"MB"字头（从"MB-10-00"至"MB-99-99"），以此类推。从"MA"字头开始，字母后"00-01"至"09-99"号段，保留供政府车辆使用。旧式的澳门车牌采用不反光的凸字车牌，从 1998 年开始（大约从"MH"字头起），新发行的车牌采用平面反光车牌。

澳门早期车辆及车牌如图 2-63 和图 2-64 所示。

图 2-63 澳门早期轿车及车牌（头车牌号"M-121"）

图 2-64 澳门早期悬挂"M-87-61"车牌的双层大巴

对于澳门发行的正式车牌，可大致根据车辆不同使用领域来分类，主要包括一般民用及商用车辆车牌、政府车辆车牌、个人专用注册车牌、内地入澳门车辆车牌、香港入澳门车辆车牌，以及解放军驻澳门部队车牌等。

一般民用及商用车辆现在使用的车牌编号字头从"M""MA"到"MZ"，2021 年 10 月开始竞拍使用"AA"，后面主要跟随从"10-00"至"99-99"号码段。实际上，"AA"字头车牌最早使用是在 2019 年 12 月，为迎接国家主席到访澳门，澳门特别行政区政府提前开启"AA"字头车牌，并在迎接国家主席专车上特意悬挂"AA-20-19"车牌，如图 2-65

所示。按照澳门《机动车辆税规章》的要求，符合一定条件的运输特许企业专用于运输乘客的车辆、接送学生的车辆、接载残疾人士的车辆、旅行社及旅游相关业务车辆，还有新能源车辆等，可以申请豁免机动车辆税，但必须悬挂黄字黑底车牌，如图 2-66 和图 2-67 所示。

图 2-65　迎接国家主席的"AA-20-19"专车

图 2-66　悬挂黄字黑底车牌的免税车

图 2-67　酒店用的悬挂黄字黑底车牌的接驳车

澳门特别行政区政府车辆车牌样式与一般民用与商用车辆车牌并无不同，主要区别在于政府车辆后面的四位数字编号使用从"00-01"到"09-99"号段，故在澳门街上见到牌号首位数字是 0 的，便可轻松认定是政府车辆，如图 2-68 所示。澳门面积小，道路窄，车辆密度大，为了规范和监督政府车辆使用，自 2002 年 10 月起，澳门立法会出台《规范澳门特别行政区车辆的一般原则》，要求公车需"使用实体识别牌"以便区分。现在澳门特别行政区政府车辆贴上白色椭圆标识牌，俗称"鹅蛋牌"，上面注明所属政府机构名称，让车辆使用随时处于市民监督中，就连行政长官的专车也是如此，上书"行政长官"四个大字，如图 2-69 所示；司法与海关等部门履行专有职责、执行调查任务的车辆可以例外。内地自 2014 年起开始实施公车改革，要求除涉及国家安全及侦查办案等有保密要求的特殊工作用车外，执法执勤用车应当设置明显的统一标识，与澳门这一措施类似。

图 2-68　澳门警察总局局长专车及车牌"M-00-08"

图 2-69　澳门特首专车及车牌，并挂有"行政长官"标识

1998 年，澳门市政执行委员会通过《个人专有注册规章》，明确车主可以通过申请或拍卖获得个人专有注册车牌。个人专有注册车牌主要分两种：一种叫人名化个人专有注册，要求以 2～8 个英文字母或汉字书写的全称或部分名称组成，且应与车主身份证明文件所载的姓

名相符或应为其姓名的一部分；另一种叫字母数字式个人专有注册，要求由一个或两个英文字母或汉字连接一个或两个数字组成。对于牌号的组成，基本要求是不能涉及不雅用语。个人专有注册车牌采用黄色或金色字，红底，初期购置价格为 100 万澳门元，2016 年后涨价至 200 万澳门元。个人专有注册车牌使用其他颜色也可以，但需增加费用 20 万澳门元。在车牌使用上，个人专有注册车牌不得转让他人，但可以申请转移至同一车主名下的其他车辆。澳门交通事务局公布，截至 2022 年共发出个人专有注册车牌 27 个。悬挂个人专有注册车牌的车辆如图 2-70 ~ 图 2-72 所示。

图 2-70　悬挂"JP1"个人专有注册车牌的车辆

图 2-71　悬挂"R8"个人专有注册车牌的车辆

图 2-72　悬挂"ONLY ONE"个人专有注册车牌的车辆

　　港澳地区知名爱国工商界人士、"澳门赌王"何鸿燊生前有多辆劳斯莱斯，其中三辆的车牌均是"第一"："HK1"（香港第一）、"MACAU1"（澳门第一）和"AZ1"（亚洲第一）。"HK1"是何鸿燊的标志性车牌，代表他凡事"力求第一"的决心，可能正是这份用心，才让他做到行业第一，令人称"王"。同时，"HK1"车牌可以看作香港的第一万号车牌，有"万中选一"的寓意，如图 2-73 所示。何鸿燊在澳门的车牌，还有最大号"99-99"，意味着至高无上。事实上，"M-99-99""MA-99-99""MB-99-99"和"MH-99-99"都是何鸿燊生前拥有的车牌，图 2-74 所示为"MH-99-99"车牌。

图 2-73 "HK1"车牌曾悬挂在不同的车上

2018年10月，在港珠澳大桥启用后，港澳两地车牌也开始推出，考虑到澳门的车辆承载能力，对从香港进入澳门车辆的车牌发放采取配额制度，配额分公司配额与个人配额。在港澳两地均注册的公司，或在澳门有关联公司的香港注册公司，可以申请公司配额。个人配额则供在澳门工作或开设公司的香港永久性居民申请。申请人的车辆必须已在香港登记、已领取有效香港车牌并备有香港车辆保险，具体车牌发放由香港运输署负责。持有有效配额的私家车可以经港珠澳大桥进出澳门。从香港前往澳门的车辆，需同时悬挂香港与澳门车牌，澳门牌号专门使用"HK"字头，车牌式样与一般澳门车牌一样，使用白字黑底，如图2-75所示。截至2022年，香港运输署先后共推出1800个前往澳门的私家车配额。为了让更多人受惠，配额有效期不超过3年，每批配额有效期届满便以公开形式重新接受有关配额申请。

图 2-74 "MH-99-99"车牌　　图 2-75 在香港注册并申领澳门牌号的车辆

1999年12月，澳门回归后，中国人民解放军驻澳门部队的车辆登记号码专门使用"ZA"字头，即普通话"驻澳"（ZhuAo）的汉语拼音缩写，后面配以4个数字。车牌样式与一般民用车辆相似，采用白字黑底，但字体与车牌大小参照内地车牌格式，与澳门一般车牌不同，如图2-76所示。该类车牌由驻澳门部队发放，不受澳门交通事务局管理，但如同驻香港部队车辆一样，驻澳门部队车辆在澳门道路上行驶时，会更加严格地遵守属地交通规则。

图 2-76　驻澳门部队车辆

　　为了获得更多资金，在车牌的发行上，澳门除了允许个人申请专有注册车牌，还从正常编排号段中抽取"好"的号码供交通事务局拍卖。个人专有注册车牌，类似香港的自订牌号，主要由申请人按规则组合牌号并申请。抽取的组合号码，主要包括相同四位数字号码（如"XX-88-88"）、两个双位数号码（如"XX-22-88""XX-28-28"）、四位回环数号码（如"XX-10-01"）及相同三位数号码（如"XX-18-88"）等，这些号码又分为四个不同组别设定拍卖底价。

2.7　平安无"4"
台湾车牌

　　台湾现在发行的车牌可分为 29 种，包括汽车 19 种和摩托车（台湾称"机车"）10 种。现在，台湾汽车保有量超过 800 万辆（截至 2023 年 1 月人口约 2330 万），主管机构为台湾交通事务主管部门下设的公路总局，车牌发行主要由各区的公路监理所（处）组织实施。车牌必须在汽车前后同时悬挂，车牌跟车不跟人，同一车牌只有一次使用寿命。

　　1912 年，台湾开始有汽车。1919 年是台湾车牌元年，是年 8 月底，台北规定汽车挂车牌才能上路。

　　1921—1945 年，台湾车牌格式为"汉字加数字"。表示地域的汉字共有"北"（台北州）、"新"（新竹州）、"中"（台中州）、"南"（台南州）、"高"（高雄州）、"花"（花莲港厅）、"东"（台东厅）和"澎"（澎湖厅）；初期数字仅有两位，后扩充至三位，其中"北"在末期有四位。车牌颜色，自家用车为黑底白字，营业用车为白底黑字；但高雄州除外，车牌统一都是黑底白字。每辆车的前后都要挂车牌，但挂在哪个位置，并不像现在规定这么严格，放左放右放中间，都听任自便。1945 年前台湾车牌如图 2-77 所示。

图 2-77　1945 年前台湾车牌（左为营业用车"南 506"，右为自家用车"北 97"）

日本投降，台湾光复后，台湾车牌发展进入新纪元。1947 年，台湾开始发行第一代车牌。车牌上有"国""国台"汉字，数字为四位，如"国 9999""国 9999 台"。

第二代台湾车牌发行于 1948—1958 年，车牌格式为"15"后接四位数字，如图 2-78 所示。"15"是台湾省车牌代码。

图 2-78　第二代台湾车牌

第三代台湾车牌发行于 1958—1973 年，车牌格式为"15"后接五位数字，下方加注验车完税起讫时间，如图 2-79 所示。1969 年，台北市升格，台北市牌号由原来的"15"开头改为"70"开头，如"70-99999"。

图 2-79　第三代台湾车牌

第四代台湾车牌发行于 1975—1977 年，采用双层车牌形式。台湾省分为"省一"至"省廿九"，台北市分为"市一"至"市九"；下方加注验车完税起讫时间，如图 2-80 所示。

图 2-80　第四代台湾车牌

第五代台湾车牌发行于 1978 年，牌号格式为前二后四的六位数字，如"99-9999"；因车辆数量增长太快，1981 年部分地区开始发行前三后三的六位数字车牌，如"999-999"。

第六代台湾车牌发行于 1984—1992 年，牌号编码由前三后四的七位数字组成，如"101-9999"；上有监理站名称，如图 2-81 所示。

图 2-81　第六代台湾车牌

目前，台湾实际并行使用第七代与第八代两代共四个版本的车牌。自 1992 年 1 月 3 日开始，台湾投入使用第七代车牌（俗称"旧式"），其推出的主要目的是解决当时汽车车牌重号和以往七位数字编码牌号（999-9999）即将耗尽的问题。2012 年 12 月 17 日，台湾正式发行第八代车牌（俗称"新式"），车牌由字母与数字组合编码，前三个字符为字母，中间使用短线分隔符，后跟随四位数字（XXX-9999）。为节约资源，主管部门规定，新领车牌使用新制，原第七代在用车辆车牌可以继续使用。

第七代台湾车牌上部使用管辖属地地名标识，依照配发编码顺序，分为"台北市""台湾省""高雄市"等五种标识。从 2007 年开始，台湾车牌内容取消了地域识别内容。

第七代台湾车牌尺寸统一为长 320 毫米，宽 150 毫米。早期发行的车牌，主要依据车型和用途区分牌号形式与配色。在牌号形式上，自用、租赁小型客（货）车与身心障碍者专用车为 2 个字母加 4 个数字（XX-9999）；各类营业客（货）车、游览车与交通车为 2 个字母加 3 个数字（XX-999）；拖车数量较少，使用 2 个字母加 2 个数字（XX-99）。在车牌配色上，主要有白底黑字，用于自用小型客（货）车、租用小型客（货）车和身心障碍者专用车等；白底绿字，用于自用大型客（货）车和自用牵引车等；绿底白字，用于营业大型客（货）车、营业牵引车和营业小货车等；白底红字，用于营业小客车；红底白字，用于游览车；黄底黑字，用于交通车。图 2-82 为早期第七代台湾车牌常见车种车牌配色与编号示意。

图 2-82　早期第七代台湾车牌常见车种车牌配色与编号示意

第七代台湾车牌曾有多次小的变动。1995 年，台湾开始发行一个英文字母加五个数字的车牌（X9-9999）。2000 年，台湾开始发放一个数字加一个英文字母和四个数字的车牌（9X-9999）。2002 年，台湾开始增发四个数字加两个英文字母的车牌（9999-XX），如图 2-83 所示；鉴于英文字母"I""O"容易和数字"1""0"混淆，因此取消车牌上的"I""O"两个英文字母。2010 年 4 月 8 日，苗栗监理站首度发出四个数字加一个英文字母和一个数字的车牌（9999-X9）。

图 2-83　第七代台湾自用小型客（货）车车牌（2002 年改款）

第七代台湾车牌编号由于引入英文字符，引起了部分年长民众的不满，因为车牌的识记难度增加；同时，由于最初设计车牌考虑欠周详，不得不提前采取措施应对，包括使用各自变体的编号形式，如在牌号数字中使用字母（XXX-X999）、在牌号字母中使用数字（X9-9999）、数字在前字母在后（9999-XX），以及或前或后使用数字字母组合（9X-9999）等。后期，车牌上部管辖属地地名标识逐渐被弃用。因为编号而变换牌号格式，使第七代车牌成为台湾最复杂的一代车牌，也使其能够更长久地发行。图 2-84 为台湾在用第七代（旧式）车牌示意图（表格截图）。

车　种	旧式车牌	车　种	旧式车牌
游览大客车	729-LL	自用拖车	99-TP
营业大客车	550-FN	自用小客(货)车	3755-TH
营业大货车（含货运曳引车）	150-JB	租赁小客(货)车	6155-JJ
营业小货车	135-XL	交通车	203-PP
营业货柜曳引车	535-KJ	小型轻型机车	600-SWZ
营业小客车	800-EX	轻型机车	199-QAM
自用大货车（含自用曳引车）	250-TH	普通重型机车	5HB-800
自用大客车	022-WD	大型重型机车	038-FAW
营业拖车	99-PG	550cc以上大型重型机车	AA-88
电动自用小型车	0808-E2	电动营业大客车	061-FV
电动营业小客车	870-H2	身心障碍者专用车	3299-BA

图 2-84　台湾在用第七代（旧式）车牌示意图（表格截图）

　　第八代台湾车牌配色与前一代车牌保持一致，原来的临时车牌和军用车牌等同样延续第七代车牌的形式，不强制民众换牌。第八代台湾车牌的主要变化是在上一代早期各型车牌编码上增加一个字符，以拓展可用编号，如自用、租赁小型客（货）车与身心障碍者专用车拓展成3个字母加4个数字（XXX-9999）；各类大小型营业客（货）车、游览车与交通车拓展成3个字母加3个数字（XXX-999）；拖车拓展成2个字母加3个数字（XX-999）等。图 2-85 为台湾在用第八代（新式）车牌示意图（表格截图）。同时，车牌上侧也不再使用管辖属地地名标识；由于英文字母增加一位，号牌加长，厚度变薄，故取消下方螺丝锁孔，改为梅花图案；另增加激光细微字雕刻、折边，以及使用防止变造的字体。汽车号牌长度增至 380 毫米，宽度增至 160 毫米，如图 2-86 所示。

车　种	新式车牌	车　种	新式车牌
游览大客车	KAQ·230	自用拖车	CA·032
营业大客车	PAA·230	自用小客(货)车	ABC·5678
营业大货车(含货运曳引车)	PKA·230	租赁小客(货)车	RAA·5678
营业小货车	QAE·230	交通车	KPA·230
营业货柜曳引车	KQA·230	小型轻型机车	SLR·8578
营业小客车	TBC·567	轻型机车	SHR·7785
自用大货车(含自用曳引车)	JMA·230	普通重型机车	HSR·1785
自用大客车	JAA·230	大型重型机车	LMR·5587
营业拖车	XA·032	550cc以上大型重型机车	MR·875
电动自用小型车	ABC·5678	电动营业大客车	PAA·230
电动营业小客车	TBC·567	身心障碍者专用车	ABC·5678

图 2-85　台湾在用第八代（新式）车牌示意图（表格截图）

图 2-86　在用第八代（新式）车牌尺寸样式图

为解决第八代车牌新出现的重号问题（如图 2-87 所示），台湾在 2014 年推出"一车一号"新编号系统，要求包括摩托车在内的机动车辆牌号全部使用七位字符，即前三位字母加后四位数字号码（XXX-9999），包括摩托车在内的不同车型分配使用不同的号段，保证第八代车牌不存在牌号重叠的现象。同时，还升级修正车辆管理系统，将车辆按汽车、摩托车和拖车等分类，解决开错罚单的问题。

图 2-87　工作人员展示重号的摩托车牌号（上）与汽车牌号（下）

自此，第七代和第八代车牌基本平稳共存，正常使用。

在数字上，由于 4 与 "死" 谐音，台湾民众早期换发车牌遇到包含 4 的牌号时，多数通过取消领牌手续等方式重新选择车牌。因此，从 1978 年发行第五代车牌起，台湾不再制作发行最右边数字为 4 的车牌；之后，1997 年和 2003 年，再次扩大不包含 4 的牌号范围；2015 年，不再发放含有 4 的车牌。至此，台湾成为全世界唯一只使用 9 个数字（0、1、2、3、5、6、7、8、9）参与汽车牌号编列的地区。

台湾车牌还有一个特点，就是牌号忌讳太多，政府发牌时已经剔除许多被认为不雅谐音和语意不妥的字母代码。归纳起来，按照语言分，主要包括来自汉语（包括本地方言）和英语中的不雅或令不适的字样，如 AC（闽南语：会死）、IQO（似 IQ0，意无智商）等。按照类别分，主要涉及粗口、性、性别和职业歧视、国家和政党、情报机构、宗教、动物，以及其他被认为负面的词语，如 FAT（肥胖）、LAY（躺下）等，可谓种类繁多，不胜枚举。

总的来看，台湾牌号的禁忌确实繁杂，达到小心翼翼的地步。例如，ANT（蚂蚁）字头都被禁用，而 "1314" 这样浪漫的号码也是一去不返了。对于某些特殊号码，如包含四个相同数字（如 "1111" 和 "8888"）及四连号（如 "5678" 和 "6789"）等，也采用竞价方式拍卖出售。

3　美国车牌

美国是一个车轮上的国家，现有人口3.33亿人，汽车保有量为2.85亿辆，居世界第二位（中国汽车保有量在2022年超过美国，成为世界第一），是世界上人均拥有车辆数最多的国家之一。美国汽车工业发达，拥有通用、福特、克莱斯勒和特斯拉等世界著名的汽车生产企业，其公路交通网络便捷，目前已建成公路里程超过671万千米，名列世界前茅（但高速公路只有11万千米，而中国是18万千米，居世界第一位）。由于美国汽车工业和公路事业起步早，发展较快，在汽车研究、生产及使用过程中，形成了丰富而有趣的汽车文化。美国缤纷多彩的车牌就是美国汽车文化的直观体现和表达。

早在1898年，马萨诸塞州波士顿公园管理部应路易斯·诺特的书面申请，颁发了首张车辆通行许可证，许可事项为准许路易斯·诺特驾驶其汽车通过城市公园道路进入波士顿市镇。当时，路易斯·诺特住所位于波士顿西南侧约8千米的布鲁克林区牙买加湖边，而通过翡翠项链公园可以进入波士顿市镇，因此需要公园管理部许可。

1901年4月25日，纽约州颁布法令，这是第一个要求汽车悬挂牌照的州。新法令给司机带来了额外的负担，但他们对法案签署的消息感到高兴。其原因是，在法令通过之前，当地的交通规则经常变化——这意味着规则难以遵守，而且司机经常不知道应该如何做。纽约州颁布的法令赋予汽车与非机械设备同等的权利。正如《纽约时报》报道的那样，"汽车业者发现，在许多情况下，他们与马车驾驶人没有平等的权利，这些不同法令造成的混乱需要一个统一的标准来解决"。实际上，1901年，加利福尼亚州也曾授权所属的县/市对机动车辆进行登记并征税，只是该州并不需要在车辆上展示登记号码，登记许可只是在县/市地方一级进行。

1903年9月1日，第一批由州政府颁发的车牌在马萨诸塞州分发，其他州很快跟进。1918年，美国所有州都开始发行自己的车牌。尽管第一批车牌是半永久性的，但到1920年，各州开始强制要求个人更新车辆登记信息。

美国车牌一般由各州或特区政府机动车管理部门发行，一些州的美洲原住民部落也有权在原住民保留区内发行车牌，联邦政府只为自己的车辆和外国外交官拥有的车辆发放牌照。对于使领馆外事汽车牌照，在20世纪80年代以前，由使领馆所在州或特区按属地原则发放。美国邮政局拥有的车辆没有牌照，只在车前和车后有一个7位数的数字编号，用来区分。

美国现行车牌编号通常由字母和数字组合而成。由于各州或特区的人口和登记车牌的数量相差较大，为提供充足的独立车牌编号资源，美国各地车牌编号的格式与位数也不尽相同。例如，特拉华州和罗得岛州等小州，使用"999999"这种六位阿拉伯数字格式即可满足本州需求，而人口第一大州加利福尼亚州，则使用"9XXX999"的编号格式，以确保能为本州超过 3000 万辆登记车辆提供足够的编号资源，其他几个人口大州也有使用"XXX-9999"或"XX-99999"七字符的编号格式。各式美国车牌如图 3-1 所示。

图 3-1　各式美国车牌

在车牌设计上，许多州都试图通过车牌独特的配色方案、标志或宣传语来展示个性，以增加本州的吸引力与宣传效果。1928 年，爱达荷州首开先河，因该州盛产土豆，便将宣传语"爱达荷土豆"（Idaho Potatoes）印到车牌上广而告之，如图 3-2 所示。随后，各州争相模仿，展示个性之风一发不可收拾，迅速席卷全美。宣传语展示的内容涉及历史、地理、文化、名人、山水等方方面面，核心主题就是一个——本州很棒。不过，这些宣传语有不少夸大其词甚至吹牛的成分。

图 3-2　1928 年爱达荷州"土豆"车牌

亚拉巴马州、佛罗里达州、印第安纳州、马里兰州、密歇根州、明尼苏达州、内布拉斯加州、俄克拉何马州、宾夕法尼亚州、南卡罗来纳州、田纳西州和西弗吉尼亚州等州将本州官方或旅游网站的地址放在车牌上。

从总体看，大部分车牌均以浅色为车牌底色，车牌编号使用深色，以保证车牌编号的醒目和易读性。

在车牌的印制上，车牌编号以凸版印制和平面印制为主。得克萨斯州、内布拉斯加州和北达科他州等位于美国中部南北一线的州，车牌编号使用平面印制。缅因州、加利福尼亚州和佛罗里达州等州，使用凸版印制车牌。纽约州、华盛顿州等州，以凸版印制为主，以平面印制为辅。佛蒙特州则是全美唯一使用凹版印制车牌编号的州。随着数字印制技术的发展和对印制成本的考量，越来越多的州正逐步转向平面印制，如怀俄明州，通常只发行平面印制车牌，若车主需要凸版印制车牌，则需要支付额外的印制费用。

有趣的是，美国20世纪初的车牌并非采用凸版印制，只是到30年代发现凸版印制车牌比较容易，还可以防止伪造车牌，凸版印制车牌才得以推广。

为了统一车牌的使用，1956年，美国、加拿大、墨西哥与美国机动车管理员协会、汽车制造商协会和国家安全委员会等达成一致，将乘用车车牌尺寸定为12英寸×6英寸（约304.8毫米×152.4毫米），安装孔间距为7英寸（约177.8毫米），基本统一了北美的车牌尺寸。

当然，也有个别例外。在加拿大西北地区，车牌整体外廓形为张口行走的北极熊，是从标准的矩形板块切割而来的，如图3-3所示。美国的自治区波多黎各，自1956年起，也要求发行北美标准的车牌；自2012年起，车主在支付一笔额外费用后，也可以申请政府提供符合欧盟标准（尺寸为520毫米×110毫米）的车牌。

图3-3 加拿大西北区熊状车牌

在历史上，美国早期车牌每年更换一次，现在最常见的做法是每两年发布一次新的验证标签，以表明车辆登记仍然有效。"验证"的功能与中国机动车检验合格标志类似，目的在于让车辆得以进行必要的检测并让车主定期缴纳税费和购买保险等。车辆登记过期可能引起执法部门的注意。大多数州要求所有车牌每隔几年（通常为5~7年）更换一次；由于不断生产大量车牌增加车主的费用问题，许多州正在放弃这种做法，如华盛顿州在2015年停止强制更换车牌的做法。

在车牌时间标注上，美国许多州经历了三个阶段：一是从发行初期到20世纪中期前后，以标注发行年份为主；二是20世纪中期前后，标注车牌许可到期时间，标注年、年月或年月日的都有；三是引入分月交错注册制度（即任意月份注册，则次年对应月份车辆注册期满）或发行多年期车牌后，一般使用验证标签标识到期年月。

对于车牌验证信息的展示，以往大部分州通过制发悬挂金属验证标签来实现。现在，考虑到制作成本及印制方法进步等因素，大部分州通用的方法是每年或每两年核发以塑料为主的用反光材料印制的验证贴花，将其贴于车牌上，与验证标签一样展示车辆验证有效期。在车牌上使用验证贴花的州中，有的将有效期的年月（哥伦比亚特区为年月日）分成年和月两张，有的则将年月合为一张。纽约州、得克萨斯州及哥伦比亚特区等地将验证贴花贴在挡风玻璃上，操作方便且显眼，也便于管理人员查看。康涅狄格州为减少开支，自2010年8月起已经全面免除验证贴花。对于乘用车，除车牌外，新泽西州已不再要求粘贴或展示其他形式的车辆验证信息。

图3-4所示为不同的车牌验证标签或贴花。

图 3-4　不同的车牌验证标签或贴花

　　在车牌的安装上，各州有不同的要求，不同使用类型的车辆也有不同。有仍要求车辆前后均须安装车牌，有的只要求安装一块后车牌，有的只要求安装一块前车牌，说是五花八门也不为过。纽约州、加利福尼亚州、得克萨斯州、新泽西州及密苏里州等近一半州要求车辆前后均需安装车牌，亚拉巴马州、阿拉斯加州、亚利桑那州、阿肯色州、特拉华州、佛罗里达州、佐治亚州、印第安纳州、堪萨斯州、肯塔基州、路易斯安那州、密歇根州、密西西比州、新墨西哥州、北卡罗来纳州、俄亥俄州、俄克拉何马州、宾夕法尼亚州、南卡罗来纳州、田纳西州及西弗吉尼亚州 21 个州仅要求安装后车牌，而马萨诸塞州、蒙大拿州、内布拉斯加州、内华达州、南达科他州、怀俄明州及威斯康星州等要求大部分车辆前后均安装车牌。当然，在总体要求之外，也有不少例外。例如，密苏里州和加利福尼亚州要求安装两块车牌，但某些载货汽车实际上只需在车辆的前面安装一块车牌，后面不需要车牌。在亚利桑那州和堪萨斯州，一些个性化车牌和特别车牌，印制发行前后两块车牌，但只要求车辆安装后车牌，前车牌是可以不安装的。自 2022 年 11 月起，阿拉斯加州要求私家车、拖车、房车和全地形车的后面有一块车牌及一个登记贴纸；大型商用车的单个车牌安装在前面。

　　2012 年 1 月，得克萨斯州出了一个有趣的乌龙事件。该州立法机构在优化重构运输法的过程中，无意中撤销了车辆未安装展示两块车牌应予罚款的规定，结果运输法其他条款要求安装展示两块车牌，但缺乏违反规定应予罚款的条款，导致执法人员缺乏充足的罚款依据。当年，得克萨斯州农工运输研究所进行了一项研究，研究为什么该州需要车辆安装展示前后两块车牌，最终得出结论："有两块车牌，就更容易拍到那些闯红灯、未遵守停车标志规定及不付道路通行费和不付无人看管停车场费用而开车溜走的人。同时，将自动车牌识别装置与数据库连接起来后，更容易通过电子方式追踪违法者，而不是让人用肉眼看图来识别牌号。"该州立法机构在意识到立法出现缺漏后，最终在 2013 年 9 月恢复了未安装两块车牌处以 200 美元罚款的规定。

　　美国各州具有很大自主立法权，各州在车辆登记和车牌管理上的规定各有不同。各州车牌通常包含牌号、管辖地、宣传语和验证有效期等要素，但对车牌的颜色、版面样式及编号规则等并无全国统一规定，还不时变换宣传口号和车牌背景。此外，美国还有各式各样的个性化车牌和特别车牌。上述因素共同造就了美国车牌种类多样，个性突出，色彩斑斓，独步天下。

宾夕法尼亚州在 1931 年率先发行个性化车牌。各州驾车者现在都可以选择额外收费的个性化车牌，这是带有自定义序列号(字母/数字)的车牌。一般来说，这种车牌不能包含宣扬仇恨、暴力、亵渎、淫秽或误导性的信息，而关于什么构成不可接受的信息的标准在各地差异很大。在一些州，驾车者还可以订购符号（如心形、手形、加号及星形），以及使用某些标点符号。弗吉尼亚州提供了 200 多种独特的车牌设计，是发布个性化车牌最集中的地方。

特别车牌包括针对大学教职工群体的印有学校徽章的车牌、纪念车牌、濒危动物保护车牌及老兵专用车牌等。

特别车牌的某些种类可能需要授权或证明，如残疾退伍军人，或获得荣誉勋章、紫心勋章的人，必须出示残疾证明和兵役证明，或获得特定勋章的证明；有些州要求通过校友会订购大学或学院的车牌。有些特别车牌是州政府为一些公益组织筹款而发行的。

个性车牌有时会给主人带来意想不到的烦恼。1979 年，一位名叫德鲁吉（Droogie）的洛杉矶居民收到了来自全州的超过 2500 份停车罚单，因为美国车辆管理局的计算机将他的牌号"NULL"（意思为"无效，空白"）与没有车牌的汽车相匹配，进行统计。

图 3-5 为几种美国特别车牌。

图 3-5　几种美国特别车牌

图 3-6　加利福尼亚州电子显示车牌

随着信息技术的发展，2018 年 6 月，加利福尼亚州萨克拉门托市启动电子显示车牌试点计划，试点发行由电池供电的电子显示车牌，如图 3-6 所示。电子显示车牌显示的信息可以更新，车牌本身还配备一个可追踪的装置，以防止汽车被盗；除提供有关车辆及其所有者的信息外，还可以提供自动付款、遥测和有关车辆状况的信息。当然，这种新车牌需要额外收取费用（基础版499美元，高级版799美元）。目前，这种电子显示车牌只在美国被允许使用，准确地说是在加利福尼亚州和亚利桑那州。两州道路上有大约15000辆带有这种车牌的车辆。

在出售二手车时，对车牌的处置取决于州法律，并因州而异。在某些州，车牌随车辆一起转让给新车主；在某些州，车牌仍归卖方所有，卖方可以付费将车牌转移到新车上；某些州会发行新车牌。

美国的车牌就如同美国人的性格一样，注重自由和个性，可以在看似严肃的车牌上进行涂鸦。但是，这也造成了很多麻烦。例如，不同的背景、不同的颜色和不同的字符会使人们难以辨认车牌上面的数字或字母，不便于执法者对汽车进行统一管理。与之相比，中国的车牌显然更加简洁明了，更易于统一管理。

3.1 亚拉巴马（Alabama）
迪克西之心

亚拉巴马州的州名出自美国西南美洲原住民部落乔克托语中的词汇"alibamule"，意思是"我开辟了这片贫瘠的森林地区"。

在亚拉巴马州现在使用的车牌中，"迪克西之心"（Heart of Dixie）[1] 是最为普遍的一条宣传语。那么，什么是"迪克西之心"呢？迪克西（dixie）一般指美国南部各州及该地区的人民，与指代美国北方人的洋基（yankee）意义相对应；也常指南北战争时期南方各州联合形成的美利坚联盟国（存续于1861—1865年）。在美国南北战争时期，美利坚联盟国（即南方邦联）的非正式国歌也叫《迪克西》，该曲曾于1861年2月18日在美利坚联盟国总统杰斐逊·戴维斯的就职仪式上被当作国歌演奏。

总体来看，车牌上的迪克西可以理解为美国南部及南方人，而从地理位置看，亚拉巴马州正好处于通常所说的美国南方的地理中心，所以"迪克西之心"就可以理解为南方中心。

"迪克西之心"在车牌上的使用，则要回溯到1951年。当年，该州法律明确本州车牌增加"迪克西之心"宣传语和心形图案，而这个宣传语原本是由亚拉巴马州商会提出的。该宣传语和心形图案在车牌上的使用，实际上是从1954年开始的，直到1975年，"迪克西之心"始终印制在车牌上部。图3-7为1955年亚拉巴马州"迪克西之心"车牌。

1976年，也就是美国建国200周年，各州纷纷推出纪念车牌，亚拉巴马州的车牌样式也发生较大的改变。车牌编号由以往数字编号为主改变为"XXX 999"字母加数字的编号格式；在车牌中央印该州议会大楼图案；下部左右角分别印州旗和美国建国200周年纪念图案；"迪克西之心"则以白字放在红心当中组成一体，位于车牌左上角。车牌右上角则是车

---

[1] 车牌中的英文采用大写方式，并非唯一方式。本书文字叙述中的英文大小写遵循相应的规范，不追求与图片完全一致，特此说明。

牌到期年限的后两位阿拉伯数字。亚拉巴马州美国建国 200 周年纪念车牌如图 3-8 所示。也是从这一年起，车牌的颜色更加缤纷多彩，内容组合形式更加变化多端。

图 3-7　1955 年亚拉巴马州"迪克西之心"车牌　　图 3-8　亚拉巴马州美国建国 200 周年纪念车牌

2002 年，该州将"流星坠落在亚拉巴马"（Stars Fell On Alabama）印制在车牌上，"流星坠落"（Stars Fell On）位于车牌上部，而"亚拉巴马"（Alabama）在车牌下部，带有"迪克西之心"的红心图案缩小位于车牌右下方，如图 3-9 所示。"流星坠落在亚拉巴马"的使用，要追溯到 1833 年 11 月 12—13 日，那时该州整个东南部，晚上出现大面积狮子座流星雨，成千上万的流星划破苍穹，照耀大地，这一奇观让人们很兴奋，以致民间有各种传说，多年来被广为传颂。1934 年，卡尔·兰森·卡默出版自传《流星坠落在亚拉巴马》；同年，盖伊·伦巴多乐队录制与该书同名的歌曲。该歌曲又先后被包括鲍勃·迪伦在内的百余位歌手传唱。受此书与歌曲的启发，2002 年，"流星坠落在亚拉巴马"被印制在该州车牌上。

图 3-9　2002 年亚拉巴马州"流星坠落在亚拉巴马"车牌

2009 年，亚拉巴马州车牌上的"流星坠落在亚拉巴马"又被"亚拉巴马，甜蜜的家"（Sweet Home Alabama）代替，如图 3-10 所示。《亚拉巴马，甜蜜的家》是南方摇滚乐队林纳德·史金纳德创作的一首能够带来温暖并抚慰黑人心灵的歌曲。

在 2022 年最新发布的车牌中，亚拉巴马州车牌下部中间又换成该州的旅游推荐网站网址，而"亚拉巴马"（Alabama）位于车牌上部中央，带有"迪克西之心"英文的小红心图案还在车牌右下方，如图 3-11 所示。

亚拉巴马州车牌还有许许多多的分类，如货车与拖车，政府用车、经销商用车与制造厂商用车，以及救护车、消防车、农场卡车与退伍军人用车等，令人目不暇接。

70

图 3-10　2009 年亚拉巴马州"亚拉巴马，甜蜜的家"车牌

图 3-11　2022 年亚拉巴马州标准车牌式样，描绘了田园风光——金色天空背景下的河流和绿色山丘

3.2　阿拉斯加（Alaska）
最后的边疆

荒野、冰雪、严酷、崎岖、壮美、广袤、极昼、极夜、无人区、北极光，将这些词语放在一起，你会想到哪里呢？阿拉斯加州原本是俄国在美洲的一块殖民地，俄国因为未能从中获利，又担心被夺走，加之与英法的克里米亚战争失败，急于输血，所以在 1867 年 10 月 18 日以 720 万美元的低价将其出售给美国。购买阿拉斯加 720 万美元的支票如图 3-12 所示。

图 3-12　购买阿拉斯加 720 万美元的支票

阿拉斯加州从 1921 年要求悬挂车牌，直到 1965 年，并未在车牌上印制其他宣传内容。1966 年，为了纪念这一历史性事件，车牌式样有了较大变化：将原来车牌左侧的州旗换成了古老的鹰形图腾柱，车牌下部左右角分别印制"1867"和"1967"字样，车牌上部的"阿拉斯加"英文字体也进行了更加风格化的处理，车牌上首次印制宣传语"向北到未来"（North to the Future），车牌整体看上去更加饱满和艳丽，如图 3-13 所示。宣传语"向北到未来"是在阿拉斯加成为美国领土百年纪念竞赛活动中挑选出来的，它由州府朱诺市资深新闻记者理查德·彼得结合该州地处美国最北端的地理位置提出，寓意该州是充满希望的乐土。根据提出者的说法，这句宣传语目的在于提醒人们，在城市杂乱的地平线之外，阿拉斯加州有一大片土地，可以为那些"拥挤在城市又渴望自由的民众"提供一个新的明天。2004 年，"向北到未来"正式被阿拉斯加州法律定为该州格言。

图 3-13　阿拉斯加 100 周年纪念车牌

图3-14　1968年阿拉斯加州
"广博大地"车牌

图3-15　1981年阿拉斯加州
"最后的边疆"车牌

1968年，阿拉斯加州车牌上的宣传语改为"广博大地"（The Great Land），如图3-14所示。宣传语改变出于以下两个原因：一方面，阿拉斯加州确实很大，面积超过170万平方千米，是美国陆地面积第一大州，是第二大州得克萨斯州两倍有余。另一方面，"Alaska"取自阿留申语，本身含有"广袤土地"的意思。车牌上使用"广博大地"这一宣传语可以说名副其实。

"最后的边疆"（The Last Frontier）这一宣传语在阿拉斯加州车牌上的使用，是从1981年开始的，这也是阿拉斯加州使用最为广泛的宣传语，如图3-15所示。从地理位置看，阿拉斯加州位于北美大陆西北端，东与加拿大接壤，其他三面环北冰洋、白令海和北太平洋；有近1/3属于北极圈，又远离美国本土，州府朱诺市至今仍无公路与其他城市直接连通。因此，阿拉斯加州自称"最后的边疆"，也算是名副其实。

1997年，为纪念阿拉斯加州淘金热100周年，阿拉斯加州车牌上的宣传语开始使用"淘金热"（Gold Rush）。新的车牌做了一些精妙的设计。例如，将"阿拉斯加"（Alaska）中的第二个"A"用淘金中常用的锹和镐组合设计，车牌背景采用淘金者正在白雪中一路紧随翻过雪山，而这一路黑色背影的队伍正好把"XXX 999"式的车牌编号字母与数字分开，颇具层次感，如图3-16所示。图3-17为淘金矿工翻过雪山照片。该车牌设计获得美国车牌收藏家协会认可，被评为1998年最佳车牌，这也是阿拉斯加州车牌首次获此殊荣。或许因为获奖的原因，该款车牌一直连续使用至2004年。

图3-16　阿拉斯加州"淘金热"100周年纪念车牌 　　　　图3-17　淘金矿工翻过雪山照片

2004 年以后，阿拉斯加州发行的车牌回到以前的经典车牌样式，虽然字体有所调整，文字增加了黄色阴影，但与 1981—1997 年发行的车牌设计基本相同。车牌中央仍是一面带有星星的旗帜，州旗上的星星是北斗七星和北极星，它们分别象征力量和阿拉斯加州所处的北部位置。车牌上的宣传语仍然采用"最后的边疆"，如图 3-18 所示。

图 3-18　目前仍在发行使用的 2004 年款阿拉斯加州"最后的边疆"车牌

由于该地区常年积雪，不宜使用浅色，因此阿拉斯加州车牌选用黄色和蓝色较多，黄色是醒目且安全的颜色。图 3-19 为目前可以选用的两款阿拉斯加州车牌。

图 3-19　目前可以选用的两款阿拉斯加州车牌（左为 2015 年发行，右为 2019 年发行）

2023 年，阿拉斯加州车牌有稍许变化。左上角增加的条形码有助于减少错误并提高数据输入的效率。右上角添加了一个指定的框，以帮助正确放置月份/年份验证标签。为了便于区分相似的字母和数字，对字体进行了轻微的修改。

3.3　亚利桑那（Arizona）
大峡谷州

亚利桑那州的州名来自美洲原住民部落帕帕哥语"arizon"。"ari"意为稀有，"zon"意为泉水，合起来就是"稀有泉水"。亚利桑那州地处沙漠，所以这个地名很易于理解。

"我笑而不语，因为我们的族人自古就知道大峡谷在哪里，根本就不需要发现什么。"美洲原住民诗人麦克·卡布提的名言，说的就是地处亚利桑那州的世界七大自然奇迹之一科罗拉多大峡谷，如图 3-20 所示。该峡谷绵延 350 千米，平均深度为 1300 米，是世界上公认的罕见的地质奇观。亚利桑那州因此使用"大峡谷州"（Grand Canyon State）作为官方昵称。

自 1912 年起，亚利桑那州开始要求车主注册车辆并悬挂车牌，在 1914 年统一发行车牌之前，车牌都由车主自行制作并展示。1917 年，该州首次在车牌上印制小公牛牛头图案，这也是美国各州车牌使用图案的开始，如图 3-21 所示。

图 3-20　科罗拉多大峡谷一角

图 3-21　1917 年款亚利桑那州车牌

1939 年，为纪念第一个踏上亚利桑那州的欧洲探险者与传教士马科斯·德·尼扎到达该地 400 周年，亚利桑那州在车牌上印制马科斯·德·尼扎英文名"Marcos de Niza"以示纪念，并将其到达年份"1539"和车牌发行年份"1939"分别垂直印制在车牌左右两侧，这是该州第一次使用车牌开展宣传纪念活动，如图 3-22 所示。

1940 年，亚利桑那州第一次在车牌上使用宣传语"大峡谷州"（Grand Canyon State），如图 3-23 所示。自此之后，除特别车牌和一些可选车牌外，在标准乘用车牌上的这条宣传语不曾变换过。

图 3-22　亚利桑那州马科斯·德·尼扎纪念车牌

图 3-23　首次印有宣传语"大峡谷州"的亚利桑那州车牌

1943—1944 年，受美国正式加入第二次世界大战的影响，军用产品生产剧增，包括铝在内的许多金属被限制使用，金属车牌的生产也受到影响。为了应对金属短缺的问题，各州因地制宜，采取了不同方法。许多州停止发行前车牌，有的州（如伊利诺伊州）发行的车牌是用大豆纤维板制成的，有的州（如同亚利桑那州一样）使用标签重新验证车牌。

值得一提的是，1996 年，亚利桑那州一改以往车牌使用单色背景的惯例，将车牌背景改为带有沙漠场景、白色和橙色渐变的天空、落日阳光、紫色山脉及仙人掌等元素，州名"亚利桑那"（Arizona）位于绿松石色上，如图 3-24 所示。车牌上的仙人掌、荒漠及落日元素充分体现了该州的地理生态特征，整体更加艳丽夺目，因此被美国车牌收藏家协会评为 1996 年最佳车牌，这也是亚利桑那州车牌第一次获此殊荣。

图 3-24　1996 年最佳车牌牌样，该车牌发行至今

自 2022 年 4 月起，亚利桑那州车牌编号不再按顺序发放，而是随机生成六七个数字或字母组合。

除通常的标准乘用车车牌外，亚利桑那州还有数十种自选车牌可供选择。这些车牌的背景和宣传语各不相同，如反堕胎的"生命优先"（Choose Life）、提倡动物保护的"保护野生动物"（Conserving Wildlife）与"宠物丰富生活"（Pets Enrich Our Lives）、提倡器官捐献的"捐赠遗体/做个器官捐赠者"（Donate Life/Be an Organ Donor）、宣传乳腺癌预防的"早检测早救命"（Early Detection Saves Lives）、进行自我表扬的"好脾气州"（A State of Good Character），以及针对荣耀对象的"荣誉勋章"（Medal of Honor，一般由获得表彰的军人申领）和针对特别单位的，如"亚利桑那大学"（University of Arizona），缤纷多彩，令人眼花缭乱，在此不再一一介绍。图 3-25 为亚利桑那州保护野生动物自选车牌。

图 3-25　亚利桑那州保护野生动物自选车牌

3.4　阿肯色（Arkansas）
自然之州

在美洲原住民苏族人的语言里，人们对居住在密西西比河下游的小部落的称呼就是"Arkansas"，直译过来是"南风吹来之处的居民"。

阿肯色州在全美 50 个州中人均收入一向处于最后梯队，近年来保持在倒数第三的位置左右。对于该州的别称，该州法典是这样描述的："因为具有无与伦比的风景、清澈的湖泊、潺潺的溪流、壮丽的河流、蜿蜒的河湾、三角洲滩涂、层峦叠嶂的山脉，以及丰富的鱼类和野生动物，所以阿肯色州的官方别称为'自然之州'（The Natural State）。"如果真要感受北美新大陆的原始风貌，那么这里确实可以作为首选。

"自然之州"也是现在阿肯色州车牌上使用的宣传语，如图 3-26 所示。除这个别称外，该州还曾使用过"奇迹之州"（The Wonder State）和"机遇之地"（Opportunity Land 或 Land of Opportunity）等官方别称。1923 年，该州议会采纳了阿肯色州促进会的建议，正式使用"奇迹之州"这一别称来概括该州丰富的自然资源和令人流连的景观，进行对外宣传推广，以吸引外来投资，发展经济。这也是该州最早使用的官方别称，只是未曾使用在车牌上。

a. 1989—1996 年　　　　　　　　　　　b. 1997—2005 年

图 3-26　阿肯色州"自然之州"车牌

虽经多年努力，但"奇迹之州"的宣传收效甚微，并没有改变人们对阿肯色州是穷乡僻壤的印象，很少有外地人到那里投资置业。20 世纪 40 年代初，州府小石城的一群实业家组建了一个叫"百人会"的团体，旨在改变该州形象，大力推动经济发展，使用更有动感的称呼"机遇之地"（Opportunity Land）进行宣传。通过他们的努力，宣传语"机遇之地"在 1941 年首次出现在阿肯色州的汽车车牌上，次年至 1947 年发行的车牌又暂停使用该宣传语，1948 年至 1949 年再次使用。1950 年，阿肯色州车牌上的英文被调整为"机遇之地"（Land of Opportunity）。阿肯色州"机遇之地"车牌如图 3-27 所示。功夫不负有心人，1953 年，阿肯色州议会正式将该州官方别称改为"机遇之地"。

a. 1941 年　　　　　　　　　　　b. 1950 年

图 3-27　阿肯色州"机遇之地"车牌

20 世纪 80 年代初，阿肯色州开始大力推动休闲旅游业的发展，开始使用"自然之州"这一宣传语进行宣传，因为这个称谓更能反映该州多姿多彩的生态自然环境。自 1989 年起，该州车牌上开始采用这个新的别称,此后阿肯色州的旅游业有了很大的发展,新称谓的宣传效果得到广泛认可。于是,在 1995 年,有州议员在议会提出动议,将该州官方别称改为"自然之州",获得州议会通过。由于自然环境优美,西北部山区拥有温泉资源,旅游业逐渐成为该州重要的产业之一。可以说,小小的车牌就是大大的移动广告牌,具有不俗的宣传效果。

除以上的官方别称外,阿肯色州还有几个与自然环境有关的非官方称谓,包括"熊州"(Bear State)、"剃刀背野猪州"(Razorback State)、"牙签式匕首州"(Toothpick State)和"鲍伊刀州"(Bowie State)等。前面两个称谓来源于该州的野生动物,后两个称谓则来自当地人喜欢佩带的狩猎和防身用的刀具。由于早期狩猎过度和城乡发展的影响,到 20 世纪 30 年代,全州野生黑熊只剩下 50 只左右,好在通过采取建立保护区等措施,目前该州野生黑熊的种群数量已经恢复到 3000 只左右。

自 2006 年起,阿肯色州将一个大钻石图案印制在车牌中央,如图 3-28 所示。这源于该州是全美极少数出产钻石的州,其所辖默弗里斯伯勒小城有全美唯一对公众开放的钻石产地,因而该州也有"钻石州"之称。车牌上的钻石代表该州最重要的自然资源之一。当然,与特拉华州不同的是,该州有真钻石,而特拉华州只是被托马斯·杰斐逊总统比喻成钻石(面积小,价值大)。根据政府的规定,在该地区发现的钻石归发现者个人所有。自 1906 年起,该州至今已有超过 75000 颗钻石被发现,平均每天有一两颗钻石归发现者所有。

图 3-28　2006 年款阿肯色州钻石背景车牌发行至今

3.5　加利福尼亚(California)
金州

加利福尼亚州的名字是最先到达当地的西班牙探险家埃尔南多·科尔蒂斯起的,"加利福尼亚"这个词是从一本西班牙探险小说里借用的虚构地名——一个气候炎热且干燥的地方。

"金州"(The Golden State)在加利福尼亚州车牌上的使用,实际上只有一次,

图 3-29　俗称"太阳牌"的 1982 年款加利福尼亚州车牌

就是1982—1987年推出的同步印有太阳背景的车牌，如图3-29所示。这块首次印有加利福尼亚州别称和太阳背景的车牌推出后，1983年就被美国车牌收藏家协会评为年度最佳车牌，这是该州车牌第一次也是迄今为止唯一一次获此奖项。

对于"金州"的称谓，要从加利福尼亚州淘金热说起。1848年1月24日，一个叫詹姆斯·马歇尔的匠人在该州科洛马的沙特锯木厂中发现了黄金。该消息最初被有意封锁，传播得较慢，主要是当地人开始淘金，后来消息逐步传开，到1855年，大约30万人从美国其他地方和海外来到这里追逐黄金梦。仅1852年，就有大约2万名中国人远渡重洋加入淘金队伍；到1880年，这一人数达到30万人之多，这也是第一次中国人大规模前往美国的移民潮。黄金的发现与加利福尼亚州的发展就这样紧密地交织在一起，这也是加利福尼亚州别称为"金州"的主要原因。

或许是缺乏对这一别称来源的官方解释，除与黄金有关外，还有其他不少因素也被认为是促成这一别称被使用的原因。

加利福尼亚州盛产金罂粟花（又称"花菱草"或"金英花"），该花每年春夏在野外绽放时，让土地和山脉变成一片金色，蔚为壮观，如图3-30所示。1903年，金罂粟花被加利福尼亚州定为州花。

还有一个因素，就是令人惊叹的金色日落。加利福尼亚州地处美国西海岸，西濒太平洋，有超过1300千米的海岸线，傍晚日落，海天一片金色，美不胜收，如图3-31所示。

图3-30　盛开的加利福尼亚州金罂粟花　　　　图3-31　金门大桥边上的日落

另外，金色是加利福尼亚州两种官方色之一。金鳟鱼自1947年以来成为加利福尼亚州的官方州鱼。因此，加利福尼亚州跟黄金和金色有着各种交织。在种种因素叠加之下，1968年，加利福尼亚州议会正式将"金州"定为该州官方别称。当然，除金州之外，加利福尼亚州还有"果品之地"（The Land of Fruits and Nuts）、"葡萄州"（Grape State）和"海滩州"（Beach State）等别称，在不同时期为该州商业或旅游业提供促进服务。

加利福尼亚州对利用车牌做宣传并不十分热衷。自1905年该州首次要求车辆必须登记使用车牌以来，除那些要额外交钱的可选车牌外，在标准乘用车车牌上印制的宣传语算下来式样变化不过4次，年份加起来不到20年。第一次是1939年，该州旧金山举行世界博览会，于是在车牌上印制"加利福尼亚世界博览会"（California World's Fair）字样，如图3-32所示；第二次即1982—1987年印制有太阳背景和"金州"字样的车牌；第三次是1998—2000年为纪念建州 150 周年，车牌上印制"150 周年纪念"（Sesquicentennial·150 Years），如图 3-33 所示；最近一次是自 2012 年起，印制加利福尼亚州车辆管理局官方网站网址，如图 3-34 所示。

图 3-32　加利福尼亚世界博览会车牌

图 3-33　加利福尼亚州建州 150 周年纪念车牌

图 3-34　2012 年加利福尼亚州车牌

加利福尼亚州的车牌虽然单调，但早期在车牌上使用的验证标签十分丰富。1916 年，加利福尼亚州车牌上使用熊状金属验证标签，该标签非常生动。标签上印有牌号、不可转让（Not Transferable）及验证年份等字样。该熊是加利福尼亚州灰熊，是该州立法机构指定的州哺乳动物，也是该州州旗和州印章上的重要组成要素。1917 年，验证标签上的图案改为金罂粟花立体图案，在标签左下侧印有验证年份及牌号。1918 年和 1919 年，验证标签又分别使用钟形和五角星形金属块。这些标签被铆在车牌上，以示缴纳各项税费，通过验证，如图 3-35 所示。

美国加入第二次世界大战期间，受金属使用限制的影响，验证贴纸一度取代金属验证标签。1945 年后，金属验证标签恢复使用。1957 年至今，又改用验证贴纸。

为什么加利福尼亚州车牌如此简约呢？这是因为这样的车牌更具有可读性，方便人员或缴费摄像机识别，利于管理。同时，加利福尼亚州注册登记车辆超过 3000 万辆，是美国注册车辆第一大州，车牌图案设计简单可以降低制作成本，

图 3-35　从上至下：
1916—1919 车牌及验证标签

从而节约一大笔费用。至于车牌上的宣传语，由于加利福尼亚州经济实力强大，GDP 已经超越英国和法国，真正富可敌国，车牌上的州名已经自带光环，没有必要再通过车牌上的宣传语做文章来提升本州的影响力了。

3.6 科罗拉多（Colorado）
百年之州

1640 年，西班牙人发现当地的大河——科罗拉多河，河两岸赭红色景观和该地区的红色砂岩地应是该州州名最初的起源，因此被叫作"Colorado"，意思是"有颜色的（河流）"。科罗拉多州也被称为多彩科罗拉多（Colorful Colorado），主要是源于该州壮丽多彩的山脉、河流和平原。"多彩科罗拉多"这个称谓被广泛用于该州地图、汽车牌照、旅游信息和各式纪念品。图 3-36 为 25 美分科罗拉多州纪念币背面。

科罗拉多州在 1876 年建州，正好在美国《独立宣言》签署 100 年后，因此"百年之州"（Centennial State）也成了科罗拉多州的官方别称。

图 3-36 25 美分科罗拉多州纪念币背面

科罗拉多州从 1913 年开始实施车辆登记悬挂车牌制度。1950—1955 年，该州首次在车牌上使用宣传语"多彩科罗拉多"；1958—1959 年再次使用该宣传语，中间再有间断，1973—1974 年又一次使用。自 1950 年之后的 25 年间，该州车牌主要以绿色和白色为主色调，在美国各州车牌中并不多见。

在 1958 年推出的车牌中，车牌右侧印制有滑雪者图案，如图 3-37 所示。不用说，这是为了宣传该州是滑雪胜地。该州西部属于洛基山脉，东部主要为高原地形，全州海拔 4000 米以上的高山超过 50 座，平均海拔 2072 米，是美国 50 个州中地势最高的一个州。因此，该州拥有众多优质滑雪场，常年跻身美国滑雪胜地排名前列。图 3-38 为 1974 年科罗拉多州车牌。

图 3-37 1958 年科罗拉多州车牌 　　　　图 3-38 1974 年科罗拉多州车牌

1975年，为纪念科罗拉多州建州100周年，该州车牌式样有了很大的调整，如图3-39所示。车牌的主色调变为红白蓝三色。车牌编号使用红色，文字以蓝色为主，而车牌背景则为白色和浅蓝色，配色与本州官方色基本吻合。车牌上首次使用宣传语"百年科罗拉多"（Centennial Colorado）。科罗拉多州于1876年建州，故车牌中间有"76"字样。该车牌一经推出，就被美国车牌收藏家协会评为当年最佳车牌。

1976年，科罗拉多州继续发行印有宣传语"百年科罗拉多"的车牌，只是车牌回到了简单的红字白底式样，如图3-40所示。此后，该州标准乘用车车牌上再未印制宣传语。看来该州似乎并不热衷于使用车牌作为宣传媒介。

图3-39　1975年科罗拉多州"建州100周年"红白蓝车牌

图3-40　1976年科罗拉多州车牌

2000年，科罗拉多州推出了新的车牌，绿色或褐白相间的颜色，背景图案是落基山脉，展示了该州最高的山峰埃尔伯特峰，带有浮雕山峰设计，几乎延伸到车牌顶部，如图3-41所示。

图3-41　2000年科罗拉多州车牌发行至今

事实上，自20世纪60年代以来，科罗拉多州车牌的风格并没有太大变化。如果真认为科罗拉多州不喜欢使用车牌这块流动广告牌，那就错了。科罗拉多州标准乘用车车牌设计式样及宣传语使用相对单一，但在特别车牌的使用上，仅自2000年以来就推出包括摩托车车牌在内的各式特别车牌近150种，范围涵盖军人褒扬、疾病防治、动物保护、清洁能源及科学教育等方方面面。图3-42为科罗拉多州"孩子优先"特别车牌。

涉及军人的各式特别车牌，数量近50种，

图3-42　科罗拉多州"孩子优先"特别车牌

约占特别车牌种类的1/3。对车牌上的宣传语进行细分，有第十山地师（10th Mountain Division）、第四步兵师（4th Infantry Division）、空军十字勋章（Air Force Cross）、残疾退伍军人（Disabled Veteran）、杰出飞行十字勋章（Distinguished Flying Cross）、珍珠港幸存者（Pearl Harbor Survivor）、北美空防司令部（North American Aerospace Defense Command，NORAD）、朝鲜参战老兵（Korean War Veteran）、支持军队（Support the Troops）、美国空军学院（U.S. Air Force Academy）、越战老兵（Vietnam Veteran）及光荣退伍军人（Honorably Discharged Veteran）等，不胜枚举，如图3-43～图3-46所示。对于这些车牌的申请，大部分需要有对应的身份，车牌通常并不能减免相应的税费，也没有特权，但当地社会崇尚军人和对参军报国的褒扬，由此可见一斑。

图 3-43　科罗拉多州光荣退伍老兵特别车牌 　　图 3-44　科罗拉多州支持第十山地师特别车牌

图 3-45　科罗拉多州越战老兵特别车牌 　　图 3-46　科罗拉多州杰出飞行十字勋章特别车牌

3.7 康涅狄格（Connecticut）
宪法之州

　　康涅狄格州的州名出自美国东北部的莫西干人，写作"Quinnituqut"，是一条河流的名字，字面意思是"海潮倒灌的河流"。后来，该地成为英属殖民地，英国人在当地殖民时，根据原文的发音和英语的习惯，将该词改写成"Connecticut"。

　　康涅狄格州从1903年开始要求车主登记车辆并悬挂车牌。该州也是除纽约州之外，美国第二个要求车主登记悬挂车牌的州。早期，车主在支付1美元的登记费后，获得一张带有编号的纸质登记证书；车牌由车主自行制作，悬挂在车辆之上。多数车主的车牌由匠人用黄铜、铝或锌等铸造出号码铆在皮革上制作而成。车牌必须使用康涅狄格州英文首字母"C"开头,后跟编号,如图 3-47 所示。

　　1905 年,康涅狄格州修改了有关车辆登记悬挂车牌的法律,车牌由政府统一制作,采用搪瓷材质,白字黑底,由州务卿签发,如图 3-48 所示。有趣的是,一个车主只能有一个对应的车辆编号,如果他拥有两辆以上的车,各车都悬挂相同编号的车牌。

　　1974 年,康涅狄格州开始在本州车牌上使用宣传语"宪法之州"(Constitution State),如图 3-49 所示。让我们回溯一下宪法之州的来源。1639 年 1 月 24 日,康涅狄格殖民地会议在哈特福德制定了《康涅狄格基本法》,这部法律阐述了设立政府的必要性、政府的构架与权力、领导的选举产生和税收等内容。这部法律体现了美国宪法的核心思路,成为后来美国宪法灵魂的所在。19 世纪,来自康涅狄格州的著名历史学家约翰·菲斯克声称,这是历史上第一部成文宪法性文件。不过,它只是一套地方政府规则,还不是为美国民主奠定基础的宪法性文件。有一些学者对此提出异议,认为 1620 年的《五月花号公约》与 1619 年的《波希米亚同盟协定》等文件更应被公认为第一部宪法性文件。当然,这些并不影响 1959 年康涅狄格州议会将"宪法之州"定为本州官方别称。

　　康涅狄格州乘用车标准车牌上的宣传语"宪法之州",自 1974 年开始使用,至今未曾变换,也未曾间断,在各州中并不多见,由此可见该州对自己的祖先制订历史上最早的一部成文宪法充满自豪与认同。康涅狄格州的车牌式样变换不算频繁,从最初发行至现在,一贯秉持简约的原则。1905—1999 年,车牌主体保持字体一色和背景一色的简单式样。自使用宣传语"宪法之州"开始,车牌式样变化也不多:1974—1976 年为蓝字白底车牌;1976—1999 年为白字蓝底车牌,如图 3-50 所示;2000 年至今,车牌字体使用深蓝色,背景由上至下从天蓝色渐变为白色,如图 3-51 所示。2015 年,牌号由六位变为七位,如图 3-52 所示。

图 3-47　1903 年康涅狄格州车主自行制作的车牌

图 3-48　康涅狄格州编号 C76 的早期搪瓷车牌

图 3-49　验证期到 1975 年 5 月的康涅狄格州车牌

图 3-50　1976—1999 年康涅狄格州白字蓝底车牌

图 3-51　2000 年至今康涅狄格州蓝白渐变背景车牌

图 3-52　2015 年康涅狄格州车牌

值得一提的是，康涅狄格州是全美第一个通过机动车限速法律的州。1901 年 5 月 21 日，该州议会通过《机动车速度管制法案》。该法案规定，汽车行驶速度在城市范围内不得超过 12 英里/时（约 20 千米/时），在农村或郊区不得超过 15 英里/时（约 25 千米/时），并要求在接近十字路口时减速，违者最高可被罚款 200 美元。1901 年的 200 美元大致相当于今天的 6000 美元。但是，那时还没有准确的测速设备，对超速的处罚规定实际上难以被执行，法律更多发挥的是威慑作用。

3.8　特拉华（Delaware）第一州

特拉华州的州名源于英国驻弗吉尼亚殖民地的总督特拉华爵士（Lord de la Warr），当地人用他的名字为当地一条主要河流命名。为符合英文习惯，人们把"de la Warr"合并为"Delawarr"，并改为"Delaware"，后来成为州名。

特拉华州，官方别称为"第一州"（The First State）。自 1962 年起，特拉华州在车牌上开始使用宣传语"第一州"。特拉华州为什么敢自称第一州呢？这要从美国政治制度之基美国宪法说起。美国宪法是美国的根本大法，在 1787 年 9 月 17 日费城制宪会议上获得参会代表同意签字，并在不久后陆续被 13 个殖民地批准认可。迄今为止，美国又先后通过 27 条宪法修正案对宪法进行补充和完善。这部宪法巩固了美国独立战争的成果，为美国的长期发展与稳定奠定了根基，其形成的政治体制和国家结构形式后来被许多国家效仿，可以说意义巨大。

在经费城制宪会议代表批准后，美国宪法还必须经 13 个殖民地中至少 9 个批准才能生效。1787 年 12 月 7 日，在特拉华的多佛，美国宪法得到了特拉华殖民地制宪会议所有 30 位代表一致投票认可批准。特拉华成为第一个批准美国宪法的殖民地，也因此成为现代美国的第一个州。由于在批准宪法中所起的带头作用，特拉华州自称"第一州"。

特拉华州车牌从 1909 年开始发行至今，在标准乘用车车牌上一直使用字体一色和背景一色的简约式样，而且一直使用数字，没有字母。自 1959 年以来，特拉华州车牌的设计是美国最古老的，仅有轻微的外观变化；从 1962 年开始使用金色字体与深蓝色背景车牌，至今未曾变过，如图 3-53 所示。

图 3-53　1962 年款特拉华州车牌

2013 年 10 月，汽车保险网站对美国 2000 名司机进行随机抽样调查，特拉华州车牌被评为美国最缺乏吸引力车牌"第一名"。也许特拉华州车牌注重的是功能和实用。当时的排名情况是这样的，最具吸引力车牌前五名依次是怀俄明州、夏威夷州、犹他州、亚拉巴马州和俄勒冈州车牌；反之，最不具吸引力车牌倒数后五名依次是特拉华州、阿肯色州、密歇根州、阿拉斯加州和弗吉尼亚州车牌。"牛仔州"怀俄明州拔得头筹，也许是因为车牌上多年一直保留的跃马牛仔图案。

虽然特拉华州标准乘用车车牌式样在美国各州来说确实非常简单，但该州的可选车牌近年来先后有两次被美国车牌收藏家协会评为年度最佳车牌，这也是非常少见的。年度最佳车牌评选面向美国各州与加拿大各省，自 1970 年开始评选以来，中间有 5 个年度评选出两块年度最佳车牌，其他每年只评选出一块年度最佳车牌。

这两块年度最佳车牌，一块是 2008 年推出的，用以纪念特拉华州发行车牌 100 周年，车牌上印制"百年车牌"（Centennial Plate）和"1909—2009"字样；车牌采用黑色背景与金色字体的经典搭配，并在外围增加金色方框，兼具简约美感和优异的可读性，如图 3-54（a）所示。另外一块年度最佳车牌是 2021 年发行的帮助花粉传播动物（Support Pollinators）车牌，如图 3-54（b）所示。这块车牌整体采用鲜艳丰富的色彩，车牌两侧设计鸟、蝶及蜜蜂等几种典型的花粉传播小动物，外加该州几种具有代表性的植物花朵，第一眼看上去就令人赏心悦目。当然，这并不足以让该车牌获此殊荣，处理好艳丽色彩对车牌设计的干扰并确保良好的可读性，才是它获得认可的关键。

a. 2008 年特拉华百年纪念车牌 　　　　b. 2021 年帮助花粉传播动物特别车牌

图 3-54　特拉华州年度最佳车牌

特拉华州目前使用的车牌是百年纪念车牌的改款，如图 3-55 所示。

图 3-55　特拉华州目前使用的车牌是百年纪念车牌的改款

3.9　佛罗里达（Florida）
阳光之州

佛罗里达州的州名最初是由西班牙人胡安·彭斯·德·里昂提出的。他在 1512 年复活节那天乘船抵达佛罗里达海岸，而那天正好是周日。这样的日子在西班牙语里被叫作"Pascua Floreciendo"（意为"开花的"）。

佛罗里达州自 1905 年开始，要求本州车主注册登记车辆并展示车牌，车牌由车主自行制作。直到 1918 年，佛罗里达州才开始统一制作发行车牌，这也使该州成为美国本土 48 个州中最后一个发行车牌的州。

佛罗里达州在 1918 年发行的车牌，白字黑底，左边有垂直印制的发行年份"1918"，右边为垂直印制的佛罗里达州缩写"FLA"，如图 3-56 所示。在首次发行的车牌上，引入了按照发动机功率进行分级的车牌制度，如 25 马力（18 千瓦）以下的为 B 级，26～40 马力（19～29 千瓦）的为 C 级，41～60 马力（30～44 千瓦）的为 D 级。牌号由一串阿拉伯数字加上代表对应功率等级的字母组成。

1932 年，佛罗里达州将原来按发动机功率分级的车牌改为按车重分级，明确车重 3000 磅（约 1360 千克）以下的，车牌编号全部为数字；超过此重的，牌号以字母 D 开头，后面跟上数字，如图 3-57 所示；采用橙字黑底外加橙色边框设计。

图 3-56　佛罗里达州首次发行的车牌 　　图 3-57　佛罗里达州首次按车重分级的车牌

佛罗里达州第一次在车牌上使用宣传语是在 1949 年，在车牌上部中央印制该州别称"阳光之州"（Sunshine State），如图 3-58 所示。该别称源于该州地处美国本土最南端，最接近赤道，常年阳光充足。这个别称在车牌上使用得较早，但直到 1970 年才正式被该州立法部门认可为官方别称。

图 3-58　佛罗里达州第一次使用宣传语"阳光之州"的车牌

有趣的是，最早在车牌上使用宣传语"阳光之州"的不是佛罗里达州，那是哪里呢？1932 年，新墨西哥州在发行的车牌上首次使用宣传语"阳光之州"，如图 3-59 所示，因为该州的阳光比佛罗里达州的阳光更加充足。根据最新天气数据，美国阳光最充足的五个州依次是亚利桑那州、新墨西哥州、内华达州、得克萨斯州和加利福尼亚州，佛罗里达州只能排名第十位。当然，这并不影响该州"阳光之州"的别称。

图 3-59　新墨西哥州最早（1932 年）使用带有"阳光之州"宣传语的车牌

从 1949 年到 1977 年，佛罗里达州发行的车牌除 1951 年和 1965 年 2 月至 1966 年 2 月使用其他宣传语外，宣传语"阳光之州"未曾变过。1951 年，为宣传生态环境保护，佛罗里达州将车牌上的宣传语改为"保持佛罗里达绿色"（Keep Florida Green），但此宣传语使用仅此一年，因为听起来令人认为该州有宰客倾向，因为美元纸币以绿色为主色调，绿色在非正式用语中可以指代美元。自 1965 年 2 月起，该州开始制作发行为期一年的纪念本州圣·奥古斯丁城"建城 400 周年"（400th Anniversary）车牌。该城由西班牙海军上将佩德罗·梅内德斯·德维利斯于 1565 年 8 月 28 日建立的定居点发展而来，此地也是欧洲人最早在美洲大陆建立的定居点。8 月 28 日正好是天主教神学家、哲学家及《忏悔录》的作者圣·奥古斯丁的忌日，因此该城命名也是为了纪念此人。佛罗里达州纪念圣·奥古斯丁城建城 400 周年纪念车牌如图 3-60 所示。

图 3-60　佛罗里达州纪念圣·奥古斯丁城建城400 周年纪念车牌

自 1977 年 4 月至今，佛罗里达州发行的车牌底部中间交替印制发行县名称、"阳光之州"或"我们信任上帝"（In God We Trust）字样。"我们信任上帝"在 1956 年经艾森豪威尔总统批准定为美国国家格言，在 2006 年又被佛罗里达州定为州官方格言，并被广泛用于佛罗里达州、印第安纳州、北卡罗来纳州、南卡罗来纳州和俄亥俄州的车牌。

图 3-61 为 1977 年款佛罗里达州使用发行县名称的车牌。

图 3-61　1977 年款佛罗里达州使用发行县名称的车牌

图 3-62　1997 年款佛罗里达州带有柑橘图案的车牌

自 1979 年 2 月起，佛罗里达州首次在车牌中央印制本州地图图案；1997 年 7 月，车牌上又增加了该州盛产的水果柑橘图案，如图 3-62 所示。从此，该州车牌设计元素和构图基本定型。

自 2003 年 12 月开始，佛罗里达州车牌上的柑橘从一个变成两个，上部中央的"佛罗里达"同步改为该州官方网站网址，如图 3-63 所示。

图 3-63　2003 年款佛罗里达州带有两个柑橘图案的车牌发行至今

除标准车牌外，佛罗里达州还发行了各式各样种类繁多的特别车牌、个性化车牌和其他车牌，如海关车牌、议员车牌、大学车牌、环境保护车牌、野生动物保护车牌和运动类车牌等，如图 3-64 ~ 图 3-66 所示。佛罗里达州仅特别车牌一类，就发行超过 120 种，仅次于弗吉尼亚州和得克萨斯州，此处不再一一介绍。

图 3-64　佛罗里达州为缅怀"挑战者号"航天飞机遇难者而发行的特别车牌，筹款高达 3000 多万美元

图 3-65　佛罗里达州保护美洲豹特别车牌 　　　　图 3-66　佛罗里达州艺术之州特别车牌

3.10　佐治亚（Georgia）
桃子之州

佐治亚州的州名来自 18 世纪为佐治亚殖民地颁发特许执照的英国国王乔治二世（King George II）。佐治亚州别称"桃子之州"（Peach State）和"南方帝国之州"（Empire State of the South）。"桃子之州"的别称，主要是源于该州盛产脆爽美味的蜜桃。"南方帝国之州"的别称，则主要源于该州是美国南方各州中第一个加入联邦的。

自 1910 年起，佐治亚州要求本州车主注册登记车辆并展示车牌。1929 年，该州开始按车重为车牌分级，从重到轻依次分为 A、B、C、D 四个级次，代表级次的字母位于牌号后面；以往只发行一块车牌改为发行前后两块车牌，各牌分别标注前（Front）、后（Rear）字样；车牌编号中间由该州邮政代码缩写及车牌发行年份"GA-29"垂直印制隔开。图 3-67 为佐治亚州在 1929 年发行的前车牌。

1940 年，宣传语"桃子之州"和桃子图案开始被用于佐治亚州车牌。车牌橙字绿底，使

89

用橙色外框线,桃子图案位于车牌下部中央,宣传语"桃子之州"位于车牌上部,如图 3-68 所示。此后,直到 1997 年 1 月,宣传语"桃子之州"被断断续续使用。

图 3-67 佐治亚州在 1929 年发行的前车牌

图 3-68 1940 年佐治亚州"桃子之州"车牌

从 1997 年 2 月到 2003 年 11 月,佐治亚州车牌上的宣传语改为"佐治亚在我心"(Georgia on my mind),如图 3-69 所示。该宣传语来自该州州歌《佐治亚在我心》。州歌一般由各州议会或州长选出,作为本州的象征。在美国 50 个州中,除新泽西州没有官方指定的州歌之外,各州都有一首或多首州歌,田纳西州的州歌甚至达 10 首之多。

自 2003 年 12 月起,佐治亚州车牌上部的宣传语"佐治亚在我心"改为该州政府官方网站网址,在车牌中央的桃子图案中加入了绿色的该州地图图案,如图 3-70 所示。

图 3-69 1997 年款佐治亚州"佐治亚在我心"车牌

图 3-70 2003 年款佐治亚州车牌现仍在发行

图 3-71 2012 年佐治亚州多彩款车牌现仍在发行

2012 年 5 月,佐治亚州推出两款车牌。一款再次使用宣传语"桃子之州",车牌下部加入丘陵图案,左上部加入桃树图案,桃子元素调整至下部左右两角,如图 3-71 所示。在整体上,车牌的设计元素和色彩更加丰富。另一款采用更加简洁的设计,黑字白底,车牌中央印制桃子图案,无宣传语,如图 3-72 所示。对于两款车牌,在原来下部中央的县名处,均允许使用美国国家格言"我们信任上帝",这两款标准车牌至今仍在发行和使用中。

图 3-72　2012 年佐治亚州简洁款车牌现仍在发行

佐治亚州是最早发行可选车牌的州之一。1976 年，佐治亚州发行美国建国 200 周年纪念车牌，车牌采用美国国旗红白蓝三色设计，如图 3-73 所示。自 1983 年开始，该州为几个州内大学引入可选纪念车牌，唯一的要求是至少 1000 个车牌起订。图 3-74 为佐治亚大学版特别车牌。

图 3-73　佐治亚州美国建国 200 周年纪念车牌　　图 3-74　佐治亚大学版特别车牌

1993—1996 年，为宣传并纪念 1996 年在州府亚特兰大举行的第 26 届夏季奥林匹克运动会（简称"奥运会"），佐治亚州发行特别纪念车牌，因恰值奥运会诞生 100 周年，车牌左侧印有本届奥运会徽标，上侧州名中的字母 O 用形象化的红色火焰替代，下部加入宣传语"百年奥运会"（Centennial Olympic Games），如图 3-75 所示。

图 3-75　佐治亚州"百年奥运会"特别车牌

3.11 夏威夷（Hawaii）
阿罗哈州

夏威夷州的州名源自波利尼西亚语，最初写作"Owykee"，意思是"神的住处"。这里的神指的是夏威夷岛上的两座火山——劳阿火山和凯阿火山。

夏威夷原本为一个独立国家，在1898年8月成为美国领地，名为"Territory of Hawaii"，缩写为"TH"，1959年8月正式加入美国联邦，成为美国第50个州，是美国最年轻的州。夏威夷州是美国唯一的群岛州，由太平洋中部的132个岛屿组成。

1899年，第一批汽车被运送到夏威夷。1903年，夏威夷领地制定规范车辆管理的第一部法律；自1906年开始，夏威夷州下辖夏威夷县、火奴鲁鲁县（又称为檀香山）、考艾岛县与毛伊县开始自主进行车辆登记，车牌由车主自己提供。

1911年，夏威夷领地通过法律，要求必须在车辆上附着或展示某种形式的许可凭证，次年生效。1912年，夏威夷领地开始发行汽车标签（Automobile Tag），也称夏威夷领地标签（TH Tag）。第一年发行的标签用铝板制作，圆形，直径1.5英寸（约38毫米），上面印制发行年份、登记编号及"夏威夷领地发行"（Issued by the Territory of Hawaii）等字样，如图3-76所示。汽车标签此后每年变换设计，连续发行至1921年。图3-77为1920年夏威夷领地发行的汽车标签。需要强调的是，直到1922年以前，夏威夷领地并未要求在汽车上悬挂或展示车牌，具体车牌发行和悬挂等事宜由下辖县自己决定。

图3-76 1912年夏威夷领地发行的汽车标签

图3-77 1920年夏威夷领地发行的汽车标签

随着车辆增加，火奴鲁鲁县和夏威夷县意识到有统一发行标准车牌的必要。因此，1915年，两县开始由政府统一制作发行车牌。图3-78为1918年夏威夷领地火奴鲁鲁县发行的车牌（钉有领地车牌标签）。在1922年夏威夷领地统一发行车牌前，考艾岛县一直由车主自行制作车牌，这也是美国最后一个如此要求的行政区。图 3-79 为现存唯一的夏威夷领地考艾岛县木制车牌（推测发行于 1920—1921 年，后缀"K"代表县名"Kauai"）。

图 3-78　1918 年夏威夷领地火奴鲁鲁县发行的车牌

图 3-79　现存唯一的夏威夷领地考艾岛县木制车牌

自 1922 年开始，夏威夷领地开始统一制作发行车牌。车牌采用白字、深绿色底，艺术化的"夏威夷"（Hawaii）垂直设计，位于车牌右侧，发行年份 1922 水平位于右下角，正好跨过两个字母"I"，整体简约美观，如图 3-80 所示。此后，直到 1975 年，夏威夷的车牌始终保持字符和背景各为一色的简约设计。

图 3-80　1922 年夏威夷领地统一发行的车牌

1957 年，夏威夷领地车牌上首次加入宣传语"阿罗哈"（Aloha），如图 3-81 所示。阿罗哈是什么意思？"阿罗哈"是夏威夷使用最多的单词，在夏威夷语中包含希望、爱、平和、尊重和幸福等意思。该词在 19 世纪中期被英文词汇吸收，后来变成问候语，常在人们相见或离别时广泛使用，有"您好""欢迎"及"再见"之意。夏威夷领地立法部门专门对阿罗哈精神（Aloha Spirit）进行了定义，指每个人内心协调，让每个人成为自我，关心和接纳周围的人，尊重并善待他人。

图 3-81　1957 年款夏威夷领地车牌

由于"阿罗哈"具有独特含义并广受欢迎，在 1959 年夏威夷正式成为美国第 50 个州后，该州也被称为阿罗哈州（Aloha State）。"阿罗哈州"从 1961 年起取代原来车牌上的宣传语"阿罗哈"，位于车牌下侧中间，如图 3-82 所示。新宣传语一直使用至今，未曾改变。

图 3-82　1961 年款夏威夷州车牌

1976 年，正值美国建国 200 周年，夏威夷州发行了背景更为丰富多彩的全新车牌，如图 3-83 所示。车牌首次使用反光铝箔，左上角有鲜红的木槿花，右上角为表示车牌发行年份的"76"，背景中有浅红色的夏威夷王国开创者卡米哈梅哈一世、该州地标之一的钻石头山（Diamond Head）及棕榈树图案。

图 3-83　1976 年夏威夷州车牌

1991 年，夏威夷州车牌背景首次使用彩虹图案，如图 3-84 所示。该州特有的地理位置与气候条件，造就了雨季几乎天天可以见到彩虹的特别景观，因此该州还有"彩虹之州"的称谓。夏威夷州车牌标志着该州作为观赏彩虹目的地的地位。事实上，夏威夷州首府火奴鲁鲁被称为"世界彩虹之都"。该款车牌一直发行和使用至今。

图 3-84　1991 年款夏威夷州车牌发行至今

3.12　爱达荷（Idaho）
驰名土豆

爱达荷州得名于舒朔奈语，词源为"Eedahhow"，意思是"山上的太阳升起来啦"。有人认为，这是当地美洲原住民在隐喻当地山中有黄金等金属矿藏。

1909 年，爱达荷州下辖部分县已经开始发行车牌。由于各县自己发行车牌，车牌的式样各有不同，如图 3-85 所示。

图 3-85　1913 年以前爱达荷州下辖县发行的车牌

1913 年，爱达荷州开始要求车主登记车辆并悬挂车牌，在美国各州中属于较晚统一发行车牌的州。该州实施车辆登记并统一发行车牌，不像许多大西洋沿岸州那样，在最初实施车辆登记期间，往往由车主自行制作车牌，随后几年再统一制作发行车牌。该州地处美国西北内陆，开发较晚，实施车辆登记管理时已有其他先行州的经验可以借鉴，因此车辆登记与车牌发行同步进行。该州发行的第一款车牌，白字蓝底，除了牌号，州名与发行年份一并印制在车牌上，如图 3-86 所示。

图 3-86　1913 年爱达荷州发行的车牌

1928 年，这是美国车牌发展中具有重要意义的年份，更让爱达荷州声名远播。该州首开先河，将本州盛产的农产品土豆图案印制在车牌上作为背景图案，并在车牌下部注明宣传语"爱达荷土豆"（Idaho Potatoes），由此开启了各州争相利用车牌为本州宣传呐喊的局面，如图 3-87 所示。美国车牌纷繁复杂，五彩缤纷，与此不无关联。实际上，1928 年马萨诸塞州也将本州盛产的鳕鱼图案印制在车牌上，可惜鳕鱼图案太小且难看，恰值该州鳕鱼产量处于下行期，引起了渔民的不满，成为冤大头，宣传效果适得其反。

1940 年，为纪念爱达荷州建州 50 周年，该州在车牌上部印制"建州 50 周年"（50 Years Statehood）和建州年份"1890"与车牌发行年份"1940"字样，如图 3-88 所示。

图 3-87　1928 年爱达荷州"爱达荷土豆"车牌　　图 3-88　1940 年爱达荷州"建州 50 周年"车牌

1941 年，爱达荷州车牌上的宣传语改为"秀丽爱达荷"（Scenic Idaho），如图 3-89 所示，新的宣传语使用至 1946 年。该州有波格斯盆地滑雪胜地，有美国最深的峡谷地狱谷，有比尼亚加拉瀑布还高的肖肖尼瀑布等许多好去处，世界第一个国家公园黄石公园也有一小部分位于该州，这些就是该州车牌使用"秀丽爱达荷"作为宣传语的基础。

图 3-89　1941 年爱达荷州"秀丽爱达荷"车牌

1947年，爱达荷州车牌采用深蓝色背景，中间有滑雪者和山脉图案，宣传语改为"度假胜地"（Vacation Wonderland），如图3-90所示。如前所述，该州拥有许多风景秀丽的好去处，但新的宣传语跟1928年的宣传语"爱达荷土豆"一样，在车牌上仅使用了一年。

图3-90　1947年爱达荷州"度假胜地"车牌

1948年，爱达荷州车牌上的宣传语第四次变更，改为"世界驰名土豆"（World Famous Potatoes），车牌中央印制了一个掰开并涂上黄油的土豆图案，如图3-91所示。但是，这句宣传语使用时间也不长，到1956年，断断续续使用过4年，而后再未使用。爱达荷州土豆产量常年居美国各州第一的位置，土豆产业链条相当完整，多年来一直向加拿大和墨西哥等国出口土豆及其制品，这就是该州车牌上使用"世界驰名土豆"的底气。

图3-91　1948年爱达荷州"世界驰名土豆"车牌

1957年，爱达荷州车牌上的宣传语第五次变更，改为"驰名土豆"（Famous Potatoes），如图3-92所示。经过多次调整与尝试，爱达荷州最终找到了自己的真爱——驰名土豆。自此之后，这句宣传语在每次发行的车牌上都使用，从未间断。看来，只有不断地尝试，才能找到最适合自己的东西。

图3-92　1957年爱达荷州"驰名土豆"车牌

2020年，爱达荷州推出最新款车牌，该车牌使用美国国旗红白蓝三色配色，从上到下分三层渐变过渡，如图3-93所示。车牌下侧蓝色是落基山脉和茂密的森林图案，上下各有宣传语"秀丽爱达荷"和"驰名土豆"，中间白色层则是添加车辆牌号的位置。爱达荷州以土豆闻名，但现在的车牌更强调该州的风景。该款车牌发行至今。

图3-93　2020年款爱达荷州车牌

现在，爱达荷州交通部门在标准车牌外，提供其他特别车牌或可选车牌近百种，在此不再一一介绍。

3.13　伊利诺伊（Illinois）
林肯之地

伊利诺伊州的州名源于当地的部落名"Illiniwek"，简称"Illini"，意思是"战斗的民族"；法国人来到当地后，在后面加上了表示地名的"ois"这个词缀。

伊利诺伊州最早要求居民登记车辆是在1907年。跟很多其他州一样，早期几年车牌由车主自行制作。1911年7月，该州开始统一发行车牌。在1979年之前，该州车牌每年发行，年年不同。因为每年更换车牌，记载所有车牌信息的册子也需要随之更换，所以不利于警察快速识别出车主。发行和使用时间更长的多年车牌，能够在一定程度上解决该问题，还能节省发行车牌的成本。

现存最早的伊利诺伊州车牌是1907年州府斯普林菲尔德的一位车主自制的车牌，如图3-94所示。车牌内容包含数字与伊利诺伊州英文前三个字母"ILL"，字符使用金属锻制，固定在一张皮革上面，再将皮革附着于金属板上，最后在金属板背面再附着一块皮革，制成车牌。

图3-94　1907年伊利诺伊州车主自制车牌

1911年，伊利诺伊州开始统一制作发行车牌。车牌黑字白底，代表该州的三个字母"ILL"

垂直位于车牌右侧，如图 3-95 所示。该款车牌实际只发行了半年时间，即从是年 7 月 1 日至年终。

1912 年，伊利诺伊州发行打孔车牌，该车牌可谓实用主义的典范，在美国也是绝无仅有的。车牌上增加了发行年份，最有趣的是将前车牌穿孔，以避免车牌影响发动机散热，如图 3-96 所示。1913 年，前车牌采用镂空设计，散热效果更强，如图 3-97 所示；自次年起，前车牌又改为在车牌字符间留有垂直缝隙的设计，如图 3-98 所示。伊利诺伊州前车牌留空隙以便散热的设计，一直保持到 1918 年。

图 3-95　1911 年伊利诺伊州车牌

图 3-97　1913 年伊利诺伊州镂空前车牌

图 3-96　1912 年伊利诺伊州前后车牌

图 3-98　1915 年伊利诺伊州镂空车牌

1954 年，伊利诺伊州车牌上首次使用宣传语"林肯之地"（Land of Lincoln），如图 3-99 所示。亚伯拉罕·林肯（Abraham Lincoln）是美国第 16 任总统，在南北战争期间领导美国，维护了联邦的完整，推动了美国的经济现代化，是美国最伟大的总统之一。为什么伊利诺伊州能打上林肯的旗号？林肯在 1809 年出生于肯塔基州，在伊利诺伊

图 3-99　1954 年伊利诺伊州"林肯之地"车牌

州自学成才，成为一名律师。林肯25岁就开始担任伊利诺伊州众议院议员，38岁担任该州的美国众议院议员。伊利诺伊州首府斯普林菲尔德也是林肯总统博物馆和图书馆的所在地，林肯的遗体也安葬在城外的墓地里。可以说，林肯最重要的学习阶段和政治生涯的基础都与伊利诺伊州密不可分，伊利诺伊州人也为该州与林肯的联系倍感自豪。1955年，该州将"林肯之地"定为官方宣传语。同年，美国国会授予该州"林肯之地"宣传语独家使用权。

自1955年起，伊利诺伊州车牌背景色首次选用伊利诺伊大学的校方色——蓝色，如图3-100所示。之后，直到1961年，每年车牌背景色选用该州不同大学的校方色。警察抱怨一些车牌缺乏可读性，尤其在夜晚难以看清白底系列车牌。于是，1962年，该州专门选用可读性强的橙色作为车牌底色。后来，该州又多次发行白底系列车牌，以至于让人怀疑白底系列车牌可读性差是个伪命题。

图3-100　1955年伊利诺伊州车牌

1976年，伊利诺伊州面向全美中小学生开展纪念美国建国200周年车牌设计竞赛活动。本次竞赛是美国最早的学生车牌设计竞赛，超过40万名学生参加了本次竞赛。最终，来自伊利诺伊州诺莫尔镇的10岁女孩凯利·乔丹胜出。诺莫尔镇和小女孩凯利·乔丹一样不简单，该州最古老的大学伊利诺伊州立大学就坐落于此镇。图3-101为凯利·乔丹和她设计的车牌。

图3-101　凯利·乔丹和她设计的车牌

1979 年，伊利诺伊州开始发行有效期更长的多年车牌，车牌有效期从几年到十几年不等，如图 3-102 所示。

图 3-102　1979 年款伊利诺伊州车牌（贴有 1981 年和 1982 年验证标签）

自 2001 年起，伴随车牌图案印制水平的提升，伊利诺伊州车牌开始使用林肯头像作为设计元素，如图 3-103 所示。2001 年款车牌一直使用至 2017 年。

图 3-103　2001 年款伊利诺伊州车牌

2017 年，伊利诺伊州发行新款车牌，车牌从上部到底部整体采用蓝白渐变色，在背景中可见州府斯普林菲尔德天际线、芝加哥的威利斯大厦与州议会大厦圆顶图案，灰色林肯像在最左边，如图 3-104（a）所示。该车牌一经推出，便饱受诟病，可读性差的问题再次出现。左侧林肯像肩部的黑色，与深红色牌号字符重叠，常令牌号难以快速清楚识别。车牌发行部门随即将车牌进行适当的修正，将林肯肩部的黑色做淡化处理，呈灰白色。修正后的车牌从 2018 年 1 月开始发行，使用至今，如图 3-104（b）所示。

a. 修正前 　　　　　　　　　　b. 修正后

图 3-104　2017 年款伊利诺伊州车牌发行至今

3.14 印第安纳（Indiana）
美国的十字路口

"印第安纳"在法语里意为"印第安人的土地"。该州别称为"胡希尔人州"（Hoosier State），该州格言为"美国的十字路口"（The Crossroads of America），其别称和格言都曾被用在车牌之上。

1905年，印第安纳州开始要求本州车主注册登记车辆，直到1913年7月之前，车牌都可以由车主自己制作。此前，该州收取1美元注册车辆费，然后给每个登记者一个直径2英寸（约50毫米）的黄铜或铝制圆形注册牌，上面印有注册号，要求挂在车辆仪表台上，如图3-105所示。对于自制的车牌，该州允许使用皮革、锡、木材或其他材料制作，悬挂在车辆后部。

1913年，印第安纳州统一发行车牌，如图3-106所示。车牌采用金属底板，外附一层搪瓷，以黑色和黄色为背景色，左边大半部分黑字黄底，右边小半部分黄字黑底，整体简洁美观。

图3-105　1905—1912年印第安纳州发行的车辆注册牌

1950—1962年，印第安纳州车牌用2个字母作为县代码，如"AA"代表马里恩县、"LL"代表拉波特县、"QB"代表劳伦斯县。

1956年，印第安纳州第一次在车牌上使用宣传语。不同于大部分州车牌宣传语通常是为了宣传本州的特色或特产，该州车牌上的宣传语十分简单朴素——"安全驾驶"（Drive Safely），如图3-107所示。这与其说是宣传，不如说是温馨的提醒更加贴切。这条宣传语连续使用至1958年，此后再未使用。

图3-106　1913年印第安纳州车牌

图3-107　1956年印第安纳州"安全驾驶"车牌

1959年，为纪念美国最伟大的总统之一亚伯拉罕·林肯曾于1816—1830年在该州生活，印第安纳州专门发行林肯诞辰150周年纪念车牌，如图3-108所示。1816年，林肯从蓄奴州肯塔基州随家人越过俄亥俄河，来到自由地印第安纳州生活，直到1830年。林肯在印第安纳州度过了重要的青少年时期，在此锤炼出强健的体魄和大胆的行事风格。

1960 年，印第安纳州车牌上的宣传语改为"安全支付"（Safety Pays），如图 3-109 所示。如同 1956 年车牌上的"安全驾驶"一样，这更多是进行车辆安全教育的方式。

图 3-108　1959 年印第安纳州林肯诞辰 150 周年纪念车牌

图 3-109　1960 年印第安纳州"安全支付"车牌

同年，印第安纳州交通警察部门的车辆也印制相同的宣传语。宣传语"安全支付"连续使用至 1962 年，此后再未使用。

1976 年，印第安纳州推出建国 200 周年纪念车牌，如图 3-110 所示。在此之前，该州车牌整体设计采用字符一色和背景一色的两色设计。1976 年纪念车牌则采用美国国旗经典红白蓝三色，中间加入持枪民兵图案，左上侧为美国建国 200 周年年份"1976"字样，右下侧是宣传语"遗迹之州"（Heritage State），宣传语源于该州拥有丰富悠久的印第安遗址与传统。该款车牌也是该州第一款带有图案的多彩车牌。

图 3-110　1976 年印第安纳州建国 200 周年纪念车牌

1979 年，印第安纳州推出乔治·罗杰斯·克拉克（George Rogers Clark）占领萨克维尔堡 200 周年纪念车牌，如图 3-111 所示。1779 年 2 月，克拉克带领大约 170 人一路克服融雪、坚冰和冻雨等种种困难，向英军驻守的萨克维尔堡发动突然袭击，英军守将在两日后被迫放弃堡垒，并在撤离过程中被俘。此战得到乔治·华盛顿的极大肯定，克拉克也因此被誉为旧西北征服者（Conqueror of the Old Northwest）。该款车牌采用棕色字符，以白色加淡黄色的克拉克率军进攻萨克维尔堡的图案为背景，下侧为克拉克的名字。该车牌被美国车牌收藏家协会评为 1979 年最佳车牌，也是该州车牌唯一一次获此殊荣。

图 3-111　1979 年印第安纳州乔治·罗斯·克拉克占领萨克维尔堡 200 周年纪念车牌

自 1981 年起，印第安纳州开始发行多年期车牌。第一款多年期车牌首次将该州官方别称

"胡希尔人州"印制在车牌上，如图 3-112 所示。胡希尔人，可以将其简单理解为印第安纳州人的另一种称谓。

1985 年，印第安纳州发行第二款多年期车牌，通过车牌向所有人发出邀请，车牌上的宣传语为"漫步印第安纳"（Wander Indiana），如图 3-113 所示。车牌颜色更加丰富，有黑色、白色、红色、黄色及绿色，底部有红绿黄三色条纹。

图 3-112　1981 年款印第安纳州多年期"胡希尔人州"车牌

图 3-113　1985 年款印第安纳州"漫步印第安纳"车牌

1987 年，印第安纳州将车牌上的宣传语改为"再次回家"（Back Home Again），如图 3-114 所示。该宣传语来自该州广为流传的爵士风格歌曲《回到印第安纳州的家》（*Back Home Again in Indiana*），歌曲发行于 1917 年，虽不是州歌，但可能是向印第安纳州致敬的最著名的歌曲。

"热情好客胡西尔人"（Hoosier Hospitality）在 1991 年被用作印第安纳州车牌上的宣传语，以宣传该州人的好性情，吸引来客，如图 3-115 所示。

图 3-114　1987 年款印第安纳州"再次回家"车牌

图 3-115　1991 年印第安纳州"热情好客胡西尔人"车牌

图 3-116　1993 年款印第安纳州"稻浪翻滚遍地黄"车牌

1993 年，印第安纳州车牌上的宣传语让位给"稻浪翻滚遍地黄"（Amber Waves of Grain），如图 3-116 所示。这一宣传语源自美国一首脍炙人口的歌曲《美丽的美利坚》（*America the Beautiful*），描绘稻子成熟时风吹稻浪起伏的场景，这里用来向农民致敬。车牌上的红色天空渐变为黄色，底部则是乡村天际线。

　　1998 年，印第安纳州发行新款车牌，宣传语改为该州的官方格言"美国的十字路口"，以此展现自 20 世纪以来该州在美国公路交通上的重要地位，如图 3-117 所示。当然，自称是美国十字路口的，还有美国中西部很多城市，如该州州府印第安纳波利斯和俄亥俄州的范达利亚；有的做适当变体，自称国家的十字路口（Crossroads of the Nation），如该州的舍维尔和密苏里州的温兹维尔等地。

图 3-117　1998 年款印第安纳州"美国的十字路口"车牌

　　2003 年，印第安纳州再次推出新车牌，车牌上的宣传内容照例更改。此次与时俱进，拥抱网络，将该州政府官方网站网址印制在车牌上，如图 3-118 所示。

图 3-118　2003 年款印第安纳州车牌

　　需要说明的是，从 1963 年到 2008 年 10 月，印第安纳州车牌上的县代码由原来的 2 个英文字母改为 1～99 的数字代码，车牌编号采用"1 位或 2 位数字县代码加不超过 4 位的数字"；当数字编号"9999"用完时，通常采用在县代码后增加字母来增加编号资源的方式解决。例如，编号"48 9999"（48 为麦迪逊县代码）后的编号接着是"48 A 1"，直到"48 A 9999"；再接着是"48 B 1"到"48 B 9999"，以此类推。对增加的字母，使用比数字更小的字体。

　　2008 年 10 月，印第安纳州推出了两款标准乘用车车牌，如图 3-119 所示。其中一款车牌以蓝色为底色，左侧加上州旗上的火炬 19 星图案，无宣传语。另一款车牌首次使用美国国家格言"我们信任上帝"作为宣传语。

图 3-119　2008 年款印第安纳州车牌（左：无宣传语；右：有宣传语）

2013—2016 年，印第安纳州发行建州 200 周年纪念车牌，如图 3-120 所示。车牌背景从上部到下部由白色渐变至金色，左侧有本州地图与 19 颗星组成的椭圆及数字 200 叠加的图案，下侧金色条纹上有 "200 周年 1816—2016"（Bicentennial 1816-2016）字样。左下角首次印制可回收标志，符合当今绿色环保的发展趋势。

2017 年，印第安纳州发行的新款车牌上未使用宣传语，车牌下部中央印制美国典型的廊桥图案，如图 3-121 所示。为什么车牌上出现了廊桥？原来，从 1820 年到 1920 年，印第安纳州建造了大约 500 座廊桥，并以其中 98 座历史悠久的木制廊桥闻名，该款车牌是为了纪念这些标志性建筑。

图 3-120　2013 年款印第安纳州建州 200 周年纪念车牌

图 3-121　2017 年款印第安纳州车牌发行至今

回顾印第安纳州车牌，设计样式丰富，不拘一格，车牌上的宣传语更换颇为频繁，内容涵盖安全驾驶、人物与事项纪念和本州自我推广等许多方面，也无定式。除了上面介绍的标准乘用车车牌，该州还发行可选车牌和特别车牌近百种，内容复杂，在此不再一一介绍。

3.15　艾奥瓦（Iowa）
玉米之州

艾奥瓦州的州名最初出自苏族语中的词汇 "Ayuhwa"，意思为 "懒人"，是苏族对一个位于现在艾奥瓦州境内的邻近部落的蔑称。后来，法国人将 "Ayuhwa" 转写为 "Iowa"。

1904 年，艾奥瓦州成为美国密西西比河以西第一个要求车主注册登记车辆的州。经过注册登记的车辆，由州务卿办公室发放一个圆形的金属注册章，如图 3-122 所示。

图 3-122　早期艾奥瓦州州务卿办公室发放的金属注册章

艾奥瓦州早期车牌需由车主自行制作并悬挂，牌号为金属注册章上的编号。艾奥瓦州最流行的做法如同其他州一样，将金属牌号铆在皮革上，再将皮革包裹在一块金属薄板上，附上挂绳，从而成为车牌，如图 3-123 所示。对于车主自行制作的车牌，艾奥瓦州要求将州名的缩写"IA"显示在车牌上。

图 3-123　1904 年艾奥瓦州车主自制车牌（中间的圆形为金属注册章）

1911 年，艾奥瓦州开始统一制作发行车牌，如图 3-124 所示。第一款车牌采用白色字符、深蓝色背景，右侧为州名缩写"IA"和发行年份上下布置。此后，直到 1929 年，除字符和背景颜色有调整外，该州车牌整体布局及式样几乎没有变动。

图 3-124　1911 年艾奥瓦州发行的第一款车牌

1930年，艾奥瓦州发行的车牌式样略有变动，将右侧的州名与发行年份调整到车牌下侧，如图3-125所示。此后，直到1952年，除州名及发行年份在车牌上下两侧来回切换位置外，该州车牌式样基本保持不变，车牌上的牌号、州名和发行年份三要素从未改变。

图3-125　1930年艾奥瓦州车牌

1953年，艾奥瓦州车牌上首次使用宣传语"玉米之州"（The Corn State），如图3-126所示。有趣的是，车牌选用该州非官方别称"玉米之州"，而不是官方别称"鹰眼州"（The Hawkeye State）。该州是美国最著名的农业生产州之一，玉米产量常年位居美国各州第一位，素有"美国粮仓"之称，"玉米之州"的别称算是名副其实。该款车牌使用至1955年，车牌上的宣传语"玉米之州"也就展示了3年。除了宣传语"玉米之州"，直到今日，该州车牌上再未使用过其他宣传语，在美国各州中是较为少见的。

图3-126　1953年艾奥瓦州"玉米之州"车牌

自1922年开始，艾奥瓦州在车牌编号上引入县代码（一位或两位阿拉伯数字），按属地原则将代码数字置于牌号前面，一般将其用点或分隔符与后续编号分开；直到1957年，代码与后续编号大小与字体都保持统一。1958年，县代码字体变小，代码为两位的，改为垂直上下布置，此式样一直到1978年，基本保持不变，如图3-127所示。

图3-127　1958年艾奥瓦州车牌

1979 年，艾奥瓦州车牌放弃县代码，改为直接使用县的名称，如图 3-128 所示。州名与发行县名分别在车牌上下居中印制，发行年份后两位位于车牌右上角。除背景色有变化外，该款车牌式样一直保持到 1996 年。

图 3-128　1979 年艾奥瓦州车牌

　　1997 年，艾奥瓦州发行了真正的彩色车牌，如图 3-129 所示。车牌上部为淡蓝色的天空，往下依次是白色的城市天际线和包括谷仓、农房等在内的灰色农场景色；州名为蓝色，顶部居中；下面是车牌所在县的名称。此后，直到 2018 年 4 月，该州车牌的式样总体保持不变，只有牌号从凸纹印制改为平面印制等细微变化。

图 3-129　1997 年艾奥瓦州彩色车牌

　　2017 年，艾奥瓦州推出新的车牌设计，由公众在 8 月举行的艾奥瓦州博览会及其官网上公开投票选择，最终得票多者胜出，作为次年发行的新款车牌的设计方案。第一个设计方案主题为"大开阔"（The Great Wide Open），上侧为墨绿色条纹，下侧以开阔的绿色土地为背景；第二个设计方案主题为"放飞我们的色彩"（Flying Our Colors），吸收该州州旗元素，主色采用红蓝白三色，在车牌中央设计鹰形图案，右下角加入建州年份 1846；第三个设计方案主题为"城市与县重启"（City and County Reboot），吸收了 1997 年发行车牌的城市天际线与农房谷仓等农场图案，在下侧加入草地元素。最终，第三个设计方案拔得头筹，成为 2018 年 4 月推出的新款车牌的设计方案，使用至今，如图 3-130 所示。

图 3-130　艾奥瓦州三个车牌设计方案（左）与 2018 年新款车牌（右）

3.16 堪萨斯（Kansas）
小麦之州

堪萨斯州的州名和阿肯色州的州名同源。堪萨斯州和阿肯色州相对于苏族人生活的区域，都位于南方。

图 3-131　1911 年堪萨斯州沃克尼发行的车牌

堪萨斯州是美国中西部的一州，位于美国本土正中心，是美国首个赋予非裔美国人选举权的州。早在 1904 年，堪萨斯州就有县市开始注册登记车辆。有的县市发行搪瓷车牌，有的县市要求车主自行制作车牌。图 3-131 为 1911 年堪萨斯州沃克尼发行的车牌。

堪萨斯州首次统一发行车牌是在 1913 年。该款车牌采用黑字白底设计，州名缩写"KAN"位于车牌右侧，三个字母从左至右呈阶梯状向下排列，如图 3-132 所示。此后，直到 1920 年，除"KAN"的位置与字符及背景颜色有变化外，车牌上的信息一直为牌号与州名缩写两项内容，整体式样变化不大。

1921 年，堪萨斯州首次在车牌上标注发行年份；1929 年，第一次使用州名全称；1930 年，首次使用统一编制的数字县代码，如图 3-133 所示。

图 3-132　1913 年堪萨斯州统一发行的第一款车牌

图 3-133　1930 年堪萨斯州车牌（"55"为米切尔县代码）

1942 年，堪萨斯州首次发行印有向日葵花图案的车牌，如图 3-134 所示。车牌为白字绿底，左下角与右下角各有一朵盛开的金黄色向日葵花。向日葵 3000 多年前就被当地美洲原住民当作食物，经过多个世纪的培育进化，葵花子的含油量更高，更有经济价值。而且，该州广泛种植向日葵，向日葵品种多样，生产量大。同时，向日葵还是一种文化象征，代表信仰、健康、幸福与好运等。因此，向日葵花在 1903 年被指定为堪萨斯州州花，该州官方别称也定为"向日葵州"（Sunflower State），州旗上也绘制了一朵鲜艳的向日葵花。

图 3-134　1942 年堪萨斯州向日葵花车牌

带有向日葵花的车牌仅发行了两年，而且并未使用"向日葵州"作为宣传语。直到 1949 年，该州车牌上才第一次出现宣传语——非官方别称"小麦之州"（The Wheat State），如图 3-135 所示。堪萨斯州是美国重要的农牧业州之一，素有"美国粮仓"之称，小麦、高粱、牧草、牛肉及猪肉等产量在各州中排名靠前，平均每位州民有牛 3 头；小麦产量更是常年位居各州之冠，"小麦之州"的称谓也算名副其实，合情合理。堪萨斯州车牌上的宣传语"小麦之州"一直使用至 1959 年，其间从 1951 年开始将车牌上的县代码从两位数字改为两个英文字母。

图 3-135　1949 年堪萨斯州"小麦之州"车牌

1960—1961 年，为纪念建州 100 周年，堪萨斯州车牌上的宣传语改为"百年纪念 1961"（Centennial 1961），连续发行两年，如图 3-136 所示。有趣的是，车牌的白色背景完全是该州地图的形状，右上角白色与蓝色不规则界线，恰好是该州与密苏里州的分界线——密苏里河，除此段边界之外，该州边界线几乎构成一个完整的长方形。

1962—1964 年，堪萨斯州车牌上未使用宣传语。1965 年，该州车牌上开始使用"美国中路"（Midway USA）这一宣传语（如图 3-137 所示），因为该州地处美国本土地理中心，到代表东海岸的纽约和代表西海岸的旧金山距离持平，南北向也处于地理中位。该宣传语使用至 1970 年。之后数年，该州车牌上未印制宣传语。

图 3-136　1960 年堪萨斯州建州百年纪念车牌

图 3-137　1965 年堪萨斯州"美国中路"车牌

1974 年，为纪念一种叫"火鸡红"（Turkey Red）的小麦品种在该州种植 100 周年，堪萨斯州举行了盛大的"小麦百年"（Wheat Centennial）庆祝活动。19 世纪 70 年代，这种小麦品种伴随德裔俄罗斯人来到当地，特别适合该州气候与土质，具有抗病能力强、产量高和蛋白质含量高等优点。该州小麦产量常年居美国各州第一位，与此不无关系。因此，在当年发行的三款车牌和次年发行的两款车牌中，各有一款印制了宣传语"小麦百年"，如图 3-138 所示。

　　1976 年，堪萨斯州开始发行多年期车牌，自此以后的车牌再未印制宣传语。小麦图案则在多数发行的车牌中使用。1980 年发行的第二款多年期车牌，白字蓝底，左侧三株麦穗图案和上侧中央州名采用金黄色，如图 3-139 所示。该款车牌整体简洁美观，主题鲜明，被美国车牌收藏家协会评选为当年最佳车牌。但是，因为可读性不够好，该款车牌到 1981 年就停止发行了。

图 3-138　1974 年堪萨斯州"小麦百年"车牌　　　　图 3-139　1980 年款堪萨斯州车牌

　　2018 年，堪萨斯州发行了至今仍在发行和使用的新款车牌，如图 3-140 所示。该款车牌采用黑字，整体为浅蓝色背景，堪萨斯州州徽上半部位于车牌右下方，车牌上的浮雕字符转变为平面印制字符。州徽上包括该州格言"Ad astra per aspera"（拉丁语，意为"循此苦旅，以达天际"；直译为"通过苦难，你可以摘到星星"）。

图 3-140　2018 年款堪萨斯州车牌至今仍在发行和使用

3.17 肯塔基（Kentucky）
蓝草之州

  肯塔基州的州名来自易诺奎语"Kentake"一词，意思是"鲜血染红的土地"。该州位于阿巴拉契亚山西侧，扼守南北要道，曾经是美洲各大原住民部落之间反复争夺之地，发生过不少恶战，因此得名。

  1904年，肯塔基州出台法令，准许机动车辆行驶，但明确不能惊吓路上的马匹。之后，该州陆续有部分县市——主要为该州北部俄亥俄河沿岸城市——开始发行车牌。图3-141为1909年肯塔基州路易斯维尔市发行的车牌。图3-142为1909年肯塔基州卡温顿县发行的车牌。

图3-141　1909年肯塔基州路易斯维尔市发行的车牌

图3-142　1909年肯塔基州卡温顿县发行的车牌

  1910年，肯塔基州首次在全州范围内统一发行车牌。第一款车牌白字黑底，左侧大部分为牌号，右侧为州名缩写"KY"垂直布置，"KY"下为圆圈包含字母"B"的图案，搪瓷材质，如图3-143所示。字母"B"代表1910年6月至次年6月发行的车牌；1911年6月至次年6月，右下角圆圈内字母变换为"L"，往后两年依次为字母"M"和"G"。

  1914年下半年，肯塔基州车牌上不再在车牌右下角使用字母表示发行时段，改为直接使用年份，如图3-144所示。车牌整体仍采用白字黑底样式，只是右侧

图3-143　悬挂1910年款肯塔基州车牌的车辆

图3-144　1914年下半年肯塔基州车牌

的字母"KY"改为横向排列，发行年份位于字母下侧。直到1924年，该州车牌除字符和背景色有调整外，整体样式未有变化。1925—1926年，该州全称与发行年份呈一行小字位于车牌底部。

图 3-145　1927年肯塔基州车牌

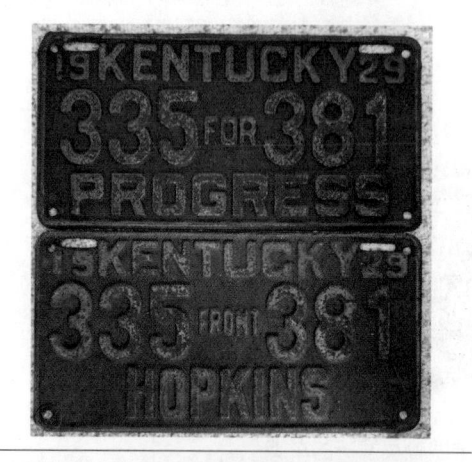

图 3-146　1929年肯塔基州"前进"车牌
（原色彩退化；上图为后车牌，下图为前车牌）

1927年，肯塔基州发行的车牌式样有了较大的调整，也具有一定的开创性，如图3-145所示。车牌为白字蓝底，车牌外围印制白色框线，中间一横两竖的较细白线将车牌分为四个部分，上部细长部分有州名缩写"KY"、发行县县名及发行年份后两位"27"，下部三个小框供布置5位以内的阿拉伯数字编号。该款车牌是美国第一块由州统一发行的带有发行县名的乘用车车牌。1928年，肯塔基州发行的车牌布局基本未变，只是将"KY"及发行年份缩写位于下部中间小框。

1929年，肯塔基州发行的车牌式样又有较大的调整，并首次使用宣传语"前进"（For Progress），如图3-146所示。车牌白字蓝底，上面的内容从上到下可分为三行，但前后车牌内容不完全相同。前车牌上面一行由州名全称将发行年份4个数字从中间分开，中间一行由代表前车牌的"前"（Front）将牌号从中间分开，下面一行为属地县名。后车牌与前车牌整体式样保持一致，但使用宣传语中的两个单词依次替代中间一行"前"和下面一行的属地县名。后车牌上的宣传语"前进"使用至次年，前后车牌不一致保持到1932年。从整体上看，肯塔基州这几年发行的车牌内容密集，不甚简洁，车牌编号的主体地位受到一定影响。之后发行的车牌，车牌上的编号与地名、发行年份及宣传语等非核心内容的字体差距明显加大，可读性更强。

1951年，肯塔基州发行的车牌第二次使用宣传语，宣传语为"游览肯塔基"（Tour Kentucky），如图3-147所示。该宣传语一直使用至1957年。此后，直到1988年，该州发行的车牌整体布局基本保持一致，主要变化就是将"游览肯塔基"改为"肯塔基"，保持了车牌编号、州名、县名与发行年份四要素。

1988年，肯塔基州发行了第一款带有图案的彩色车牌，如图3-148所示。该款车牌为白底，蓝色字符及图案，上侧中间为州名，紧接着往下为一条蓝色色带，蓝色色带中央为县名，两端为该州最著名的丘吉尔·唐斯赛马场的两个标志性尖顶，编号中间为一匹浅蓝色母马和一匹小马驹重叠的图案，最下面的一行是新宣传语"蓝草之州"（Bluegrass State）。

图 3-147　1951 年肯塔基州"游览肯塔基"车牌

图 3-148　1988 款年肯塔基州"蓝草之州"车牌

车牌上的母马和小马驹图案是根据著名摄影师彼得·托曼拍摄的照片《马的灵魂》(The Soul of a Horse)改编而来的。后来,彼得·托曼声称要以侵犯其版权为由提起诉讼。于是,直到 1997 年,该州不再发行该款车牌。车牌上为什么是马?因为该州有美国最好的纯种马。马匹养殖是该州的一个重要产业。

实际上,蓝草并非真的是蓝色,而是绿色,只是在春季会发出蓝紫色的芽。早期的开拓者发现肯塔基州有丰富的蓝草,后来逐步有商人开始求购来自该州的蓝草种子,"蓝草之州"也就逐渐成了该州的别称。

2003 年 1 月,该州发行了一款全新设计的车牌,如图 3-149 所示。该款车牌从上到下依次有蓝白红渐变的天空和绵延起伏的绿色山峦。车牌中下部有金黄色发光的太阳,太阳采用拟人化设计,加入笑脸。该州州名和县名分别位于车牌上部和下部中央。州名上下两侧有两句小字宣传语:"蓝草之州"(The Bluegrass State)和"如此亲和"(It's that friendly)。该款车牌的设计得到了美国车牌收藏家协会的认可,被评为 2003 年最佳车牌。该款车牌发行至 2005 年 7 月。

图 3-149　2003 年款肯塔基州"蓝草之州""如此亲和"车牌

2005年8月，肯塔基州发行了一款背景由上侧白色向下侧浅蓝色渐变的车牌。车牌中心为该州地图图案，上部为包含州名和宣传语"无拘束精神"（Unbridled Spirit）的州旅游徽标，宣传语小字"蓝草之州"位于徽标左上方。"无拘束精神"在州名的右上方以一匹奔马的头和鬃毛流动的方式加以强调。根据肯塔基州旅游网站的说法，"无拘束精神"旨在传达"肯塔基是可以让精神自由与升华之地，让梦想实现之地"。此后，直到2020年9月，肯塔基州推出几款有微小调整的车牌，如其中一款在徽标与牌号之间加入宣传语"我们信任上帝"，但整体式样未有大的变动，如图3-150所示。

图3-150　2005年8月款肯塔基州"无拘束精神"车牌（左）和"我们信任上帝"车牌（右）

2020年9月，肯塔基州发行的新款车牌将肯塔基州地图图案调整至车牌左侧，背景从上到下从白色渐变为浅蓝色。牌号使用深蓝色，牌号上面为州名全称，最上面为小字宣传语"蓝草之州"，右上角印有条形码，下侧中部为县名，如图3-151所示。同期发行的另一款车牌，只是在州名与牌号之间增加了宣传语"我们信任上帝"。两款车牌至今仍在持续发行中。

图3-151　2020年9月肯塔基州发行的"蓝草之州"车牌

3.18　路易斯安那（Louisiana）
户外爱好者天堂

1681年，为了纪念国王路易十四，法国将北美的大片法国殖民地命名为"路易斯安那"，法语意思是"路易的土地"。后来，路易斯安那被拿破仑卖给美国，之后分裂成多个州，其中最南部的州沿用路易斯安那的名称。

1915 年，路易斯安那州统一管理发行车牌。在此之前，部分下辖城市和堂区（相当于县市）已经开始发行车牌，包括亚历山德里亚、门罗、新奥尔良与圣约翰堂区等地。1911 年，亚历山德里亚和门罗最先发行搪瓷车牌，次年新奥尔良等地也开始发行搪瓷车牌。图 3-152 为悬挂 1913 年车牌的新奥尔良汽车。

图 3-152　悬挂 1913 年车牌的新奥尔良汽车

1915 年，路易斯安那州首次统一发行车牌。该款车牌白字，背景为深蓝色，左右两侧分别是垂直布置的州名缩写"LA"和发行年份"1915"，如图 3-153 所示。此后，直到 1928 年，该州车牌一直保持牌号、州名缩写和发行年份三项内容，只是颜色与布局稍有变化。

1929 年，路易斯安那州车牌上首次使用州名全称，首次在车牌上印制前（Front）后（Rear）字样，以区分前后车牌，如图 3-154 所示。

图 3-153　1915 年路易斯安那州发行的第一款车牌　　图 3-154　1929 年路易斯安那州发行的前车牌

1932 年，路易斯安那州将上一年牌号中间的分隔点改为该州州鸟鹈鹕的图案，如图 3-155 所示。车牌上部中央为州名，左右分别为垂直排列的"前"（Front）或"后"（Rear）及发行年份，设计简洁，颇具对称美。

图 3-155　1932 年路易斯安那州发行的带有鹈鹕图案的后车牌

为什么车牌上会出现鹈鹕？这是因为鹈鹕与该州渊源甚广。1812 年，美国以原奥尔良领地为主体建立了路易斯安那州，州长将原领地官方印章中的图案鹰改为鹈鹕。据说，该州天主教占主流，而天主教认为鹈鹕会在饥荒时从自己胸前撕肉啄血喂养后代，因此被当作自我牺牲与奉献的象征。该州在印章上使用鹈鹕啄血养育幼鸟的图案，正是宣扬这一精神。另外，该州地处密西西比河入海口与墨西哥湾沿岸，鹈鹕分布十分广泛。但是，需要留意的是，该州印章上的鹈鹕是白鹈鹕，而该州州鸟是 1966 年指定的棕鹈鹕。

该州车牌牌号中间的鹈鹕图案连续使用至 1963 年；此后，1989 年、2005 年等年份断断续续推出印制有鹈鹕的车牌。车牌上的鹈鹕形态各有不同，有时低头向下，有时仰天歌唱，颇为生动。尽管鹈鹕是该州车牌上使用最多的图案，但该州官方昵称"鹈鹕之州"（Pelican State）从未在车牌上出现过。

1954 年，路易斯安那州车牌上第一次使用宣传语——"路易斯安那甜薯"（Louisiana-Yams），如图 3-156 所示。该宣传语很可能是受"爱达荷土豆"的启发，用来宣传本州盛产的甜薯。现在，该州仍然是美国甜薯种植大州，产量超过全美产量 1/5。不过，这条宣传语在车牌上只使用了一年。

1958 年，路易斯安那州发行的车牌上使用了新的宣传语，即该州另一别称"户外爱好者天堂"（Sportsmen's Paradise），如图 3-157 所示。从地理位置看，路易斯安那州地处密西西比河入海口，濒临墨西哥湾，具有多样的自然环境与丰富的动植物资源，能够进行海钓、冲浪、潜水、划船、狩猎、赛马、骑行、徒步、观鸟及露营等各式各样的户外活动，每年还举行世界级的钓鱼竞技活动，"户外爱好者天堂"也算名副其实。此后，除几个特别时段短暂使用其他宣传语外，宣传语"户外爱好者天堂"一直出现在车牌上。

图 3-156　1954 年路易斯安那州"路易斯安那甜薯"车牌

图 3-157　1958 年路易斯安那州"户外爱好者天堂"车牌

1960 年，为纪念路易斯安那州立大学建立 100 周年，该州发行了金字紫底车牌，如图 3-158 所示。为什么选择金色和紫色？路易斯安那州立大学是该州最大的公立大学，而金色和紫色是该校两种校方色。车牌上的宣传语改为"路易斯安那州立大学百年纪念"（LSU Centennial）。

图 3-158　1960 年路易斯安那州立大学百年纪念车牌

1974—1977 年，路易斯安那州车牌上的宣传语短暂使用"河口之州"（Bayou State），如图 3-159 所示。美国最长的河流密西西比河从该州流入墨西哥湾，"河口之州"因此成为该州另一个别称。

图 3-159　1974 年路易斯安那州"河口之州"车牌

1983—1984 年，为纪念新奥尔良在 1984 年举办世界博览会，路易斯安那州发行蓝字白底车牌，如图 3-160 所示。世界博览会徽标位于车牌左下方，宣传语"世界博览会"（World's Fair）位于下部中央，右侧为年度检验贴纸粘贴处。

图 3-160　1984 年路易斯安那州"世界博览会"样本车牌

2002年1月至2004年7月，路易斯安那州发行的车牌以上一款车牌（1993年12月发行）为基础，纪念路易斯安那购地案200周年，如图3-161所示。牌号中央加入包含美国本土地图的指南针图案，并将原来下部中央的宣传语改为两行，即"路易斯安那购地案"（Louisiana Purchase）和"200周年纪念"（Bicentennial 1803-2003）。

图 3-161　2002年款年路易斯安那购地案200周年纪念车牌

2011—2012年，为纪念建州200周年，路易斯安那州发行全新车牌，如图3-162所示。车牌整体为黑字白底，带有黑色框线，中下部有浅绿色草背景，左侧有白色鹈鹕图案位于绿色州地图之中；上侧中央为红色手写体州名；下侧中央印有"200周年"（200 Years）字样，左右各有红色旗幅，分别写有建州年份"1812"和纪念年份"2012"。

图 3-162　2011年款路易斯安那州建州200周年纪念车牌

2014—2015年，路易斯安那州发行新车牌，以纪念新奥尔良之战200周年，如图3-163所示。新奥尔良之战是美国第二次独立战争最后一场重要战役，是美军以劣势兵力大胜英军的典范，当时的前线指挥官即日后成为美国第七任总统的陆军少将安德鲁·杰克逊。车牌上除了有新奥尔良之战和200周年纪念等内容，还印有指挥官在战场驭马的图案。同时，该款车牌第一次将该州官方旅游网站网址印制在车牌上。

图 3-163　2014年款路易斯安那州车牌

自 2016 年至今，路易斯安那州重新使用 2005 年款车牌。该款车牌从上到下采用白色、淡黄色与粉红色渐变，有黑色框线，中心的鹈鹕图案将牌号分隔，上侧中央为红色手写体州名，宣传语还是"户外爱好者天堂"。有趣的是，现在宣传语中的户外爱好者使用单数形式（即"Sportsmen"变为"Sportsman"），如图 3-164 所示。车牌中心突出的鹈鹕，既指州鸟，也指该地区具有丰富的捕鱼和狩猎资源。

图 3-164　2016 年款路易斯安那州车牌

3.19　缅因（Maine）度假胜地

法国殖民者来到北美之后，将缅因州所在地以法国故土地名命名。

1905 年，缅因州开始要求车主为车辆注册并悬挂车牌。根据当时缅因州的法律规定，车主必须向州务卿付款 2 美元，作为注册登记费；注册登记后，州政府发放一副搪瓷车牌。

缅因州第一款车牌白字红底，州名"缅因"（Maine）位于下侧中央（如图 3-165 所示），发行至 1911 年，累计发行 10032 副。此后，1912 年和 1913 年，该州分别发行黑字黄底款和黄字黑底款车牌。

缅因州早期发行的车牌并未标注发行或有效日期，因为管理部门原本打算车牌有效期与车辆使用周期一样。由于该州地处美国东北部，冰雪

图 3-165　1905 年款缅因州车牌
（此牌 1907 年发行）

天气多，路盐使用频繁，车牌易锈蚀，外加其他原因，该州自 1914 年起开始在车牌上标注发行年份，车牌为白字蓝底，如图 3-166 所示。此后，直到 1935 年，该州车牌除字体及背景颜色有改变外，始终印制牌号、州名与发行年份三项内容。

1936 年，缅因州发行的车牌上首次使用宣传语"度假胜地"（Vacationland），如图 3-167 所示。宣传语"度假胜地"在车牌上一经出现，便不再缺席，一直使用至今，这在美国各州中是绝无仅有的。缅因州自称度假胜地，有两个原因：一方面是其具有独特的自然环境，从原始

的荒野到茂密的松林,再到绵延的海岸线与清澈的河海溪湖,美不胜收;另一方面,丰富的历史地标、深厚的人文底蕴,加上滑雪、帆船和漂流等户外活动,还有知名的购物区和美食小镇等,都为度假胜地添砖加瓦。多年来,每年到该州旅游的人数超过本州人口10倍甚至更多。此后,直到1987年6月,该州车牌一直都保持字符与背景各为一色的车牌式样,简约实用,可读性强。

图 3-166　1914 年缅因州车牌　　　　图 3-167　1936 年缅因州"度假胜地"车牌

　　1987年7月,缅因州发行的车牌有了较大变化,车牌上首次印制龙虾图案,如图3-168所示。该款车牌采用红白蓝三色设计,州名、龙虾图案与宣传语使用红色,牌号与外框线使用蓝色,背景为白色。车牌上为什么要印制龙虾图案?缅因州位于广阔的东海岸,没有污染,多岩石和寒冷的海水,种种特殊的地理条件造就了龙虾生长的优良环境。同时,缅因州龙虾生长缓慢,肥美多汁,真是人间美味。根据美国国家海洋与大气总署发布的报告,2017年全美捕捞的龙虾超过八成来自缅因州,该州在美国龙虾产业的地位可见一斑。

　　1999年7月,缅因州推出全新设计的车牌,如图3-169所示。该款车牌整体黑字白底,黑色外框线,车牌左侧图案为黑头山雀栖于结有松果的松枝上。黑头山雀是该州的州鸟,而松树(东部白松)则是该州的州树,该州官方别称为"松树之州"(The Pine Tree State);车牌下侧为绿色的松树森林轮廓图案;州名与宣传语"度假胜地"分别位于车牌上下两侧中央。该款车牌至今仍在发行和使用。

图 3-168　1987 年款缅因州龙虾图案车牌　图 3-169　1999 年款缅因州车牌至今仍在发行和使用

总体来看，缅因州的车牌一贯简约实用，可读性强，始终坚守车牌便于识别和便于管理的根本特征。

3.20 马里兰（Maryland）
1812年战争

马里兰州以英国国王查理一世的妻子马里（Maria）[①] 王后命名，意思是"马里的土地"。

1904年，马里兰州开始要求本州车主为车辆注册登记，悬挂车牌，车牌则由车主自己提供。两年后，该州修订法律，明确要求车主提供的车牌必须为白字黑底；任何从其他州及哥伦比亚特区进入本州的车辆，也必须悬挂车牌。图3-170为马里兰州以州名缩写"MD"结尾的车牌（1909年以前）。

1910年，马里兰州开始统一发行车牌。该州第一款统一发行的车牌采用黑字黄底设计，州名缩写"MD"两个字母垂直位于水平发行年份"1910"上面，共同位于车牌右侧，如图3-171所示。此后，直到1921年，该州车牌除字符与背景颜色有变化外，整体式样无重大变化。图3-172为悬挂1914年马里兰州车牌的车辆。

图3-170 马里兰州以州名缩写"MD"结尾的车牌（1909年以前）

图3-171 1910年马里兰州发行的第一款车牌　　图3-172 悬挂1914年马里兰州车牌的车辆

1922年，马里兰州在车牌上首次使用马里兰州全称，如图3-173所示。该款车牌白字黑底，四周有白色框线。州名全称及发行年份成一行，列于车牌上侧，牌号中间使用点做分隔符隔开。

[①] 马里即"玛丽"。

此后，直到 1933 年，州名全称与发行年份，双数年份在上侧，单数年份在下侧，除车牌配色外，其他均未改变。

图 3-173　1922 年首次使用马里兰州全称的车牌

1934 年，马里兰州车牌上第一次使用宣传语"300 周年纪念"（Tercentenary），如图 3-174 所示。在州名的左右，分别印制年份"1634"和"1934"。1634 年，英国第一批移民在该州圣玛丽县定居，车牌上的宣传语即为纪念这一重要历史事件。

图 3-174　1934 年马里兰州"300 周年纪念"车牌

1938 年，马里兰州发行的车牌首次注明车牌到期日期。该款车牌白字绿底，白色外框线，上侧为州名全称加上到期（Expire）日期——EX-3-31-39，即 1939 年 3 月 31 日车牌到期，如图 3-175 所示。实际上，从 1936 年发行的车牌开始，该州就将车牌到期日期定为每年 3 月 31 日。

图 3-175　1938 年马里兰州车牌

1941 年，马里兰州车牌开始使用宣传语"谨慎驾驶"（Drive Carefully），如图 3-176 所示。此后，受第二次世界大战金属使用限制的影响，该州直到 1944 年并未发行新车牌，而是每年将金属验证标签铆在车牌右上角原来的年份处，表示车辆注册登记有效期。

图 3-176　1942 年马里兰州 "谨慎驾驶" 车牌

1954—1956 年，马里兰州发行的车牌，先后采用 "◆" " : " 作为牌号分隔符，突破了通常用空格、点或短线分隔的传统，具有一定的开创性。图 3-177 为 1956 年马里兰州发行的带分隔符的车牌。此后，该州车牌断断续续使用上述分隔符。现在，美国不少州的车主自订车牌时，可选用菱形与心形等图案装点车牌。

图 3-177　1956 年马里兰州发行的带分隔符的车牌

1986 年，马里兰州首次发行带有图案的标准乘用车车牌，如图 3-178 所示。该款车牌以 1983 年发行的纪念英国第一批移民到该州定居 350 周年车牌为基础，去掉原纪念车牌下侧 "350 周年纪念"（350th Aniversary）和上侧左右 "1634" 与 "1984" 两个年份字符。上侧左右两角用于粘贴年与月两张验证贴纸。车牌中央的盾形图案，以该州州旗为基础设计。该款车牌自 2005 年 2 月起，开始在下侧加上州政府官方网站网址，一直发行至 2010 年 6 月。

图 3-178　1986 年款马里兰州车牌

为纪念 1812 年美国第二次独立战争（也称 "1812 年战争"）和美国国歌歌词撰写 200 周年，马里兰州从 2010 年 6 月开始发行全新纪念车牌。该款车牌采用红白蓝三色，左侧为美国国旗和麦克亨利堡，上侧有州名与 "1812 年战争"（War of 1812）字样，下面的蓝色色带中印有纪念美国国歌《星条旗》歌词撰写 200 周年的网站网址，如图 3-179 所示。

图 3-179　2010 年款马里兰州"1812 年战争"纪念车牌

　　麦克亨利堡位于美国马里兰州巴尔的摩，因在美国第二次独立战争中发挥重大作用而闻名。1814 年 8 月，英军攻占美国首都华盛顿并烧毁白宫，美国总统麦迪逊匆忙逃往弗吉尼亚。9 月，英国海军从切萨皮克湾袭击巴尔的摩港，美军凭借该堡顽强抵抗，成功防守住巴尔的摩，让英军北上止步于此，极大地提振了美国士气，扭转了战争不利的局面，使美国最终再次获胜。美国律师弗朗西斯·斯科特·基在目睹英军炮击麦克亨利堡后有感而发，作诗《保卫麦克亨利堡》（Defence of Fort McHenry），此诗最终成为美国国歌《星条旗》的歌词。

　　自 2016 年 9 月起，马里兰州发行新款车牌，如图 3-180 所示。该款车牌整体黑字白底，上侧中央为红色州名，下半部背景为州旗图案，牌号首次采用七位编号。该款车牌发行至今。

图 3-180　2016 年款马里兰州车牌发行至今

3.21　马萨诸塞（Massachusetts）
美国精神

　　马萨诸塞州的州名源自阿尔贡金语，意为"大山丘"，原为该州首府及最大城市波士顿附近的丘陵的别称，后用作殖民地和州的名称。

　　马萨诸塞州是第一个由州政府制作发行车牌的州。从 1903 年 9 月 1 日开始，马萨诸塞州开始发行车牌，到年终共发行了 3241 个车牌。这些早期的车牌以薄钢板为基础，覆盖一层珐琅，白字蓝底，牌号由 1 开始依次编号，上侧印制"马萨诸塞州汽车登记"（MASS. Automobile Register）字样。第一个编号为"1"的车牌由弗雷德里克·都铎获得，如图 3-181 所示。目前，他的一位亲属仍然持有有效注册的 1 号车牌。当时车牌的尺寸不是固定的，随着车牌数字变大，变得越来越长。该款车牌一直发行至 1907 年，累计发行至 26207 号。图 3-182 为 1903 年马萨诸塞州搪瓷车牌。

图 3-181　弗雷德里克·都铎手持马萨诸塞州官方正式发行的 1 号车牌

图 3-182　1903 年马萨诸塞州搪瓷车牌

实际上，早在 1892 年，马萨诸塞州的机动车登记管理理念就已开始形成。当时，该州立法机构通过法案，要求成立专门调查委员会，报告本州道路使用情况。专门调查委员会最终得出报告称，90% 以上的道路状况不佳，如果车辆持续增加和不受监管，交通状况将进一步恶化。本次调查随后推动了马萨诸塞州公路委员会的成立。该州车辆登记与挂牌制度也由此逐渐发展完善。

1908 年，马萨诸塞州发行新款车牌，如图 3-183 所示。该车牌蓝字白底，该州简称"MASS"和发行年份分别垂直印制于车牌左右两侧，这也是该州第一次将发行年份标注在车牌上。

伴随冲压技术的发展，1920 年，马萨诸塞州开始使用凸纹印制技术制作车牌，如图 3-184 所示。该款车牌采用深蓝色字体，背景为白色，州简称及发行年份位于车牌下部中央。也是在这一年，查尔斯顿州立监狱开始负责制造该州车牌。周边的新罕布什尔州、缅因州和罗得岛州等州不能制作足够的车牌时，也由该州制作车牌。

1923 年，马萨诸塞州第一任专门的车牌登记官弗兰克·古德温要求对车牌进行照明。车辆

图 3-183　1908 年马萨诸塞州车牌

图 3-184　1920 年马萨诸塞州车牌

美国车牌

127

必须安装一盏相当于两支蜡烛的后牌车灯，车牌内容需要在 60 英尺（约 18 米）远处可以识别。

1928 年，这是马萨诸塞州车牌设计创新失败的一年。当时，该州发行新款车牌，新的车牌设计有开创性的内容——鳕鱼。该州一向以盛产鲜嫩可口的鳕鱼而闻名，车辆登记部门选择在车牌上放置鳕鱼图案符合逻辑。在车牌下侧，从左至右依次是发行年份"1928"、鳕鱼图案和州名简称"MASS"，如图 3-185 所示。当年，爱达荷州车牌上首次出现土豆图案和"爱达荷土豆"字样，两州车牌设计可谓前无古人，都在为本州卖力宣传。按说马萨诸塞州渔民应该高兴才对，但结果恰好相反。愤怒的渔民根本不开心，并开始抱怨和投诉。其中一个问题是车牌上的鳕鱼看起来更像巨型孔雀鱼。更糟糕的是，鳕鱼头与州名方向相反，有人认为这预示鳕鱼正在离开马萨诸塞州。这种话现在听起来让人觉得荒诞，但在当时鳕鱼产量已持续多年下降的背景下，车牌设计难免会背锅。

马萨诸塞州车辆登记部门及时补救，在 1929 年设计发行新车牌，新车牌上的鳕鱼图案更像真正的鳕鱼，鳕鱼游向"MASS"，如图 3-186 所示。鳕鱼产量因此会增加吗？当然不会。这个事件让该州车辆登记部门吸取了教训，自 1930 年起干脆让车牌上的鳕鱼彻底消失。

1930—1942 年，该州每年发行的车牌底色在绿色和栗色之间切换。然而，1942 年刚过半，负责制作车牌的监狱栗色油漆用完，不得不以绿色替代栗色制作本年余下的车牌，这导致一副车牌可能每块颜色不同的情形出现。图 3-187 为马萨诸塞州 1942 年发行的不同底色的车牌。

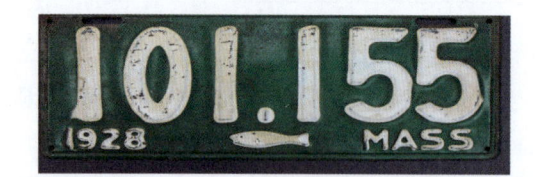

图 3-185　1928 年马萨诸塞州车牌

图 3-186　1929 年马萨诸塞州车牌

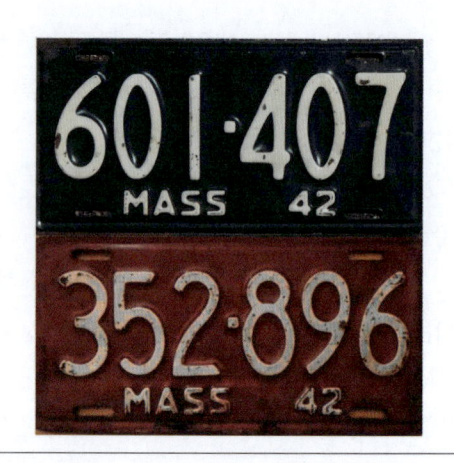

图 3-187　1942 年马萨诸塞州发行的不同底色的车牌

1977 年，马萨诸塞州开始发行绿字白底车牌。该款车牌是该州迄今发行的唯一一款绿字白底车牌，一直发行至 1993 年。该款车牌至今仍可以继续验证使用。

图 3-188 为 1977 年款马萨诸塞州绿字白底车牌。

图 3-188　1977 年款马萨诸塞州绿字白底车牌

1987 年，马萨诸塞州车辆登记部门首次发行印有宣传语"美国精神"（The Spirit of America）的车牌，如图 3-189 所示。这句话是该州格言"马萨诸塞州精神就是美国精神"的删减版。牌号采用红色，上部州名与下部宣传语采用蓝色，车牌底色为白色；红白蓝三色为美国国旗的颜色。该州最初计划在 1989 年前完成所有本州车牌的更新工作，但因资金问题未全部更换旧车牌，道路上至今仍有许多以往发行的绿字白底车牌。1987 年款车牌一直发行和使用至今。

图 3-189　1987 年款马萨诸塞州"美国精神"车牌一直发行至今

马萨诸塞州何以敢称自己代表美国精神呢？简单抽象的词语难以直观概括美国精神究竟是什么。英国清教徒在 1620 年搭乘"五月花号"抵达普利茅斯、1773 年的波士顿倾茶事件、1775 年莱克星顿的枪声开启美国独立战争都在这里发生。这里是美国建国十三州之一，是五位美国总统的故乡；有超过 120 所大学，平均不到 6 万人一所大学，著名的哈佛大学和麻省理工学院坐落于此；哲学家亨利·梭罗与思想家拉尔夫·爱默生在这里诞生和成长……美国精神就在这中间。

除常规乘用车车牌外，马萨诸塞州也发行可选特别车牌和个性化车牌，如宣传本州为"篮球诞生地"（Birthplace of Basketball）的车牌与宣传"投资孩子"（Invest in Children）的车牌，如图 3-190 所示。

图 3-190　马萨诸塞州"篮球诞生地"（左）和"投资孩子"（右）特别车牌

3.22　密歇根（Michigan）
清醇密歇根

密歇根州的州名出自齐佩瓦语"Mica Gams"，意思是"广大的水域"，指的就是北美五大湖。后来，法国殖民者根据读音将其转写为"Michigan"。

　　1903年，密歇根州下辖的底特律市开始发行车牌。底特律市车牌采用皮革做底，牌号用金属制作，牌号下有介绍发行地与制作商的牌子，如图3-191所示。1905年，密歇根州开始要求全州车主必须注册登记车辆，车牌由车主自己提供并悬挂。

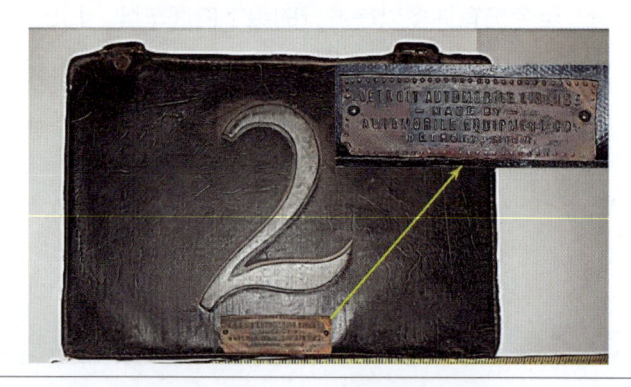

图3-191　1903年底特律市车牌

图3-192　1910年密歇根州车牌

图3-193　1920年密歇根州车牌

　　1910年，密歇根州开始统一制作发行车牌，如图3-192所示。该款车牌黑字白底，外侧有黑色框线，左侧上部印有该州印章图案，中部为州名缩写"MICH"，下部为发行年份"1910"，搪瓷材质。该州印章图案在车牌上出现，是各州在统一发行的车牌中第一次印制图案，颇具开创性，也让车牌赏心悦目。同期，新泽西州和宾夕法尼亚州的车牌上也有图案，只是这些图案实际是将金属登记章铆到车牌上。该州印章图案，在1914年前采用印制方式呈现在车牌上，1915—1919年改为将铝制印章铆在车牌上。

　　1920年，密歇根州新款车牌未再使用该州印章，如图3-193所示。左侧州名缩写"MICH"改为垂直排列，被艺术化处理，位于发行年份"20"（1920年）之上。同时，该州车牌首次使用小方块分隔符将牌号分开，增加了可读性。

　　1938年，密歇根州推出了一年期和半年期两种车牌。两款车牌均为黑字白底，不同在于一年期车牌上只印制年份，而半年期车牌直接列明到期年月日（如"EXP 8-31-38"），如图3-194所示。为什么要发行半年期车牌？从1929年开始持续的大萧条让无数人收入锐减，甚至失业，很多人难以一次性支付一年期的车牌费用，政府试图通过推出收费较一年期车牌更低的半年车牌，来缓解车主的经济压力，也让更多车辆能够继续上路行驶。该州发行半年期车牌的政策一直持续到 1946 年。

1954 年，密歇根州发行的车牌第一次使用宣传语"水上乐园"（Water Wonderland），如图 3-195 所示。"水上乐园"是该州的一个别称，主要因为构成该州的上下两大半岛被北美五大湖的四大湖（安大略湖除外）包围，湖岸线超过 5000 千米，陆上还拥有上万个内陆湖泊，风景秀丽。该宣传语使用至 1964 年。

图 3-194　1938 年密歇根州半年期车牌　　　图 3-195　1954 年密歇根州"水上乐园"车牌

1965 年，密歇根州发行的车牌使用密歇根大学两种校方色——米黄色与蓝色——作为主色，以示对大学的敬意，车牌上宣传语改为"冬季水上乐园"（Water-Winter Wonderland），如图 3-196 所示。同时，为提升车牌质量，该州首次使用镀锌工艺制作车牌。此后，该州也曾使用其他大学校方色发行车牌，如 1970 年使用奥克兰大学的白色和淡金色。宣传语"冬季水上乐园"持续使用至 1967 年。由于该款车牌及宣传语颇受车主和车牌收藏者的喜爱，2021 年该州将其作为可选车牌再度发行，在正常注册费用外另加 5 美元的额外费用。

1968 年，密歇根州车牌上的宣传语改为"大湖之州"（Great Lake State），如图 3-197 所示。如前所述，构成该州的上下半岛毗邻北美五大湖的四大湖，该州西南面的密歇根湖是五大湖中唯一以州名命名的湖，也是唯一的美国内湖。该宣传语一直使用至 2007 年，其间只有 1976—1978 年发行的建国 200 周年纪念车牌例外。

图 3-196　密歇根州 1965 年"冬季水上乐园"车牌　　图 3-197　1968 年密歇根州"大湖之州"车牌

1976—1978 年，密歇根州发行建国 200 周年纪念车牌，如图 3-198 所示。该款车牌使用美国国旗红白蓝三色，左侧蓝色竖条上有 4 颗白色五角星和"76"字样，右侧红色部分下侧有两条飘动的白色条纹，上侧中央为白色州名。车牌设计整体简洁美观，寓意丰富，被美国车牌收藏家协会评为年度最佳车牌。

图 3-198　1976 年密歇根州建国 200 周年纪念车牌

2007 年，密歇根州车牌上的宣传语改为该州政府官方网站网址，以蓝白为主色，如图 3-199 所示。2013 年 4 月，密歇根州发行的新车牌仍然使用蓝白为主色，车牌下部蓝色色带印制经简化的该州官方网站网址，上侧中央使用"清醇密歇根"（Pure Michigan）作为宣传语，如图 3-200 所示。

图 3-199　2007 年密歇根州车牌　　　　图 3-200　2013 年密歇根州"清醇密歇根"车牌

"清醇密歇根"最初是密歇根州在 2008 年发起的一项宣传推广活动，旨在宣传该州是理想的旅行目的地。后来，密歇根州陆续投入大量资金，通过各种媒体途径，试图将该州宣传描绘成适合冒险的质朴之地，以增强吸引力，促进经济发展。因此，"清醇密歇根"在 2013 年作为宣传语出现在车牌之上。该款车牌至今仍在发行和使用。

3.23　明尼苏达（Minnesota）
万湖之地

图 3-201　明尼苏达州 1 号车牌

明尼苏达州的州名出自苏族人的语言。"minne"意思是"水"，"sota"意思是"天蓝色的"，意即"天蓝色的水"。该名原为密西西比河的一条支流的名称。

1903 年，明尼苏达州开始要求车主注册登记车辆，车主可以选择到州或州下辖地方政府登记车辆。早期车牌编号或喷绘于车身，或由车主自己提供并悬挂车牌，所以该州这一时期的车牌与编号很杂乱。图 3-201 为明尼苏达州 1 号车牌（1903 年）。

1908 年，明尼苏达州下辖的明尼阿波利斯与圣保罗等城市开始提供标准化的车牌。例如，明尼阿波利斯提供的车牌，采用一种坚硬的皮革作为底板，将扁平的金属号码铆上去，车牌左右两侧分别为垂直排列的"明尼阿波利斯"缩写"MPLS"与发行年份，如图 3-202 所示。

1909 年，明尼苏达州开始统一发行车牌。该州发行的第一款车牌为银字橙底，中间为车牌编号，左右两侧分别垂直排列州名缩写"MINN"和发行年份"1909"，如图 3-203 所示。

图 3-202　1908 年明尼苏达州明尼阿波利斯车牌　　图 3-203　1909 年明尼苏达州车牌

明尼苏达州在 1912 年发行的车牌颇不寻常。该款车牌黑字银底，左侧延续以往垂直排列的州名缩写"MINN"，变化就在右侧直接压印年份"1912""1913""1914"，且未像其他字符一样使用黑色，如图 3-204 所示。正如压印的年份所示，该款车牌发行至 1914 年。此后，该州每三年发行一款布局相同的车牌，只是颜色有所不同。

1921 年，明尼苏达州发行的车牌首次按车重分级。以 2000 磅（约 907 千克）为分界点，车重小于或等于 2000 磅的，车牌上印制字母 A，大于 2000 磅的则印制字母 B。该州车牌按车重分级，一直持续到 1939 年，除颜色外，车牌式样保持不变。图 3-205 为 1923 年明尼苏达州车牌。

图 3-204　1912 年款明尼苏达州车牌　　图 3-205　1923 年明尼苏达州车牌

1940 年，明尼苏达州发行了两种式样的车牌。两种车牌均为白字黑底，白色外框线。牌号为四位数及以下（1～9999）的，下侧州名使用缩写字母"MINN"，牌号在五位数及以上（大于 10000）的，州名使用全称。这种发行模式一直持续到 1948 年，每年车牌只有颜色变化。图 3-206 为 1940 年明尼苏达州车牌（6 位数编号）。图 3-207 为 1947 年明尼苏达州车牌（4 位数编号）。

图 3-206　1940 年明尼苏达州车牌
（6 位数编号）

图 3-207　1947 年明尼苏达州车牌
（4 位数编号）

　　1949 年，明尼苏达州发行明尼苏达领地建立百年纪念车牌，如图 3-208 所示。明尼苏达州大部分原本属于艾奥瓦地区，后分离出来，于 1849 年 3 月成立领地；后又分离出达科他地区，加入东面的威斯康星部分土地，州领土逐渐定型，在 1858 年 5 月成为美国第 32 个州。该款车牌黑字银底，板面压印威化饼纹，下侧首次使用宣传语"1849—1949 百年纪念"（1849-CENTENNIAL-1949）。威化饼纹在该州车牌上的使用是首次，也是唯一一次。

　　1950 年，明尼苏达州发行的车牌上印制新的宣传语"10000 湖"（10000 Lakes），如图 3-209 所示。根据明尼苏达州自然资源部官网公布的数据，该州拥有面积超 10 英亩（约 4 万平方米，近 6 个足球场大小）的湖泊 11842 个，因此该州别称为"万湖之地"（Land of 10000 Lakes），很贴切，因此有了车牌上的宣传语。这条宣传语一经使用，至今不曾中断，可见该州对其十分认可。另外，明尼苏达州的一句格言也很有趣——我们有一万个湖泊和十万亿只蚊子。

图 3-208　1949 年明尼苏达领地
建立百年纪念车牌

图 3-209　1950 年明尼苏达州
"10000 湖"车牌

　　1954 年，明尼苏达州发行新款车牌，如图 3-210 所示。该款车牌有两个较大的变化：一方面，车牌尺寸统一为 12 英寸 ×6 英寸（约 304.8 毫米 ×152.4 毫米），正好与 1956 年美国、加拿大和墨西哥三国及美国汽车制造商协会等组织制定的车牌标准一致，故应用至今。另一方面，首次将车牌编号首字母与本州国会众议员选区（也称立法区或选举区等）对应，

图 3-210　1954 年款明尼苏达州车牌

字母 A、B、C、E、F、G、H、J 和 K 分别用来对应当时 9 个国会众议员选区。次年，改为使用数字 1～9 作为编号的第一个数字，分别对应相应的众议员选区。牌号第一个数字对应选区的做法一直持续到 1973 年。

1978 年，明尼苏达州发行的车牌在设计上有了大的变化，也为明尼苏达州至今的车牌式样奠定了基础，如图 3-211 所示。车牌上首次印制图画并采用更加多样的色系。背景整体为冰冻湖，近处为冰，远处为水，水面上有一叶乘有两人的独木舟，水的尽头是遍布绿色北方针叶林的陆地剪影图案。车牌上下两侧分别是蓝色的州名全称和宣传语 "10000 湖"。直到今日，该州发行的各款车牌均以此款车牌为基础，未有较大的调整。

需要说明的是，北方针叶林主要是北半球高纬度地区由云杉和冷杉等针叶乔木组成的森林植被类型，是该州的典型植被，因伐木与采矿等遭到破坏，物种脆弱，形势严峻，亟须保护。该州在车牌上印制森林图案，实际上是一种宣传保护环境的手段。

图 3-211　1978 年明尼苏达州车牌

自 1982 年起，明尼苏达州在牌号中间的空白处加入州地图形状块，作为分隔符。

自 1987 年起，明尼苏达州在车牌上侧州名前加入 "探索"（Explore）一词，连起来即 "探索明尼苏达"。

2009 年，该州车牌在州名后面加入网站名称后缀（.com），前后连起来便是该州的旅游推广网站网址，如图 3-212 所示。该款车牌发行和使用至今。

图 3-212　2009 年款明尼苏达州车牌

3.24 密西西比（Mississippi）
木兰花州

密西西比州的州名出自齐佩瓦语"Mica Cibi"一词，其中"Mica"意思为"广大的"，"Cibi"有"河流"的意思，二者连起来就是"大河"，指的就是密西西比河这条北美流量最大的河流。后来，法国殖民者根据读音将其转写为"Mississippi"。

在密西西比州要求该州车辆所有人注册登记车辆和统一发行车牌之前，许多车辆所有人如同其他州一样，用金属、皮革与木头等按照县市分配的登记号码自行制作车牌，或将登记号码直接喷绘在车身之上，还有的委托专业厂商制作精致的车牌。图3-213为1911年密西西比州车牌，该车牌是目前发现的早期搪瓷车牌之一。

1912年，密西西比州统一发行车牌，如图3-214所示。该款车牌黑字白底，中间为牌号，左右两侧分别为垂直布置的年份和州名缩写"MISS"；左侧年份数字方向为横向向上，右侧州名字母方向为横向向下。

图3-213　1911年密西西比州车牌 　　　图3-214　1912年密西西比州车牌

密西西比州在1914年发行的车牌仍为黑字白底，但不再印制年份，同时将州名缩写"MISS"的字母方向改为纵向，如图3-215所示。该款车牌发行至1918年。

1919—1926年，密西西比州在车牌左侧重新加入年份，除颜色外，车牌样式未作改变，如图3-216所示。

图3-215　1914—1918年密西西比州车牌 　　　图3-216　1919年密西西比州车牌

1927—1932年，密西西比州将州名缩写和发行年份排成一行，位于车牌下侧。

1933年，密西西比州发行的车牌首次按照缴税分级。不同类型车牌根据应缴税费用A、B、C、D等字母标识。为什么车牌根据缴税分级？长期以来，该州车辆注册登记与车牌发放由税务部门实施，负责车牌发行的部门为密西西比州税务局车牌许可分部，这就是答案。车牌上侧中央州名缩写左侧的字母，即缴税分级字母标识，如图3-217所示。车牌上的缴税字母标识使用至1938年10月。该州之后发行的车牌逐步加入到期年月（日）及属地县名等内容。

图3-217　1933年密西西比州车牌

1961年，密西西比州发行的车牌开始按车重分级并引入属地县代码，如图3-218所示。在车重分级上，A级为1800磅（约816千克）以下，B级为1800~3000磅（816~1361千克），C级为3000~4000磅（1361~1814千克），D级为超过4000磅（1814千克）。车重分级字母位于车牌左上角。分级字母下为一位或两位代表某县的数字代码。此后，该州车牌使用车重分级和县代码的做法一直持续至1976年。当然，其间代码规则几经调整。

1976年年底，密西西比州发行了第一款带有图案的车牌，车牌上第一次出现宣传语，如图3-219所示。该款车牌牌号、县名及外框线使用红色，背景以白色为主，车牌中间盛开的木兰图案、宣传语"盛情之州"（the Hospitality State）和州名使用绿色。该州州花为木兰花，州树为木兰树，别称"木兰花州"（the Magnolia State），这就是车牌设计的灵感所在。该款车牌一经推出，次年便被美国车牌收藏家协会评为年度最佳车牌。该款车牌发行至1984年，宣传语"盛情之州"仅此一次使用。

图3-218　1962年10月到期的密西西比州车牌　图3-219　1976年款密西西比州"盛情之州"车牌

1987—1992年，密西西比州发行蓝字白底车牌，如图3-220所示。该州第一次使用7位车牌编号，为避免混淆，牌号不使用字母I、O、Q与U。同时，牌号中不使用在西方文化中被称为"魔鬼数字"的"666"，中西文化差异由此可见一斑。

1992年10月，密西西比州发行新车牌，如图3-221所示。新牌号与下侧中央县名使用深蓝色，上侧中央州名使用蓝色，牌号中间隔断，留有较大的空白，背景色

图3-220　1987年款密西西比州车牌

从上侧的天蓝色渐变至下侧的白色。该款车牌被美国车牌收藏家协会评为当年最佳车牌，是该州车牌第二次获此殊荣。此后，直到 2007 年 9 月，该州发行了两款车牌，使用木兰花作为背景，但未再使用宣传语。

2007 年 10 月，密西西比州发行全新款车牌。该款车牌的字符内容布局较前几款车牌并未做明显改变，变化核心是背景，在以往牌号中间的空白处加入了点亮的比洛西灯塔图案，灯塔后方是朝阳升起时的金色光芒和斑斓的天空，以显示卡特里娜飓风过后该州墨西哥湾沿岸地区的复原力，如图 3-222 所示。比洛西灯塔是毗密西西比海湾的一座灯塔，在 1747 年由美国国会授权美国财政部拨款建成，是美国南方最早的铸铁灯塔之一。该灯塔在 1939 年美国海岸警卫队接管之前主要由女性看护值守，1973 年被列入美国国家历史名胜名录，自 1987 年起成为密西西比州地标。几个世纪以来，比洛西灯塔历经无数次飓风屹立不倒，已经成为当地人心中希望与生存的象征，是不畏风暴的勇士，是历史的创造者与见证者。该款车牌让密西西比州第三次获得美国车牌收藏家协会年度最佳车牌的荣誉。该款车牌发行至 2012 年 9 月。

图 3-221　1992 年款密西西比州车牌（下面一行是地名罗德代尔）

图 3-222　2007 年款密西西比州车牌

2012 年 10 月，密西西比州发行新款车牌，如图 3-223 所示。车牌中央为"露西尔"（Lucille）吉他图案，吉他琴箱外围蓝色圆环，圆环上有文字"庆祝密西西比创意文化"（Celebrating Mississippi's Creative Culture）；上侧州名下有两条飘带，上有宣传语"美国音乐诞生地"（Birthplace of America's Music）；下侧中央县名处向外有淡蓝色和白色相间的发射线，构成车牌主体背景。"乡村音乐之父"吉米·罗杰斯、"布鲁斯之王"雷利·班·金、"摇滚之王"埃尔维斯·亚伦·普雷斯利及"小甜甜"布兰妮·斯皮尔斯等音乐人都出生和成长在该州，他们开拓创新，不断影响和塑造着美国乐坛，所以该州"美国音乐诞生地"的称谓算是名正言顺。

图 3-223　2012 年款密西西比州车牌

2019 年 1 月，密西西比州发行新款车牌，使用至今。该款车牌最大的特点就是将该州印章图案位于车牌中央，如图 3-224 所示。印章中的"我们信任上帝"一语受到了无神论者的抵制。

2021年6月22日，有无神论者对车牌上的这一国家格言提起诉讼，指控该州税务局局长（因车牌由该州税务部门发行）强迫其在私人财产上展示特定宗教信息，违反言论和宗教信仰自由政策，要求政府不增加额外费用提供替代车牌。

图 3-224 2019 年款密西西比州车牌

3.25 密苏里（Missouri）
索证之州

密苏里州的州名出自密苏里河，而密苏里河的名称出自阿尔贡金语，意思为"淤泥河"。

1902 年，密西西比河畔的圣路易斯城要求车主注册登记车辆，车辆注册后由当局发放标注日期的铝制登记牌，车主将其置于仪表台上。两年后，圣路易斯城发行搪瓷车牌。此后，该州实施车辆登记和发行车牌的市或县逐步增加。图 3-225 为 1905 年密苏里州圣路易斯城车牌。

密苏里州在 1907 年实施全州车辆注册登记制度时，同样为车主发放一个圆形的金属车辆登记牌，要求登记牌必须位于仪表台，如图 3-226 所示。另外，车主还必须自行制作车牌并悬挂。图 3-227 为 1911 年以前密苏里州车主自行制作的车牌。这导致圣路易斯城等地的车主必须同时悬挂所在城市发行的车牌、展示州发行的车辆登记牌和悬挂按照州登记牌号码自制的车牌，才能符合州与地方政府的要求，由此引发许多车主不满。

图 3-225 1905 年密苏里州圣路易斯城车牌

图 3-226 1911 年以前密苏里州发行的车辆登记牌

图 3-227 1911 年以前密苏里州车主自行制作的车牌

1911年，密苏里州首次在全州范围内发行车牌。该州发行的第一款车牌采用铝板制作，牌号、下侧州名全称与发行年份为凸纹压制，保持金属本色，背景为黄色，如图3-228所示。该州自发行第一款车牌以来，发行年份在车牌上从未缺席过。此后，直到1948年，除颜色有变化外，该州车牌始终是字符一色和背景一色，车牌内容始终保持牌号、州名（或州名缩写）与年份三要素，简洁实用。

1949—1954年，密苏里州开始发行多年期车牌，同时进行更为灵活的分月交错注册。该款车牌在发行过程中，又引入车牌编号首字母代表具体注册月份的规则，即车牌发行部门预先确定某个字母代表某个月份，当月发行的牌号第一个字母即该字母，同一月份各年通常使用不同字母代表，这种做法一直持续到1996年。图3-229为1953年密苏里州车牌（牌号首字母C代表3月）。

图 3-228　1911年密苏里州发行的第一款车牌

图 3-229　1953年密苏里州车牌

1976年，美国建国200周年，跟大部分州一样，密苏里州发行纪念车牌，如图3-230所示。该款车牌白字红底，白色外框线，上侧中央为风格化的"76"字样，字样两侧为飘动的旗条纹。车牌左上角有"200周年"（200 YRS）宣传语，这也是该州车牌上第一次使用宣传语。该款车牌只发行了一年。

图 3-230　1976年密苏里州建国200周年纪念车牌

1979年，密苏里州开始使用该州最广为人知也最令人迷惑的宣传语——"索证之州"（Show-Me State），如图2-231所示。准确地说，没有人准确知道这个称谓是在何时何地产生的，所以有几种说法。一种说法，大约1897年，密苏里州立法机构相关人士获得数百张免费铁路通行证，尽管列车长已知晓这些人士持证乘车，仍然坚持要求"你得给我看看"

（You've got to show me.）。另一种说法，1898年，也就是美西战争爆发后不久，大约6万名士兵驻扎在田纳西州一个公园，任何士兵通过公园大门前往市镇，都会被门卫要求出示通行证，而门卫来自密苏里州圣路易斯。还有其他说法，在这里不一一列举。

图 3-231　1979 年款密苏里州"索证之州"车牌

然而，这个称谓的流行在很大程度上要归功于开普吉拉多县的威拉德·邓肯·范迪弗，此人曾在 1897—1905 年担任美国众议员，其最常用也最有名的话就是"我来自密苏里，你得给我看看！"（I'm from Missouri, you've got to show me！），因为凡事得讲依据。这种表达方式很快引起了公众的兴趣，密苏里州人被描绘成强硬的举证要求者，而密苏里州逐渐获得了"索证之州"这个别称。"索证之州"是该州车牌上使用最久的宣传语，直到 2018 年 10 月。

2008 年，密苏里州发行了新的"索证之州"车牌，如图 3-232 所示。该款车牌以蓝白渐变色为背景，整体设计整洁。车牌上描绘了该州的一些象征：州鸟——东部蓝鸟；州花——白山楂花；车牌中间是密苏里州版图；验证标签仍位于正中；左上角仍为标签到期月份。

图 3-232　密苏里州车牌（2008—2018 年）

为了纪念密苏里州建州 200 周年，在 2018 年年底前款车牌停发后，密苏里州随即发行新款纪念车牌，如图 3-233 所示。该款车牌字符使用深蓝色，背景以白色为主，顶部和底部分别有红色和深蓝色波浪线条，正中央为一个淡色的州印章图案，印章图案上下为宣传语"200周年纪念 1821—2021"（Bicentennial 1821 ★ 2021）。1821 年 8 月 10 日，是该州正式成为美国第 24 个州的日子。该款车牌发行至今。它的红白蓝配色方案和顶部与底部的波浪线相互呼应。为什么使用波浪线？根据州政府车牌管理机构的说法，波浪线代表河流，而河流是密苏里州的重要象征，因为水道在该州作为美国勘探和运输门户的历史角色中具有突出的作用。

图 3-233 2018 年款密苏里州建州 200 周年车牌

3.26 蒙大拿（Montana）
宝藏之州

蒙大拿州的州名出自西班牙语，意思是"山区"。

1913 年，蒙大拿州开始要求全州范围内的车主注册车辆，次年开始发行车牌。和其他州一样，该州发行车牌的主要目的之一是收税。早在 1891 年，该州就立法对财产征税，而 1913 年立法机构认定机动车辆为财产，于是开始通过车辆注册和发行车牌的方式征税。

a. 前车牌

b. 后车牌

图 3-234 1914 年蒙大拿州发行的第一款车牌

蒙大拿州在 1913 年注册并指定编号的车牌，由车主自行制作。1914 年，该州统一发行车牌，该款车牌采用金属板、凸纹压制，黑字白底，州名首字母 M 放在数字牌号后面。前车牌采用穿孔设计，以使发动机散热不受影响，如图 3-234 所示。

1915 年，蒙大拿州发行新款车牌，开始标注发行年份，如图 3-235 所示。该款车牌白字黑底，右侧上下两行分别为州名缩写 "MON" 和发行年份。此后，直到 1932 年，该州车牌保持牌号、州名与发行时间三项内容，背景也保持单色。

图 3-235 1915 年蒙大拿州车牌

1933 年，蒙大拿州车牌上首次印制州地图边界框线，这个州边界框线至今仍在车牌上使用，如图 3-236 所示。该州北面、东面与南面边界几乎与经纬线平行，这三面正好与长方形车牌基本吻合。1934年，该州为车牌建立了一套县代码系统，56个县各赋一个代码，代码为1~56，位于车辆牌号之前，通常使用分隔符与后面牌号分隔，以便识读。代码至今仍然在用。

1938年，蒙大拿州发行的车牌上第一次使用北美野牛头骨图案，如图3-237所示。野牛被许多美洲原住民认为是神圣的动物，具有宗教象征意义。北美许多政府机构的印章、旗帜与多种标识上都有北美野牛元素。2016年，北美野牛被指定为美国国家哺乳动物，作为国家的象征之一。野牛头骨代表自然与和谐，象征力量、稳定和繁荣，还被当作祈祷时人与神对话的媒介。车牌上的野牛头骨图案位于县代码与车牌编号中间，起到分隔符的作用。这个图案作为该州车牌的经典元素，出现在大多数车牌之上。

图3-236　1934年蒙大拿州车牌　　　　图3-237　1938年蒙大拿州车牌

1944年，受第二次世界大战持续影响，美国金属短缺，蒙大拿州采用大豆纤维，辅以黏合剂，通过加热加压制作车牌，如图3-238所示。当然，除了该州，伊利诺伊州与其他一些州也有这种做法。这种大豆纤维车牌，在发行早期一切都好，后来人们逐渐发现山羊、牛、猪、火鸡及老鼠等动物竟然喜欢车牌特有的味道，经常将其当作小吃。当地报刊时常有车牌被动物吃掉的新闻。

1950年，蒙大拿州车牌首次使用宣传语"宝藏之州"（The Treasure State），如图3-239所示。该州拥有金、银、铜、煤与石油等丰富的地下矿产资源，也是美国蓝宝石资源最丰富的州，地下更为珍贵的还有恐龙化石，"宝藏之州"算是名副其实，也是该州的别称之一。宣传语"宝藏之州"连续使用至1956年，之后在1963—1966年及2010年以后的车牌上再次使用。

图3-238　1944年蒙大拿州大豆纤维车牌　　　图3-239　1950年蒙大拿州"宝藏之州"车牌

1967年，蒙大拿州车牌首次使用宣传语"苍穹之邦"（Big Sky Country），如图3-240所示。"苍穹之邦"这一称谓主要是因1962年蒙大拿州公路管理部门的推广而逐步流传开的。在此之前的1947年，作家古斯里出版了一本涉及蒙大拿州发展的小说——《苍穹》（The

Big Sky），为"苍穹之邦"的称谓打下了基础。实际上，那时该州已有"宝藏之州"和"华山之地"（Land of Shining Mountains）等别称，但总觉得不够抓人眼球，便使用这个新的称谓，试图吸引更多的人前来该州。宣传语"苍穹之邦"与"宝藏之州"一样至今仍在使用，只是使用在不同款的车牌上。

1976 年，蒙大拿州发行车牌，纪念美国建国 200 周年，如图 3-241 所示。该款车牌是该州第一款多彩车牌，使用红白蓝三种颜色。车牌以白色为背景，上部红色色带中有白色州名，左上角有年份"76"与"200 周年纪念"（Bicentennial）字样，下侧有"苍穹"（Big Sky）字样，左下角印制经典北美野牛头骨图案。

图 3-240 1967 年蒙大拿州"苍穹之邦"车牌　　图 3-241 1976 年蒙大拿州建国 200 周年纪念车牌

1991—2006 年，蒙大拿州在以往发行的车牌样式的基础上，推出 5 款至今仍在发行和使用的标准乘用车车牌。其中一款车牌以 1987—1989 年发行的纪念建州 100 周年可选车牌为基础，不同之处只是原来的牌号为凸纹压制，新推出的车牌为平面印制。该款车牌中间的白色背景正好为州地图的形状，上侧左边为山脉图案，往右平滑至丘陵平原，正好与该州由西向东的地形对应；下侧州名中的字母"O"使用建州 100 周年纪念徽标替代，左下有"100 周年"（100 Years）字样，如图 3-242 所示。

2010 年，蒙大拿州又推出第六款至今仍在发行和使用的标准乘用车车牌，宣传语"宝藏之州"又回到了车牌上，如图 3-243 所示。

图 3-242 蒙大拿州推出的 5 款标准乘用车车牌之一——建州 100 周年纪念车牌　　图 3-243 2010 年蒙大拿州车牌

3.27 内布拉斯加（Nebraska）
玉米剥皮者之州

内布拉斯加州的州名出自奥马哈语"Nibthaska"一词，意思为"到处漫延的河流"。内布拉斯加州位于美国中部大平原，地势一马平川，河流在那里形成曲流，到处流淌。

1905年，内布拉斯加州要求本州车主注册登记车辆并展示号牌。车辆注册后，当局发放给车主一个印制有编号的圆形铝制注册板，由车主按照编号自行制作并悬挂车牌。当时的车牌主要使用牛皮革等制作牌垫，毕竟该州别称之一为"牛肉之州"（The Beef State），牛皮资源自然十分充盈。在牌号的后面一般加上州名缩写"NA""NE"或"NEB"。内布拉斯加州早期车辆注册板与车牌如图3-244所示。

图3-244 内布拉斯加州早期车辆注册板与车牌

1914年，内布拉斯加州发行的车辆注册板和自制车牌数量已达数万块，该州天气干燥严寒，注册板与车牌不易腐蚀变质，因此至今有较多注册板与车牌很好地保留了下来。

1915年，内布拉斯加州开始统一制作发行车牌。第一款车牌黑字白底，牌号采用五位以内的数字编号，车牌右侧上下分别为州名缩写"NEB"和发行年份，如图3-245所示。此后，直到1939年，除1922年引入系统的县代码外，该州车牌式样未有大的变化。

1922年，内布拉斯加州为车牌建立了县代码系统。该州93个县，依据当时各县注册登记车辆的数量编配县代码，县代码位于属地县牌号前面，如图3-246所示。注册车辆最多的道格拉斯县代码为1，注册车辆最少的胡克县代码最大，为93。从人口数据看，胡克县1920年有1378人，2010年仅736人，而道格拉斯县同期人口则分别是204524人和517110人，差距之大可见一斑。

图3-245 1915年内布拉斯加州车牌

图3-246 1922年内布拉斯加州车牌

1940年，内布拉斯加州在车牌上首次印制图案。车牌字符与图案为橙色，背景为松绿色，用该州议会大厦图案将牌号分隔开，前面为县代码，后面为车辆登记编号，如图3-247所示。该州议会大厦坐落于州府林肯城，建筑高度120米，是该城最高建筑与地标，也是全美高度排名第二位的州议会大厦，如图3-248所示。内布拉斯加州位于高平原地带，州议会大厦在 32 千米外可见，起到了很好的信标作用。同时，议会大厦还是该州广义政府系统中立法、司法与行政三大分支的办公地。州议会大厦图案在该州车牌上使用至 1941 年。

图 3-247　1940 年内布拉斯加州车牌

图 3-248　内布拉斯加州议会大厦

1956 年，内布拉斯加州车牌上第一次使用宣传语"牛肉之州"（The Beef State），如图 3-249 所示。牛肉产业一向是内布拉斯加州最重要的产业，带动该州整体经济的发展。现在，该州平均每人有 4 头牛，牛肉产业为该州每年带来超过 100 亿美元的收入。宣传语"牛肉之州"有理有据，持续在该州车牌上使用至 1965 年。同时，该州自当年起开始按照北美"150 毫米×300 毫米"的标准尺寸发行车牌。

1966 年，内布拉斯加州发行纪念建州 100 周年车牌，如图 3-250 所示。该款车牌使用红白两色，中间白色部分为该州地图图形，左下角缺口处正好设计用于粘贴年鉴贴纸，车牌上侧印有宣传语"百年纪念"（Centennial）。为便于识读，避免错误，牌号中不使用字母 I、M、O、Q、W、X。该款车牌发行至 1968 年。

图 3-249　1956 年内布拉斯加州"牛肉之州"车牌

图 3-250　1966 年内布拉斯加州建州 100 周年纪念车牌

1969 年，内布拉斯加州发行的车牌改用"玉米剥皮者之州"（Cornhusker State）作为宣传语，如图 3-251 所示。1945 年，该州立法机构将"玉米剥皮者之州"确定为州官方别称，而"玉米剥皮者"原本是内布拉斯加大学运动队队名，是为向该州最重要的粮食作物玉米的收割者致敬，因为在玉米剥皮机发明之前，玉米剥皮完全依靠双手。目前，该州玉米产量全美排名第三位，而白玉米与爆米花的产量全美排名第一位。该宣传语使用至 1975 年。

1976 年，内布拉斯加州发行美国建国 200 周年纪念车牌。该款车牌采用经典红白蓝三色设计，左上角有蓝色科内斯托加篷车图案，右上角是美洲原住民酋长头像，下部蓝色色带上为"200周年纪念1776—1976"（1776 Bicentennial 1976）字样，如图3-252所示。该款车牌发行至1983年。

图3-251　1972年内布拉斯加州"玉米剥皮者之州"车牌

图3-252　1976年内布拉斯加州建国200周年纪念车牌

科内斯托加篷车是18世纪末至19世纪在美国与加拿大广泛使用的一种重型宽轮篷车，通常用马、骡与牛拖拉，如图3-253所示。这种篷车采用船形设计，能够穿越河流。美洲原住民酋长头像，意指这里曾是美洲原住民世代居住的地方。

图3-253　科内斯托加篷车模型

此后，内布拉斯加州先后发行了几款印制有州官方网站地址的车牌，车牌上使用风车、落日、一枝黄花（州花）及云雀（州鸟）等该州传统元素。

2017年，内布拉斯加州发行建州150周年纪念车牌，如图3-254所示。车牌下部有"1867—2017"字样，中央印制该州议会大厦塔尖的播种者雕塑图案，播种者是一个正在风中播撒种子的农民。播种者雕塑仿照传统手工播种粮食的姿势，传达农业对文明发展的重要性，而农业本身又是内布拉斯加人获得充裕生活的基础。该款车牌发行至2022年。

图3-254　2017年内布拉斯加州建州150周年纪念车牌

2023年，内布拉斯加州开始发行新款车牌，如图3-255所示。新款车牌字符采用深蓝色，背景为白色与灰色，放弃以往车牌上的传统元素，使用来自该州国会大厦门厅地板上的"创造力天才"（Genius of Creative Energy）图案。

图3-255　2023年内布拉斯加州车牌

"创造力天才"这一作品本是美国壁画艺术家希尔德·梅伊尔于1927年在内布拉斯加州议会大厦二楼门厅通道地板上创作的作品，作品形象源自罗马神话中守护与引导人们命运的精灵，其正在驾驭水、火、土、风四大元素的力量，寓意该州人民在商业与发明上的创造力。

3.28　内华达（Nevada）
家即内华达

内华达州的州名源于西班牙语中的"雪山"，指内华达州大盆地国家公园内的惠勒峰。"雪山"用于形容这座山的高。

大约在1906年，内华达州下辖的里诺城开始要求车主注册登记车辆并展示车牌。车牌由车主提供，因此制作材质和方法不尽相同，从保存至今的车牌看，有将金属字符铆在金属板或皮革板上的，也有直接将字符绘制在金属板上的。在该州统一进行车辆登记之前，全州所有城市中只有里诺城要求车主注册登记车辆并展示车牌。图3-256为里诺城早期车主自制车牌。

1913年，内华达州开始要求全州车主注册登记车辆。车辆注册后，跟很多州早期的做法一样，车主获得一个圆形铝制注册板，上面印有登记编号，车主按此自行制作车牌并悬挂。在1916年统一制作发行车牌之前，内华达州当局并未具体明确车牌的格式，只是要求车牌上必须有州名缩写"NEV"，同时建议车主到特定厂商处购置车牌。图3-257为1913年里诺城早期车牌。

图3-256　里诺城早期车主自制车牌 　　　图3-257　1913年里诺城早期车牌

1916 年，内华达州开始统一制作发行车牌。该款车牌黄字绿底，左侧为垂直排列的州名缩写"NEV"，金属材质，未印制年份，如图 3-258 所示。

1917 年，内华达州在发行的车牌中加入年份内容，如图 3-259 所示。此后，直到 1953 年，该州发行的车牌均为两色车牌，式样基本保持不变。

图 3-258　1916 年内华达州车牌

图 3-259　1917 年内华达州车牌

1954 年，内华达州在车牌上引入县代码系统，按照属地原则将县代码置于牌号前面，车牌上的县代码全部为字母，如图 3-260 所示。内华达州先后使用了三套代码，1954—1956 年，县代码以一个字母为主，偶有县使用两个字母；之后出台的两套代码，分别以两个和三个字母为主。该州车牌上的县代码持续使用至 1981 年。

图 3-260　1954 年内华达州车牌

"银州"（The Silver State）是内华达州的别称。1859 年，内华达州发现银矿后，四面八方的人涌入这一地区开采银矿，大量的移民让该地最终建州，而银矿一直在该州经济发展中发挥着重要作用。然而，该州比银矿更具经济价值的是金矿。目前，内华达州的金矿产量已经名列世界前列，约占美国金产量的 3/4，在各州中排名第一位。"银州"这一别称，科罗拉多州也曾使用过，只是现在改称"百年之州"了。

1984 年，内华达州发行新款车牌，车牌上第一次使用宣传语"银州"，将其置于车牌下侧中间，如图 3-261 所示。车牌字符采用蓝色，背景以白色和银色图案为主，背景内容为多姿多彩的山脉和白雪皑皑的山峰，左上角为一只显眼的沙漠大角羊，而大角羊是该州的州兽。该款车牌在 1985 年与北达科他州另一款车牌一并被美国车牌收藏家协会评为年度最佳车牌。该款车牌持续发行至 2000 年，是该州发行时间最长的一款车牌。该州车牌上的宣传语"银州"一直使用至 2017 年。

图 3-261　1984 年款内华达州"银州"车牌

2001 年，内华达州发行新款车牌，如图 3-262 所示。牌号与州名使用深蓝色，下侧大部分背景为淡蓝色的内华达山脉图案，山脉上为从橙色到黄色渐变的天空，描绘了以壮丽日落为背景的该州著名山脉。宣传语"银州"位于下侧中部。2015 年，牌号中间的分隔点有了小小的改变，即分隔点从圆形改为州地图形状，如图 3-263 所示。该款车牌发行至 2017 年年中。

图 3-262　2001 年款内华达州车牌

图 3-263　2015 年款内华达州车牌

图 3-264　2017 年款内华达州"家即内华达"车牌

在前一款车牌未完全停发之前的 2016 年 11 月，内华达州最新的一款车牌已经推出，如图 3-264 所示。该款车牌与前款相比，山脉的图案往下压缩，并进行了色彩鲜明的风格化处理（为与其他州的车牌区分，山脉图案采用几何拼接样式），约占车牌 1/4；相反，天空部分则扩大到大约 3/4，颜色也改成蓝色。车牌上的宣传语改为"家即内华达"（Home Means Nevada）。《家即内华达》本身是 1932 年该州音乐人撰写的赞美该州的歌曲，次年被该州立法机构定为州歌。内华达州将歌名作为车牌上的宣传语，主要目的是增加本州人士的身份认同感和自豪感。

3.29 新罕布什尔（New Hampshire）
不自由，毋宁死

在 17 世纪到达新罕布什尔的英国殖民者里，来自英国本土汉普郡（Hampshire）的人比较多，因此此地被命名为"New Hampshire"。新罕布什尔州花岗岩矿藏丰富，因此被称为"花岗岩之州"。

1905 年，新罕布什尔州开始要求车主注册登记车辆并悬挂车牌。根据该州法律规定，车主必须向州务卿付款 3 美元作为注册登记费，注册登记后州政府发放一副搪瓷车牌。图 3-265 为 1905 年新罕布什尔州机动车注册登记证书。该州及新英格兰地区其他不少州，最早的汽车法规多参照邻州马萨诸塞州。该州早期发行的车牌也计划使用多年，因此并未标注发行日期或有效日期；车牌使用白字绿底，州名缩写"N.H."位于下侧中央，如图 3-266 所示。该款车牌持续发行至 1911 年。图 3-267 为牌号为"3484"的汽车及车主全家，此车牌发行于 1909 年。

图 3-265　1905 年新罕布什尔州机动车注册登记证书

图 3-266　1905 年新罕布什尔州车牌　　图 3-267　牌号为"3484"的汽车及车主全家

自 1912 年开始，新罕布什尔州开始每年发行一款车牌，同时注明注册年份。车牌依然采用绿字白底，州名缩写"NH"及年份分别垂直位于左右两侧，如图 3-268 所示。此后，直到 1925 年，该州车牌保持白绿两色，只是有时将字符颜色与背景色对调，车牌上始终包括牌号、州名缩写与发行年份三项内容。

图 3-268　1912 年新罕布什尔州车牌

1926 年，新罕布什尔州发行的车牌上首次使用山中老人（The Old Man of the

Mountain）图案，如图 3-269 所示。"山中老人"本是该州格拉夫顿县坎农山上的一处花岗岩悬崖，从北看神似一个人的锯齿状侧脸，高约 12 米，宽约 7.6 米，如图 3-270 所示。在当地原住民中，它被称为大石脸（Great Stone Face），是当地原住民文化象征与符号，后逐渐成为该州的地标和文化标志。可惜的是，2003 年 5 月 3 日，岩石坍塌，"山中老人"不复存在，但其仍然是包括该州车牌、高速公路及 25 美分纪念币等在内的许多场景的视觉图标。"山中老人"图案在 1926 年被使用后，自 1987 年至今，再次出现在该州车牌上。

图 3-269　1926 年新罕布什尔州车牌

图 3-270　"山中老人"悬崖

图 3-271　1949 年新罕布什尔州车牌

1949 年，新罕布什尔州车牌开始使用县代码，如图 3-271 所示。该州县代码采用两个字母，通常以比牌号数字稍小的字号印制，位于牌号前面。县代码在该州车牌上持续使用了近 30 年。

1957 年，新罕布什尔州发行的车牌上首次使用宣传语"秀丽新罕布什尔"（Scenic New Hampshire），如图 3-272 所示。该州自然环境极好，野生动植物资源丰富，天然森林多，森林覆盖率近 85%，"秀丽新罕布什尔"这一说法也算有理有据。该宣传语持续使用至 1970 年，其间只是在 1963 年稍作改动，使用"上镜新罕布什尔"（Photoscenic New Hampshire），如图 3-273 所示。

图 3-272　1957 年新罕布什尔州"秀丽新罕布什尔"车牌

图 3-273　1963 年新罕布什尔州"上镜新罕布什尔"车牌

1971 年，新罕布什尔州将车牌宣传语改为大胆的"不自由，毋宁死"（Live Free or Die），如图 3-274 所示。这条宣传语本身是该州 1945 年确定的州格言，据说源于美国独立战争中该州著名的将领约翰·史塔克给本宁顿战役周年纪念聚会的祝福信内容，即"不自由，毋宁死：死亡并不是最坏的邪恶"（Live free or die: Death is not the worst of evils）。该格言可能是美国各州格言中最有名的，因为它既传达了美国政治哲学中崇尚的独立性，又与其他州的格言相对较为温和的表达形成了鲜明的对比。之前一年，在该州发行的个性车牌中实际上已经使用了该宣传语。

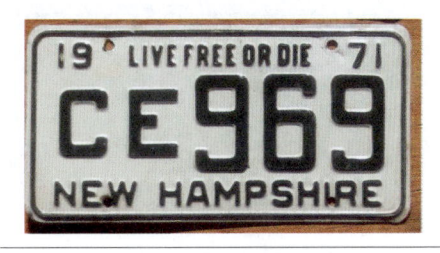

图 3-274　1971 年新罕布什尔州"不自由，毋宁死"车牌

新罕布什尔州车牌上的宣传语"不自由，毋宁死"曾引发了美国历史上关于美国宪法第一修正案的著名案例。1974 年年底，新罕布什尔州一位名叫乔治·梅纳德的公民连续三次被传唤，甚至一度被拘留，原因是他不断遮挡自己车牌上的宣传语——不自由，毋宁死，而遮挡车牌上的字母或数字在该州属于违法行为。对于为什么这样做，梅纳德辩解称，这句话在道德、伦理、宗教与政治上都是令其讨厌和难以接受的。他坚决拒绝新罕布什尔州政府强迫他在自己的车牌上做宣传。对他而言，生命比死亡更有价值。由于他本人曾是基督教耶和华见证人（Jehovah's Witnesses）教派的信徒，其行为故被认为与信仰有关。至于耶和华见证人，虽然自称其信仰完全基于《圣经》，但其不少主张和信仰与其他基督教教派大相径庭，如拒绝服兵役、拒绝输血及拒绝过圣诞节，因此常被传统基督教宗派视为异端。这一案件最后被上诉至美国联邦最高法院。1977 年，美国联邦最高法院以多数意见裁定支持梅纳德，而新罕布什尔州违反宪法第一修正案，政府不能强迫个人认同某些信念。有趣的是，梅纳德不喜欢宣传语"不自由，毋宁死"，但却以实际行动践行这一理念。尽管此案令新罕布什尔州政府蒙羞，但之后发行的各款标准乘用车车牌上，这一宣传语从未缺席。当然，如果该州公民不喜欢，就可以将其遮挡。

图 3-275　1987 年款新罕布什尔州车牌

新罕布什尔州在 1987 年发行的车牌再次使用"山中老人"图案，如图 3-275 所示。该款车牌使用该州最常用的绿字白底设计，在上侧州名两个单词之间设置圆形山中老人图案。那句著名的宣传语"不自由，毋宁死"，位于下侧中央。自 1989 年起，车牌上的牌号与州名改为深绿色，其他照旧。该款车牌发行至 1998 年。

1999 年，新罕布什尔州推出了真正的彩色车牌，如图 3-276 和图 3-277 所示。该款车牌字符使用深绿色，背景为"山中老人"面向淡蓝色的天空。"山中老人"图案根据牌号位数分为两种布置方式，五位及以下牌号的在右侧，六位及以上牌号的在中央。该款车牌发行至今。

图 3-276　1999 年款新罕布什尔州车牌
（五位牌号及以下）

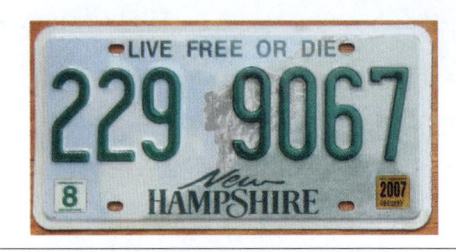

图 3-277　1999 年款新罕布什尔州车牌
（六位牌号及以上）

3.30　新泽西（New Jersey）
花园之州

在 17 世纪前往当地的总督里，有一位来自英吉利海峡的一个岛屿——泽西（Jersey）岛。因此，他把这里叫作"新泽西"（New Jersey）。

1903 年，新泽西州开始要求车主注册车辆并悬挂车牌，该州是除纽约州之外较早实施车牌登记的州。车辆注册后，车主按照该州发放的注册证中指定的号码自行制作车牌，牌号数字高度为 3 英寸（约 76 毫米），只需悬挂一块后车牌。1904 年，该州规定牌号数字高度为 4 英寸（约 102 毫米），需前后悬挂两块车牌。因此，许多汽车实际上有一小两大，共三块车牌。对于州名缩写"NJ"，该州并未要求必须在车牌上展示，但许多车主还是将其置于车牌之上。至于制作车牌的材料，如同早期的纽约州一样，主要包含金属和皮革，也有车主委托专门的公司制作搪瓷车牌。

1907 年，新泽西州开始发行车辆验证标签，逐步向统一发行车牌过渡。该州发行的第一款验证标签为椭圆形，用铝板制作，上面标注登记到期时间、注册专员签名与制造商编号等信息，如图 3-278 所示。制造商编号一般在车辆生产时编配，类似现在的车辆识别代号（V.I.N）。验证标签按要求必须位于车主自己提供的车牌之上，大部分车主通过铆钉的方式完成。

图 3-278　1903 年新泽西州车主自制的车牌（椭圆验证标签为该州在 1907 年发行）

新泽西州与纽约州都不认可外州注册的车牌，给两州边界线周边的车主带来不少麻烦。车主想要驾车到邻州，要么违规进入承担处罚风险，要么在邻州花钱再次注册车辆并悬挂车牌。

因此，当时就出现一辆车悬挂两副车牌的情形，这或许是世界上最早的跨境车牌，如图 3-279 所示。

图 3-279　同一车辆上的新泽西州与纽约州车牌

1908 年年中，新泽西州开始统一发行车牌。第一款车牌字符使用乳白色，背景使用深蓝色，通过将多块带有单个数字的金属小板和一块带有州名缩写"NJ"与年份后两位数字的金属小板插入金属框架中排列而成，如图 3-280 所示。字母"NJ"与年份数字在车牌右侧上下布置，中间则是铆上去的铝制车辆验证标签。该州在车牌上铆车辆验证标签的做法持续到 1915 年。自 1909 年起，该州发行的车牌改为搪瓷工艺，同样持续到 1915 年。

1926 年，新泽西州车牌上开始使用县代码，如图 3-281 所示。该州所辖县数量较少，因此早期用单个字母作为车牌上的县代码，后期改为用两个字母作为县代码。该州车牌上的县代码系统持续使用至 1957 年。

1959 年，新泽西州车牌上首次使用宣传语"花园之州"（Garden State），如图 3-282 所示。对于该宣传语的使用，要回溯到 1954 年。当年，该州立法机构通过一项法案，计划将该州别称"花园之州"添加到车牌上。在签署该法案，使其成

图 3-280　1908 年新泽西州统一发行的车牌与圆形验证标签

图 3-281　1926 年新泽西州车牌

图 3-282　1959 年款新泽西州"花园之州"车牌

为法律之前，州长罗伯特·迈纳调查了这个别称的由来，发现未曾有官方认可的依据来支持这个别称，其本人也认为该州的普通公民不会支持这种称谓，且这个称谓着重于农业，未能体现该州产业的实际情况，因此否决了这项法案。然而，该州议会两院又均以超过 2/3 的多数否决了州长对该法案的否决。1959 年，该州发行的车牌正式开始使用该宣传语。"花园之州"这一称谓对新泽西州来说，似乎有些牵强，全美有 63 个国家公园，该州一个也不沾边。而且，

该州也没有特别著名的自然景观，这也是这个别称令不少人费解的原因。

该款车牌使用黑色字符，淡黄色背景，州名缩写"NJ"和宣传语"花园之州"分别位于车牌上下两侧中央。也是从该款车牌起，该州车牌上放弃使用县代码系统，也再未标注发行年份。这一车牌式样成为该州最经典的车牌式样之一，持续使用至1977年。宣传语"花园之州"也是至今该州标准乘用车车牌中唯一使用过的宣传语，不曾停止，在全美各州中是极为罕见的。

1979年，新泽西州发行的车牌对颜色做了调整，将车牌改为淡黄字符和蓝底设计，如图3-283所示。该州全称和宣传语分别位于车牌上下两侧中央，同时首次使用州地图形状作为牌号中间的分隔点。该款车牌发行至1992年。

图3-283 1979年款新泽西州车牌

1992年年底，新泽西州推出新设计的车牌。新款车牌采用黑色字符，背景由上至下从黄色渐变为白色，牌号首次采用七位字符编号，中间未使用分隔符，但次年车牌又改回使用六位字符编号和州地图形状的分隔符，如图3-284所示。该款车牌至今仍在发行，整体式样保持不变。

图3-284 1992年款新泽西州车牌

新泽西州也发行其他特别车牌，但标准乘用车车牌一百多年来一贯保持最简约的设计，未曾推出过真正的多彩车牌，讲求实用的做法可见一斑，在全美各州也是绝无仅有的。

3.31 新墨西哥（New Mexico）
迷人之地

"墨西哥"（Mexico）一词出自阿兹特克人的语言。其中，"Mexi"意思为"月亮的中心"，"co"是地名后缀。新墨西哥州是美墨战争时期美国从墨西哥得到的土地，故直接取名为"新墨西哥"（New Mexico）。

1910年前后，新墨西哥州开始有下辖城市要求车主注册车辆并发行车牌。例如，阿尔伯克基和圣达菲等城市，车牌由车主自己提供，而拉顿由政府提供车牌，如图3-285所示。

图3-285 新墨西哥州拉顿发行的车牌

1912年6月8日，新墨西哥州通过法律，要求该州车主注册车辆并开始统一发行车牌。该州统一发行的第一款车牌，绿字白底，牌号后面为左上右下对角排列的州名缩写"NM",如图 3-286 所示。该款车牌发行至 1913 年。

1914 年,新墨西哥州发行的车牌开始标注年份,如图 3-287 所示。该款车牌白字绿底,州名缩写"NM"与年份缩写垂直排列在右侧。该州在车牌上标注年份的做法除 1920—1923 年外,一直持续到 1959 年。1960 年,该州开始发行多年期车牌,在车牌上未再印制年份内容。

图 3-286　1913 年新墨西哥州车牌

图 3-287　1914 年新墨西哥州车牌

1920 年,新墨西哥州发行新款车牌,如图 3-288 所示。该款车牌蓝字白底,年份"1920"和州名缩写"NM"分别位于车牌左右两侧。1921—1923 年,在车主缴费进行年度验证后,该州分别发放菱形、八边形与六角星形金属验证标签,将其安装于车牌左侧,以示车辆合法使用,如图 3-289 所示。

图 3-288　1920 年款新墨西哥州车牌

图 3-289　安装有 1923 年验证标签的新墨西哥州车牌

新墨西哥州 1920 年款车牌将以往的金属车牌改为搪瓷车牌。新车牌计划持续使用 5 年,不再每年一换,车主只需正常支付年费即可,可以算是该州最早的多年期车牌尝试。至于该州为什么此时改用搪瓷车牌,没有明确的记录,但值得玩味的是,加利福尼亚州自 1916 年开始使用搪瓷车牌,1919 年与车牌供应商的合同正好到期,便不再使用搪瓷车牌,而新墨西哥州自 1920 开始改用搪瓷车牌,车牌供应商正好与加利福尼亚州搪瓷车牌供应商为一家。

由于盗窃验证标签的案件多发、验证标签容易被拆换、标签较小不利于警察执法,以及验证费用流失等多种原因,新墨西哥州提前一年放弃使用该款搪瓷车牌,在 1924 年重新发行金属车牌。根据该州审计部门 1923 年的报告,当年有近四成车辆未按照规定安装年度验证标签,政府税收流失近 10 万美元。

1927 年，新墨西哥州车牌上开始印制齐亚太阳符号图案，如图 3-290 所示。齐亚太阳符号是美洲原住民齐亚族使用的古老符号，中间的太阳向四周分别射出四道光芒，源于齐亚族认为"4"是神圣的数字，因为世间万物经常是四位一体出现的，如春夏秋冬与东南西北，而这些都是上苍给人类最好的礼物。齐亚太阳符号还是该州州旗上的核心图案，在该州 25 美分纪念硬币与州公路标识等多种场景中广泛使用。齐亚太阳符号在车牌上一经出现，持续使用至今。

图 3-290　1927 年新墨西哥州齐亚太阳符号车牌

1932 年，新墨西哥州第一次在车牌上使用宣传语"阳光之州"（Sunshine State），如图 3-291 所示。宣传语"阳光之州"仅使用了一年，就再未使用过。有趣的是，1949 年，佛罗里达州车牌承接了这一宣传语，一直使用至今。

图 3-291　1932 年新墨西哥"阳光之州"车牌

1940 年，为纪念西班牙探险家弗朗西斯科·德·科罗纳多到达当地 400 周年，新墨西哥州车牌上使用宣传语"科罗纳多 400 周年"（Coronado Cuarto Centennial），将其置于车牌上侧，如图 3-292 所示。探险家到达年份"1540"和车牌发行年份"1940"分别位于左侧齐亚太阳符号上下。车牌使用的红黄两色也是该州州旗的颜色。

图 3-292　1940 年新墨西哥州"科罗纳多 400 周年"纪念车牌

1941 年，新墨西哥州第一次在车牌上使用宣传语"迷人之地"（The Land of Enchantment，后来去掉了"The"），如图 3-293 所示。"迷人之地"本是该州的别称，主要用于表示该州融合了欧美、墨西哥与原住民多彩独特的文化，还有该州令人流连忘返的历史自然景观，以求促进旅游业等产业的发展。该别称在 1999 年获得州立法会正式认可。除了 1997 年下半年因意外错误，使用没有宣传语的拖车车牌式样制作乘用车车牌，1941 年之后的其他各年车牌上一直使用该宣传语，再未使用过其他宣传语。

新墨西哥州是全美唯一在车牌上加入美国国名的州。1969 年，该州首次在车牌上的州名后面加入美国国名缩写"USA"，主要目的是避免与该州西南接壤的邻国墨西哥产生混淆，如图 3-294 所示。该款车牌发行至 1971 年。此后，从 1988 年年中开始，美国国名缩写"USA"重新在车牌上使用至今。

图 3-293　1941 年新墨西哥州"迷人之地"车牌　　　　　图 3-294　1969 年新墨西哥州车牌

1990 年年底，新墨西哥州车牌颜色从两色变成三色，如图 3-295 所示。车牌中的牌号和州名使用红色，宣传语、首次加入的丝兰（左下角）与之字纹带图案（左上角与右上角）使用绿色，背景仍为该州车牌使用最多的黄色。使用黄色是对该州另一种官方颜色致敬，自 1960 年以来，这种颜色一直出现在该州车牌上。车牌上的丝兰是该州的州花，之字纹带则是当地美洲原住民在各种器物上经常使用的纹饰，如同齐亚太阳符号一样，用以表达原住民的文化和信仰。

图 3-295　1990 年款新墨西哥州车牌

在新墨西哥州自 2010 年以来发行的四款可选乘用车车牌中，有两款获美国车牌收藏家协会年度最佳车牌荣誉，难能可贵。第一款是 2010—2016 年发行的建州百年纪念车牌，上侧有"百年纪念 1912—2012"（Centennial 1912-2012）字样，如图 3-296 所示；另一款是 2017 年 7 月至今持续发行的印有宣传语"世界辣椒之都"（Chile Capital of the World）的车牌，如图 3-297 所示。

图 3-296　2010 年款新墨西哥州建州百年纪念车牌

图 3-297　2017 年款新墨西哥州"世界辣椒之都"车牌

3.32　纽约（New York）
帝国之州

　　1664 年，约克公爵从荷兰人手中夺下了纽约这块土地。英国国王将这块土地赐予约克公爵，并根据他在英国的原封地约克郡（Yorkshire）的地名，将这片原本叫作新阿姆斯特丹的土地命名为纽约（New York）。

　　20 世纪，汽车让人们重新认识时间与距离，美国一些大城市居民对汽车的认知很快从最初的新奇玩意转变成刚需用品。1900—1910 年，美国的汽车保有量从 8000 辆增加到 458377 辆，10 年间增长 57 倍之多，每千人拥有汽车约 5 辆；到 1920 年，美国汽车保有量约为 880 万辆，每千人拥有汽车约 87 辆。当然，汽车也同步带来了新的危险、新的问题和新的不便，政府不得不着手建立新的制度来管理汽车。

　　1901 年 4 月 25 日，纽约州颁布法令，要求在全州范围内实施车辆注册登记并在车辆上展示识别字母的制度，这奠定了美国车牌制度的基础，标志美国车辆登记和车牌制度的诞生。纽约州的法令规定：每辆汽车的所有者在法令生效后 30 日内，必须向州务卿办公室提交姓名、住址与车辆特征简要描述等相关信息，并支付注册费 1 美元；州务卿应向注册登记者签发证明书，证明其已登记；必须在其车辆后侧显眼位置分别标明车主姓名首字母，字母至少有 3 英寸（约 76.2 毫米）高。法令还规定了其他内容，但对具体如何展示车牌未详细规定。

　　在 1901 年纽约州汽车管理法令施行初期，政府并不制发车牌，大多数车主将其姓名首字母用金属材质做成，而后缝制在黑色皮革垫上，将组合而成的车牌悬挂在车身后侧。车主之所以使用皮革，主要是因为皮革方便获取和制作。车主偶尔还会用其他材料代替皮革。例如，纽约州阿尔巴尼市机动车管理局曾持有一块在黑色背景上涂有红色字母的木制车牌，该车牌现为私人持有。这些早期车主自制的车牌，大多数在车牌上部配备两个金属扣环，以便将其用绳子固定在车辆上，如图 3-298 所示。一些早期的车主甚至直接在汽车上贴或写上他们名字的首字母。

　　究竟哪位车主有幸成为 1901 年纽约州第一位（也是美国第一位）汽车注册登记者呢？1924 年，纽约州机动车管理局成立时，原本保存在州务卿办公室的早期记录已经丢失，谁是第一位登记车主已经无法准确核实。好在 1902 年 8 月的《无马时代》（Horseless Age）月刊公布了 1901 年 10 月以前登记汽车的共 859 人名单，第一位登记者可以缩小到 24 人之中。因为当时登记者的名字按英文字母顺序排列，依据先到先记的原则登记，第一位登记者必然是在 26 个字母清单下最先登记的 26 人之一，而公布的清单中无 Q 和 X 开头的登记者，因此范围缩减至 24 人。当然，单凭杂志公布的名单，仍不足以确定第一位登记者究竟是谁。

随着注册登记车主的快速增加，姓名首字母重复的登记者越来越多，使用首字母准确识别车辆愈加困难。例如，首字母登记车牌为"AC"，"AC"代指谁？1901 年 10 月的登记者中有个叫阿瑟·克

图 3-298　纽约州早期车牌（1901 年）

林顿（Arthur Clinton）的，到了 1902 年 4 月另有一个叫安妮·康奈尔（Annie Cornell）的，后面又有阿兰·卡维尔（Allen Carver）与亚历山大·柯蒂斯（Alexander Curtiss）等，他们名字的首字母都是"AC"，车身上显示"AC"登记牌号的汽车就远不止一辆，登记牌号带来的混乱日益严重。

为解决牌号混乱的问题，纽约州立法机构于 1903 年 5 月 15 日通过新规定，要求车主重新注册登记车辆，所有车辆登记牌号使用阿拉伯数字编排，编号展示在车身后侧，黑字白底，数字高度不低于 3 英寸（约 76 毫米），笔画宽度小于 0.5 英寸（约 13 毫米）。来自韦斯特彻斯特县的乔治·张伯伦，也是 1901 年 24 人中可能的第一位汽车牌号注册登记者，有幸获得 1 号汽车登记牌号。数年后，该登记牌号被重新分配，用于纽约州州长的专用座驾。1903 年的法律规定，汽车车牌为黑字白底，必须由车主自己提供，但不少车主制作的车牌，字体颜色并不统一，也有倒过来，成为白字黑底的。但是，没关系，不曾有人因违反此项规定而被处罚。

随着数字编号系统的出现和车牌制作技艺的发展，越来越多的车主使用皮革以外的其他材料制作车牌。在车牌底板的选择上，有金属板、木板、复合板与搪瓷板等。在车牌编号的展示上，有使用油漆绘制的，有将制作好的数字编号固定在底板上的，还有通过凸版冲压将编号印制在金属板上的，各式各样，五花八门。

1904 年年底，纽约州注册登记的汽车已达到 6800 辆。自那时起，车主被要求向州务卿办公室提供更详细的注册登记信息，包括车辆制造商名称、生产编号、车型及功率等内容。另外，车辆注册登记费用上涨到 2 美元。与增加 1 美元对应，车主将收到一块直径约 2 英寸（约 50 毫米），用铝或其他金属制作的圆形登记章，如图 3-299 所示。登记章上印有"注册机动车第 ×× 号，纽约机动车法"（Registered Motor Vehicle, No. ××, New York Motor

图3-299 1904年纽约州汽车登记章

图3-300 1905年纽约州车牌

Vehicle Law）字样，此处的编号即车辆注册登记编号。该登记章应始终在车上显眼的位置展示。对于先前已登记的车主来说，必须将其登记证书退还给州务卿，而州务卿在收到车主支付的1美元费用后，向其签发印有先前登记号码的注册登记章。

有个有趣的点是"纽约"英文首字母"NY"在车牌上的强制使用。尽管1904年5月3日纽约州才要求在车牌上展示"NY"字样，但许多车主很早以前就已自发在车牌上印制和展示这两个字母了。在某些特殊情况下，原有车牌没有足够的空间新增"NY"字样，则需要用新车牌替换。图3-300为1905年纽约州车牌。

还有个有趣的点就是车主主动悬挂前车牌。1906年以前，尽管法律只要求展示后车牌，但一些车主还是主动安装了前车牌。为什么这些人主动给自己找事？有学者经过反复研究，得出的结论很简单，就是为了美观。另外一个原因是跟风。在与纽约州接壤的六个州和两个加拿大省中，那时除佛蒙特州外其他地方全部要求汽车前后悬挂两块车牌，纽约州的车主主动悬挂前车牌很可能是受毗邻州省的影响。

另有一个令人好奇的是一牌两号。这种车牌一面印制的是纽约州牌号，另一面印制的是其他州牌号。这种车牌十分稀少，其出现的主要原因是各州之间无互惠政策，存在地方保护与异地歧视等原因，造成进入其他州的车辆容易受到不公正待遇，如更容易被盘查或被以违规处理。曾经有人收藏了这样一块车牌：黑色皮革垫上的白色正面印有数字"5083"和纽约州的缩写"NY"，背面的号码是"4605"和新泽西州的缩写"NJ"。原因是车牌的主人住在纽约州，靠近新泽西州，双重号码车牌让他可以自由进出新泽西州拜会亲友而避免承受不公正对待的风险。他需要做的就是在越过州界时，把车牌翻过来。从理论上讲，如果两州未相互认可对方的车牌，车辆要合法进入对方的辖区，就需要悬挂在当地注册登记的车牌。就连美国总统的座驾，也不例外。就算到1922年，时任美国总统沃伦·哈丁的座驾，也同时悬挂华盛顿哥伦比亚特区制发的100号车牌和编号100-000的马里兰州车牌，如图3-301所示。华盛顿哥伦比亚特区夹在马里兰州和弗吉尼亚州中间，难道总统不会开车去南侧的弗吉尼亚州？原来，华盛顿哥伦比亚特区与弗吉尼亚州相隔波特马克河，在20世纪20年代之前，河上并无通行汽车的桥梁。当然，如果总统的车去了弗吉尼亚州，按照那时的规定也是不合法的。

1909 年，纽约州注册登记的汽车已经达到 2.4 万辆，州当局着手考虑升级优化车牌登记编号体系。尽管绝大多数车主按照法律规定展示了车辆编号，但车牌的尺寸、材质和做工等五花八门。自 1910 年 8 月 1 日起，纽约州汽车车牌统一由州政府提供。至此，纽约州的车牌制度基本定型，而纽约州车牌制度的发展定型，也是整个美国车牌制度发展的缩影。图 3-302 为 1910 年纽约州政府首次制发的车牌。

图 3-301　悬挂两地车牌的美国总统座驾，车牌上方安装有总统盾牌（1922 年）

图 3-302　1910 年纽约州政府首次制发的车牌

纽约州统一发行的第一款车牌为白色字符、深蓝色底，右侧为州名缩写"NY"上下布置，左侧大部分空间用于牌号；车牌的字符是将预制的字符铆上去的。1912 年以前，纽约州发行的三款车牌均未标注发行年份。此后，直到 1941 年，该州每年发行一款车牌；接下来，再到 1965 年，大多数每两年发行一款车牌。

1913 年，纽约州发行的车牌开始标注发行年份，如图 3-303 所示。该款车牌为白色字符、紫色底，州名缩写"NY"与发行年份"1913"在右侧上下布置。1916 年，该州将车牌上的州名缩写与发行年份排成一行，位于下侧，如图 3-304 所示。此后，直到 1938 年，该州车牌样式变化不大，主要的变化是每年车牌配色与上年不同，并不时将州名与发行年份在车牌上下两侧调整。在此期间，1925 年，该州车牌开始引入县代码，即牌号前两位，如图 3-305 所示。

图 3-303　1913 年纽约州车牌

美国车牌

图 3-304　1916 年纽约州车牌　　　　　　　图 3-305　1925 年纽约州车牌

1938 年，为了宣传和庆祝第二年在纽约市举办的世界博览会，纽约州车牌上首次印制宣传语"1939 年纽约世界博览会"（New York World's Fair 1939），如图 3-306 所示。该款车牌为金黄色字符、黑底，宣传语位于下侧一行，上侧依然保留州名缩写及发行年份。本次世界博览会是纪念乔治·华盛顿就任美国第一任总统 150 周年活动的一部分，于 1939 年 4 月 30 日开幕，而 1789 年同日，华盛顿就是在纽约市宣誓就任美国总统。本次世界博览会直到 1940 年 10 月 27 日才闭幕，纽约州车牌上的世界博览会宣传语也保留至 1940 年发行的车牌之上，只是相应改成"1940 年纽约世界博览会"（New York World's Fair 1940），如图 3-307 所示。1941—1950 年，纽约州车牌不再使用宣传语，样式和布局回到世界博览会之前。

图 3-306　1939 年纽约世界博览会车牌

图 3-307　1940 年纽约世界博览会车牌

1951 年，纽约州车牌上开始使用该州最为霸气的别称"帝国之州"（The Empire State）。关于"帝国之州"的准确来源已难以考证，有人说是缘起于该州巨大的财富与丰富的资源；有人说是归功于美国首任总统乔治·华盛顿，他在 1785 年的一封信中将纽约称为"帝国所在地",可能是指当时纽约作为美国首都的地位;或许二者兼而有之。该州不少建筑与活动,也借用了纽约州"帝国之州"的别称,最著名的莫过于坐落于纽约市曼哈顿的帝国大厦,如图 3-308 所示。该建筑从 1931 年建成到 1970 年,连续 40 年保持世界第一高楼的称号,至今无其他建筑超越这一纪录。该款车牌黑字黄底,宣传语"帝国之州"位于下侧中央,其左右分别为州名缩写与发行年份,如图 3-309 所示。该宣传语连续使用至 1963 年;之后在 2001—2020 年再次使用,是该州车牌上使用最久的宣传语。

图 3-308　纽约市曼哈顿帝国大厦

　　1964 年,恰值英国人占领现在的纽约市 300 周年,纽约市再次举办世界博览会,纽约州车牌上印制宣传语"世界博览会"(World's Fair)。早在 1624 年,荷兰人就在现在的纽约市所在的地方建立贸易站,英国人在 1664 年抢占这一地方,算是纽约建市的开始。本次世界博览会是美国历史上参观人数最多的世界博览会,也是截至当时全球规模最大的博览会,有超过 5000 万人参观,但因商业氛围过于浓重而受到不少批评。当年,纽约州车牌如同 1938 年宣传世界博览会一样,为金黄色字符、黑底,宣传语位于下侧一行,只是将州名缩写与发行年份置于宣传语左右两侧。该款车牌连续发行两年,次年将红色验证贴纸粘贴在车牌上,以示有效注册,如图 3-310 所示。

图 3-309　1951 年纽约州"帝国之州"车牌 　　图 3-310　1964 年纽约州世界博览会车牌
（粘贴 1965 年验证贴纸）

1966—1972 年，纽约州开始发行第一款多年期车牌。该款车牌字符及框线为橙色，底为蓝色，州名位于下侧中央，右下角预留空白小方格供粘贴车牌验证贴纸之用，如图 3-311 所示。从该款车牌开始，纽约州至今发行的车牌再未直接印制年份。1973—1986 年，纽约州发行第二款多年期车牌，改用深蓝色字符、橙底，样式布局与前款车牌保持一致，如图 3-312 所示。不过，该款车牌右下角预留的供粘贴验证贴纸的小方格再未使用过，因为该州已经改用挡风玻璃验证贴纸表示有效注册。图 3-313 为 1974 年纽约州车牌挡风玻璃验证贴纸（样品）。

图 3-311　1966 年纽约州款车牌（粘贴 1968 年验证贴纸）

图 3-312　1973 年款纽约州车牌

图 3-313　1974 年纽约州车牌挡风玻璃验证贴纸（样品）

图 3-314　1986 年款纽约州车牌

1986 年 7 月，纽约州发行第一款多彩车牌，在车牌上面印制自由女神像，如图 3-314 所示。车牌字符为深蓝色，白底，牌号中间的自由女神像图案与上下两条线段使用红色。自由女神像本是法国送给美国的纪念美国独立 100 周年的礼物，由法国雕塑家弗雷德里克·巴托尔迪耗时 10 年打造，最终于 1886 年 10 月在哈德逊河入海口处的纽约自由岛上落成，寓意美国人追求和平与自由，是纽约市的地标建筑，也是美国的象征。该款车牌连续发行至 2000 年。

2001 年，纽约州开始发行新车牌，如图 3-315 所示。该款车牌的牌号使用深蓝色，中间首次使用缩小的州地图形状分隔符。在上侧色带中，从左到右，蓝天之下依次有尼亚加拉大瀑布、阿迪朗达克山脉和纽约市天际线剪影图案；天际线图案中最为显眼的就是帝国大厦，上侧色带中间还叠加白色州名；下侧深蓝色色带中印制白色宣传语"帝国之州"。尼亚加拉大瀑布是世界三大跨国瀑布之一，西侧属于加拿大安大略省，东侧属于美国纽约州，以秀丽的景色闻名于世。阿迪朗达克山脉地处纽约州东北部，是该州最高峰马西山所在地，也是纽约州第一大河哈德逊河发源地。1892年建立的阿迪朗达克公园，范围与阿迪朗达克山脉大致对应，是美国本土最大的公园，面积接近上海市的4倍，也是纽约州最著名的乡间度假胜地。该款车牌发行至2010年3月。

2010年4月到2020年5月，纽约州发行了极为简约的新款车牌，如图3-316所示。新款车牌以金黄色为主要背景，因此也被称为"帝国金"（Empire Gold）车牌。车牌整体为深蓝色字符、金黄色底，上下有宽窄不一的深蓝色色带，保留了缩小的州地图形状分隔符和宣传语"帝国之州"（少单词"the"）。富丽堂皇的两色车牌宣扬该州作为"帝国之州"的身份。整体来看，该款车牌有极好的可识读性，简约而经典。

图3-315　2001年款纽约州车牌　　图3-316　2010年款纽约州"帝国金"车牌

自2020年6月起，纽约州发行新车牌。该款车牌的设计，由纽约州居民在2019年9月从5款预选设计中投票选出。最终脱颖而出的车牌，除保留尼亚加拉大瀑布、自由女神像与帝国大厦等经典元素外，将宣传语改为纽约州格言——"精益求精"（Excelsior），如图3-317所示。新车牌在视觉上代表了美国这个多样化的州。

图3-317　2020年款纽约州"精益求精"车牌

3.33 北卡罗来纳（North Carolina）
是比似乎好

17世纪初，英国殖民者根据英国国王查理一世的名字"Charles"的拉丁文写法

"Carolus"，结合英文习惯，创造出"卡罗来纳"（Carolina）一词。

北卡罗来纳州从 1907 年起开始实施机动车注册制度，但直到 1913 年才开始发行车牌。在此期间，车辆注册后，车主将获得该州发行的一张圆形金属注册证，如图 3-318 所示。注册证上包含一个编号，车主据此编号自行制作并展示车牌。

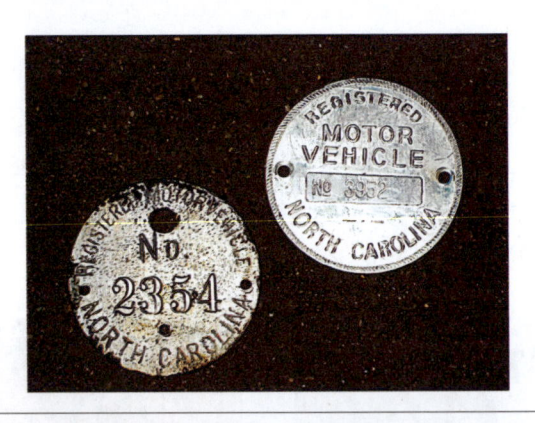

图 3-318　北卡罗来纳州早期机动车注册证（1907—1913 年）

图 3-319 为 1913 年之前北卡罗来纳州车主自制车牌。

1913 年 4 月，北卡罗来纳州开始发行车牌，该款车牌只发放给新登记的车辆。车牌搪瓷材质，白字黑底，右侧为垂直排列的州名缩写"NC"，下侧注明车牌有效期至当年 6 月 30 日，如图 3-320 所示。该款车牌是从发行注册证向发行车牌的过渡，实际发行时间仅 3 个月，而该州使用搪瓷材质制作车牌持续到 1916 年上半年。

图 3-319　1913 年之前北卡罗来纳州车主自制车牌

图 3-320　北卡罗来纳州发行的第一款车牌

图 3-321　1913 年年中北卡罗来纳州发行的第二款车牌

1913 年 7 月到次年 6 月，北卡罗来纳州开始发行第二款车牌，如图 3-321 所示。该款车牌内容布局未变，只是改为红字白底，有效期也对应改为次年 6 月 30 日，一年期车牌发行模式开始形成。该州在车牌上标注到期年月日的做法，持续到 1927 年上半年。

从 1916 年下半年开始，北卡罗来纳州发行金属压纹车牌，州名缩写"NC"使用交织样式，如图 3-322 所示。"NC"交织样式在之后该州发行的多款车牌中断断续续使用。

从 1927 年下半年开始，北卡罗来纳州发行的车牌不再标注到期时间。该款车牌红字白底，外侧为红色外框线，左侧为州名缩写"NC"，右侧上下分别是车辆功率等级字母标识与年份。车牌上的功率等级标识，从 1926 年 7 月发行的车牌（即上一款车牌）开始引入，A 代表 35 马力（约 24 千瓦）以上，B 代表 31～35 马力（22～24 千瓦），C 代表 26～30 马力（19～22 千瓦），E 代表 25 马力（约 18 千瓦）以下。功率等级标识在 1931 年的车牌中最后一次出现，但改为使用数字 1～4 按降序排列。

图 3-323 为 1927 年北卡罗来纳州使用的两款车牌。

图 3-322　1916 年年中北卡罗来纳州发行的一年期车牌

图 3-323　1927 年北卡罗来纳州使用的两款车牌

1953 年，北卡罗来纳州发行了两款车牌，一款与前些年的车牌样式基本一致，保持牌号、州名全称与年份内容；另一款则首次使用宣传语"安全驾驶"（Drive Safely），州名使用缩写"N.C."，如图 3-324 所示。1954 年，该州与前一年一样发行两款车牌。此后，除 1955 年外，该州车牌上的宣传语"安全驾驶"使用至 1963 年。

图 3-324　1953 年北卡罗来纳州车牌

1975 年，北卡罗来纳州开始发行多年期车牌，车牌使用新的宣传语"自由之先导"（First in Freedom），以宣扬该州努力摆脱英国殖民地身份的努力，如图 3-325 所示。该州的人认为，他们在 1776 年 7 月 4 日《美国独立宣言》签署之前，实际上已经干了两件脱离英国统治的大事。一件事

图 3-325　1975 年款北卡罗来纳州"自由之先导"车牌

169

是在 1775 年 5 月 20 日，该州签署《梅克伦堡独立宣言》；另一件事是在 1776 年 4 月 12 日，该州通过了《哈利法斯决议》。这两件事都是在美国独立前发生的，使该州处于美国争取独立斗争的最前沿。在该州现在使用的州旗上，特意将这两个关键日期写上。该款车牌红字白底，宣传语"自由之先导"和州名分别位于上下两侧，牌号使用发行年份数字"75"从中间分隔，垂直排列。该款车牌发行至 1978 年。此后，以该款车牌为基础，该州推出新车牌，保留红字白底，略作调整，发行至 1982 年。

1982 年年底，北卡罗来纳州发行第一款真正的多彩车牌，车牌上侧中央用浅蓝色印制莱特兄弟制造的飞机图案，并首次使用宣传语"首飞"（First in Flight），如图 3-326 所示。1903 年 12 月 17 日，莱特兄弟设计制造的世界上第一台动力飞行器在该州基蒂霍克小镇试飞成功，开启了人类迈进航空时代的步伐。该款车牌就是向这项 20 世纪最伟大的发明之一致敬，其设计也获得美国车牌收藏家协会的认可，荣获 1982 年最佳车牌称号。这也是该州车牌迄今为止唯一一次获此殊荣。

图 3-326　1982 年款北卡罗来纳州"首飞"车牌

2015 年，北卡罗来纳州不再发行"首飞"车牌。这是因为，新的历史证据表明，莱特兄弟可能不是第一个成功驾驶飞机的人。该荣誉的另一位有力竞争者（或其中之一）是来自康涅狄格州的在德国出生的航空先驱古斯塔夫·怀特黑德。

2015 年，北卡罗来纳州发行了一款可选乘用车车牌，用以纪念《梅克伦堡独立宣言》和《哈利法斯决议》，事件发生的时间位于车牌上侧，并再次使用宣传语"自由之先导"，如图 3-327 所示。该款车牌至今仍在发行中。

2019 年，北卡罗来纳州再次发行了一款可选乘用车车牌。该款车牌主要采用红白蓝三色，车牌上侧为颜色较淡的美国国旗图案，美国国家格言"我们信任上帝"重叠其上，中间为用短线分隔的牌号，再往下为另一宣传语——"是比似乎好"（To Be Rather Than to Seem），最下一行为红色粗体州名，如图 3-328 所示。"是比似乎好"译自拉丁语，最早见于罗马哲学家马尔库斯·西塞罗的《论友谊》一文，柏拉图的《理想国》中也有类似表达。或许得益于哲学巨匠的加持，各国加起来有近百所学校使用这一短语或其异文作为校训或箴言，北卡罗来纳州也在 1893 年将其定为该州格言。

图 3-327　2015 年款北卡罗来纳州车牌　　图 3-328　2019 年款北卡罗来纳州"是比似乎好"车牌

确实，是比似乎好。

3.34 北达科他（North Dakota）
和平花园州

达科他（Dakota）是苏族人对自己部族的称呼，意为"真正的勇士或男人"。

1911年7月，北达科他州开始要求车主注册登记车辆，并发行车牌。在此之前，该州有几个城市已经先行一步，有的城市只要求注册车辆，车牌由车主自行制作并展示，如法戈；有的城市已经发行车牌，如山谷城在该州统一发行车牌之前，已累计注册汽车89辆。图3-329为北达科他州法戈城早期车主自制车牌。图3-330为1910年北达科他州山谷城发行的车牌。

图3-329　北达科他州法戈城早期车主自制车牌 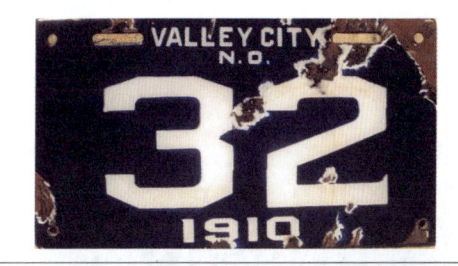　　　图3-330　1910年北达科他州山谷城发行的车牌

1911年，北达科他州统一发行的第一款车牌为金黄色字体、黑色背景，州名缩写"ND"与发行年份"1911"分别垂直位于左右两侧，如图3-331所示。此后，直到1947年，该州车牌除颜色变换外，式样布局完全未变，如图3-332所示。其间，受第二次世界大战金属使用限制的影响，该州1942年发行的车牌，在1943年通过发行挡风玻璃验证贴纸继续使用，而1943年车牌只发给新注册的汽车。图3-333为1943年北达科他州验证贴纸。

图3-331　1911年北达科他州发行的第一款车牌

图3-332　1947年北达科他州车牌 　　　图3-333　1943年北达科他州验证贴纸

1948年，北达科他州发行的车牌首次使用州名全称，车牌黑字黄底，上侧为州名全称，

右侧为垂直排列的发行年份。类似1942年车牌一样，1948年的车牌在1949年继续使用，1949年车牌只发给新注册车辆，唯一不同的只是验证方式从挡风玻璃验证贴纸改为车牌上的金属验证标签，而金属验证标签实际上就是压纹印制有1949字样的金属片，需要遮挡并铆在原来的车牌年份位置。1949年新发行的车牌，跟邻州明尼苏达州一样，车牌面板压印威化饼纹。图3-334为1949年北达科他州使用的两款车牌。

1956年，北达科他州车牌上开始使用宣传语"和平花园之州"（Peace Garden State），如图3-335所示。"和平花园之州"本是该州的官方别称。1932年，为纪念美国与加拿大两国持久和平，两国在该州北面与加拿大接壤处，大约在接近北美地理中心的位置，建造了一个跨国花园，取名"国际和平花园"（International Peace Garden），美国北达科他州与加拿大马尼托巴省大约各拥有花园一半的面积。图3-336为国际和平花园内景。1956年，北达科他州车辆管理部门决定将"和平花园之州"（Peace Garden State）印制在车牌上，结果备受好评，以至于次年该州立法机构正式将其定为该州的官方别称。宣传语"和平花园之州"在该州车牌上一直持续使用至今。

图3-334　1949年北达科他州使用的两款车牌　　图3-335　1956年北达科他州"和平花园之州"车牌

图3-336　国际和平花园内景

自 1958 开始，北达科他州开始发行多年期车牌。在 1992 年之前，该州通常每 3～5 年更新一次车牌。汽车每年的注册许可，一般通过每年发行不同颜色的金属验证标签或验证贴纸来实现，验证标签或贴纸位于车牌右上角。以 1958 年款车牌为例，从 1959 年至 1961 年，依次使用黄色、橙色和绿色的金属验证标签，如图 3-337 所示。

1984 年，北达科他州发行第一款多彩车牌，采用经典红白蓝三色，如图 3-338 所示。该款车牌左侧印制披挂国旗的美国总统西奥多·罗斯福和美国第一义勇骑兵团图案。西奥多·罗斯福于 1884 年前后曾在该州居住，其间经营牧场和写作，他自认为在此处的历练对他未来成为美国总统大有裨益，让他对保护自然环境有了更深的体验和认知。美国国家公园管理体系正是在他担任总统期间建立的。1898 年，罗斯福曾带领美国第一义勇骑兵团参加美西战争，在古巴战场上取得了不俗的战绩。该款车牌即向美国最伟大的总统之一西奥多·罗斯福致敬。1985 年，该款车牌被美国车牌收藏家协会评为年度最佳车牌。

图 3-337　1958 年北达科他州车牌（橙色部分为 1960 年验证标签）

图 3-338　1984 年款北达科他州车牌

1989 年，北达科他州发行建州百年纪念车牌，如图 3-339 所示。该款车牌牌号与最上侧的宣传语"和平花园之州"使用黑色，牌号上下两侧有黑色色带，上侧较短的色带印有白色"百年纪念"（Centennial）字样，下侧较长的色带中间为州名全称，两边分别为建州年份"1889"与车牌发行年份"1989"，色带中的字样均使用白色。车牌背景从上到下为浅蓝、白和橙黄渐变色。

图 3-339　1989 年款北达科他州建州百年纪念车牌

自 1993 年开始，北达科他州发行带有草原和蓝天背景的新车牌，如图 3-340 所示。车牌背景从下到上依次是黄色的草原、灰色的山脉和由白渐变为深蓝的蓝天。草原上左右两边分别有美洲野牛和麦穗图案。美洲野牛是美国的国兽，在该州有较多的分布；小麦则是该州主要的农业

图 3-340　1993 年款北达科他州车牌

作物，年产量在各州中排名第二位。野牛和小麦图案象征该州农牧业的发达。在车牌上，除下侧的宣传语"和平花园之州"外，上侧还首次增加宣传语"开拓精神"（Discover the Spirit），这句宣传语主要用来宣传和展示该州历史与文化的融合与多元性。该款车牌被美国车牌收藏家协会评为1993年最佳车牌，这是北达科他州车牌第二次获此殊荣。该款车牌是迄今该州发行时间最长的车牌，发行至2015年年底。

图 3-341　2015年款北达科他州车牌

2015年年底，北达科他州发行新车牌，使用至今，如图3-341所示。新款车牌整体保持了上一款车牌的各项设计元素，值得骄傲的是车牌背景为实景图片。另外，除了一直都在使用的宣传语"和平花园之州"，州名上面新增"传奇"（Legendary）一词，连起来就是"传奇北达科他"，目的也是进行宣传。

北达科他州还有世界上最大的美洲野牛雕塑、世界上最大的鲤鱼雕塑、世界上最大的沙丘鹤、世界上最大的用轮毂建造的乌龟……当然，该州还与加拿大马尼托巴省拥有世界上最大的跨国和平公园，这些景观有的听起来似乎无聊，但确实充满传奇性。

3.35　俄亥俄（Ohio）
航空诞生地

俄亥俄州的州名来自易诺奎语中的"Oheo"一词，意为"雄伟壮观的"。该词原本用于形容俄亥俄河，后来该州以河为名。

1908年，俄亥俄州正式要求车主注册车辆，并开始统一发行车牌。在此之前的1906年4月，该州实际上已经出台法律将车辆注册与车牌发行收归州政府统一管理，法律要求车主向州务卿注册登记并支付年费，州政府为车主发放金属注册章，车牌则由车主自行制作并展示。此项法律的内容与1904年纽约州的法律基本一致，被认为是其翻版。不幸的是，该法律出台仅一个月后，就被该州总检察长宣布无效，并最终于1907年11月被该州最高法院裁定违宪。

俄亥俄州首部汽车法律失败的原因，与该州下辖许多城市早已实施车辆登记制度并已经发行车牌不无关系。一方面，各城市已经有自己的做法，统一起来难度较大。该州克利夫兰被认为从1901年开始就已实施车辆注册制度，并可能是全美最早实施该制度的城市，尽管缺乏明确的证据，原因主要是该市并未要求在车牌上注明地名及年份，但该市是当时美国的汽车工业中心，这种说法也就正常不过了。另一方面，州统一注册登记车辆直接导致下辖城市损失此项财政收入，自然更难得到下面的支持。以辛辛那提为例，根据1908年5月《无马时代》杂志的报道，每年将减收5000美元（相当于现在的16万美元）的汽车注册费。俄亥俄州下辖城市发行的车牌如图3-342～图3-344所示。

图 3-342　1905 年俄亥俄州代顿车牌 　　　　　图 3-343　1906 年俄亥俄州辛辛那提车牌

图 3-344　1908 年俄亥俄州马西龙车牌

  1908 年，俄亥俄州新的汽车法律最终通过，随后该州开始发行车牌。第一款车牌采用搪瓷材质，白色字符，深蓝色背景，州名缩写"OH"采用花押字形式，即字母 O 中包含字母 H，位于车牌右侧，如图 3-345 所示。牌号位数越多，车牌越长，该款车牌未标注发行年份，发行至 1909 年。

  1910 年，俄亥俄州新发行的车牌开始标注年份，如图 3-346 所示。该款车牌仍采用搪瓷材质，白字，以暗红色为主的木纹背景。州名全称与发行年份分别位于车牌左右两侧，各用一条竖直白线与中间的牌号隔开。此后，直到 1974 年，该州发行的车牌一直标注发行年份。

图 3-345　1908 年俄亥俄州车牌 　　　　　　　图 3-346　1910 年俄亥俄州车牌

  1938 年，为纪念西北领地（Northwest Territory）建立 150 周年，俄亥俄州首次在车牌上印制宣传语和图案。宣传语为"西北领地 150 周年纪念"（150 ANNIV·N·W·TERR.），位于车牌左下侧，如图 3-347 所示。西北领地也称为俄亥俄河西北领地，实际上是现在俄亥俄河以北、密西西比河以西和五大湖以南地区。1787 年，西北领地依据《西北法令》成立，以其位于北美十三州西北面而得名。1803 年，俄亥俄第一个从领地中分离出来并建州。该款车牌下侧中央还印制有牛拉篷车图案，篷车是科内斯托加篷车。内布拉斯加州 1976 年建国 200 周年纪念车牌上也印制有这种篷车图案。此后，直到 1972 年，

美国车牌

图 3-347　1938 年俄亥俄州"西北领地 150 周年纪念"车牌

该州车牌又回到以前只包含牌号、州名与发行年份的式样，只是颜色每年变换。

1973 年，俄亥俄州车牌上使用新的宣传语"安全带系好了吗？"（Seat Belts Fastened?），如图 3-348 所示。该州车牌使用这一宣传语，恰值美国推广使用安全带，以此提醒驾驶人。1966 年 9 月，美国颁布实施机动车安全法规，并授权美国运输部制定车辆安全标准，后由美国运输部所属国家公路交通安全管理局牵头负责，于次年出台《美国联邦机动车安全标准》。1968 年，美国国家公路交通安全管理局规定轿车前排座位均要安装安全带。有趣的是，该机构之后修订安全标准，要求 1973 年 8 月以后生产的汽车需安装安全带与启动器联锁系统，也就是只有在系好安全带的前提下汽车才能启动。此事引发了美国公众的强烈不满，美国国会后于 1974 年禁止了这一要求。随后，国家公路交通安全管理局完善了安全标准，改为要求车辆配备安全带语音提示系统。

1974—1975 年，俄亥俄州车牌向多年期车牌转变。该款车牌将颜色从白字绿底改为绿字白底，宣传语与上款车牌保持一致。1975 年通过发行车牌验证贴纸的方式进行车辆年度验证，如图 3-349 所示。

图 3-348　1973 年俄亥俄州"安全带系好了吗？"车牌

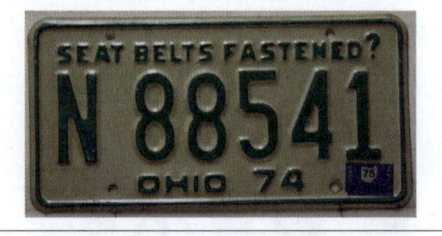

图 3-349　1974 年款俄亥俄州车牌

1991 年，俄亥俄州发行的车牌使用新宣传语"一切的心！"（The heart of it all!），如图 3-350 所示。宣传语为红色手写体，位于车牌上侧州名之下。车牌选用该宣传语的原因之一是俄亥俄州在形状上类似一颗心（牌号中间分隔符），该州旅游部门自 1984 年开始使用这一宣传语，目的是促进旅游业发展。

1997 年，俄亥俄州新车牌使用"航空诞生地"（Birthplace of Aviation）作为宣传语，如图 3-351 所示。新的宣传语主要是向怀特兄弟致敬，兄弟俩出生于该州代顿，并在此进行飞机研究、制造与测试等活动。俄亥俄州也是美国空军国家博物馆所在地。除此之外，该州还产生了最多的美国宇航员，包括登月第一人尼尔·阿姆斯特朗。宣传语"航空诞生地"此后在该州车牌上一直使用。

图 3-350　1991 年款俄亥俄州"一切的心！"车牌

图 3-351　1997 年款俄亥俄州"航空诞生地"车牌

2001 年，俄亥俄州推出建州 200 周年纪念车牌，如图 3-352 所示。该款车牌使用美国国旗经典红白蓝三色，三条色带从上到下构成主要背景，左侧印有该州建州 200 周年纪念徽标，上侧有"俄亥俄 200 周年纪念 1803—2003"（1803 Ohio Bicentennial 2003）字样。

2009 年，俄亥俄州新款车牌背景变得更加缤纷多彩，展示了一个阳光明媚的农场场景，被称为"田园风情"车牌，如图 3-353 所示。该款车牌包含起伏的山丘、农场、风车、朝阳、蓝天、白云及城市天际线等元素，颇为绚丽；右上角有宣传语"航空诞生地"对应的双翼飞机图案；上侧首次增加宣传语"锦绣俄亥俄"（Beautiful Ohio），与车牌整体背景呼应。有趣的是，该款车牌由当时的州长夫人弗朗西斯·斯特里克兰设计。

图 3-352　2001 年俄亥俄州建州 200 周年纪念车牌

图 3-353　2009 年款俄亥俄州车牌

2013 年 4 月，俄亥俄州发行了一款被称作"自豪俄亥俄"的车牌，如图 3-354 所示。该款车牌由坐落于州府的哥伦布艺术与设计学院的学生阿隆·罗伯茨设计，车牌上部的红色三角色块与飞机机翼类似，同时与该州独特的州旗形状呼应。车牌背景首次使用文字云设计，包含"航空诞生地"、"一切的心"、"瓢虫"、"七叶树之州"（The Buckeye State）与"摇滚"等 46 个字句。

图 3-354　2013 年款俄亥俄州"自豪俄亥俄"车牌

2021 年 12 月，俄亥俄州推出主题为"俄亥俄日出"（Sunrise in Ohio）的车牌，如图 3-355 所示。该款车牌设计元素与 2009 年"田园风情"车牌类似，两者异曲同工。

图 3-355　2021 年款俄亥俄州车牌

3.36 俄克拉何马（Oklahoma）
美洲原住民

俄克拉何马州的州名来自乔克托语。"okla"意思是"人民"，"homa"意思是"红色的"，两者合在一起就是"红皮肤的人"。这个名称是当地的一位美洲原住民酋长和美国政府签署条约的时候自己起的，后来作为州名。

俄克拉何马在 1907 年才建州，在 1915 年年底开始要求车主登记车辆并发行车牌。在此之前，该州许多城市已要求车主注册登记车辆，有的已经开始发行车牌，发行的车牌种类颇为繁杂。目前发现该州最早的车牌是由州府俄克拉何马城于 1907 年发行的，由于锈蚀严重，已不能区分车牌背景颜色。图 3-356 为俄克拉何马州肖尼城（Shawnee）早期发行的车牌。

1915 年年底，俄克拉何马州发行第一款车牌，如图 3-357 所示。该款车牌蓝字白底，州名缩写"OKLA"和发行年份分别纵向位于车牌左右两侧。牌号全部采用数字编号，这种做法一直持续到 1938 年。

有趣的是，俄克拉何马州在 1924 年发行的乘用车车牌中，只要是福特（Ford）汽车，都在牌号中间使用大写字母"F"做标识，而其他品牌汽车的牌号使用短线分隔。福特公司在 1908 年推出福特 T 型车，T 型车到 1924 年产量超过 1000 万辆，到 1927 年产量达到 1500 万辆。据说，当时整个俄克拉何马州一半的汽车都是福特汽车，但为什么专门在福特汽车车牌上使用"F"，暂无明确的记录，这种做法持

图 3-356　俄克拉何马州肖尼城早期发行的车牌

图 3-357　1915 年俄克拉何马州发行的第一款车牌

续到 1928 年。图 3-358 为 1928 年俄克拉何马州发行的带有"F"的车牌。

1939 年，俄克拉何马州车牌上加入县代码。1955 年，该州车牌上首次使用宣传语"访问俄克拉何马"（Visit Oklahoma），如图 3-359 所示。该款车牌白字黑底，宣传语与发行年份排成一行，位于上侧。该宣传语本身没有什么特别，实际上就是让本州车辆作为移动旅游推广平台。该宣传语持续使用至 1962 年。

图 3-358　1928 年俄克拉何马州发行的带有"F"的车牌

图 3-359　1955 年俄克拉何马州"访问俄克拉何马"车牌

1967 年，俄克拉何马州车牌上的宣传语改为"俄克拉何马挺好"（Oklahoma is OK），如图 3-360 所示。宣传语位于车牌上侧，车牌使用红字，背景为乳白色。红色和乳白色是俄克拉何马大学的校方色，使用这两种颜色目的是向这所该州最好的大学表达敬意。1968 年，该州车牌使用黑字橙底，这两种色彩是俄克拉何马州立大学的校方色。1968 年，该州车牌再次使用俄克拉何马大学的校方色。该州车牌上的宣传语"俄克拉何马挺好"，除 1979—1980 年外，使用至 1988 年。

1979 年，俄克拉何马州开始发行多年期车牌，如图 3-361 所示。是年发行的车牌蓝字白底，州名位于上侧中央。在车辆使用管理上，该州开始实行分月交错注册制度，

图 3-360　1967 年俄克拉何马州"俄克拉何马挺好"车牌

图 3-361　1979 年款俄克拉何马州车牌

也就是车辆注册及到期明确到月份，因此车牌右上角与左上角预留有压印的验证贴纸小方槽，以供验证年份贴纸和验证月份贴纸粘贴用；右上角小方槽有车牌发行年份后两位"79"压纹字样。该款车牌发行至次年。

1983 年，俄克拉何马州开始发行多彩车牌。该款车牌牌号使用绿色，宣传语使用黑色，背景主要为白色，下侧有带有太阳的黄色色带，如图 3-362 所示。以往位于车牌左上角与右上角的验证贴纸小方槽调整至左下角与右下角。牌号中间的分隔符使用州地图形状色块，这种

做法实际上是从上一款即 1981 年款车牌开始的。该款车牌发行至 1988 年。

图 3-362 1983 年款俄克拉何马州车牌

1989 年，俄克拉何马州发行新款车牌，如图 3-363 所示。该款车牌上的宣传语改为"不错！"（OK!），位于州名下方，连起来就是"俄克拉何马不错！"。同时，该州车牌上第一次出现美洲原住民欧塞奇族的战斗盾牌图案，位于牌号中间，同时起到分隔符作用；该图案也是该州州旗上的核心图案。"欧塞奇"（osage）一词本是该部落名称的法语版本，有好战之意。欧塞奇族被认为是凶悍、勇敢和好战的民族，在该州多有分布，欧塞奇保留地也是该州非常有名的原住民保留地。整个俄克拉何马州，现有原住民人数超过 31 万人，占本州人口比例近 9%，是全美原住民最多的州之一，仅略少于亚利桑那州和加利福尼亚州。欧塞奇战斗盾牌图案上覆盖着两个和平的象征，一个是美洲原住民的卡吕梅烟斗，另一个是源于欧洲人的橄榄枝，图案下面则是美洲原住民最喜欢使用的饰物，即鹰的羽毛。1989 年，该款车牌被美国车牌收藏家协会评为年度最佳车牌，发行至 1994 年。

1994 年，俄克拉何马州对前款车牌稍作修改，发行新款车牌，如图 3-364 所示。新款车牌只是在前款车牌下侧加入"美洲原住民"（Native America）字样。该款车牌发行至 2008 年。

图 3-363 1989 年款俄克拉何马州
"不错！"车牌

图 3-364 1994 年款俄克拉何马州
"美洲原住民"车牌

2009 年，俄克拉何马州推出新款车牌，如图 3-365 所示。该款车牌牌号使用红色，以白色为主要背景，保留了宣传语"美洲原住民"，欧塞奇族战斗盾牌图案缩小位于右下角。该款车牌最大的变化是在左侧增加了艾伦·豪泽的神圣雨箭雕塑。艾伦·豪泽出生于俄克拉何马州，是 20 世纪最著名的美洲原住民画家和现代主义雕塑家之一。神圣雨箭是艾伦·豪泽的雕塑作品，位于该州吉尔克雷斯博物馆入口，创作灵感来自奇里卡瓦阿帕奇族求雨的传说，雕塑展示了一位年轻的阿帕奇勇士单膝侧跪，向天空张弓引箭，正将含有族人祈雨祷文的箭射入神灵世界。这块车牌曾引起很大的争议，有人说这样的车牌带有宗教性质，有人说反对的声音影响言论自由。该款车牌被美国车牌收藏家协会评选为2009年最佳车牌，发行至2016年。

图 3-365　2009年款俄克拉何马州车牌

2017年，俄克拉何马州推出了全新设计的车牌。牌号为黑色，背景中央有一个巨大的飞行的白色剪尾王霸鹟图案，后面衬托以蓝色为主的山水图案。剪尾王霸鹟是一种好斗善飞的鸟，也是该州的州鸟。新款车牌上的宣传语改为"探索俄克拉何马"（Explore Oklahoma），位于上侧，下侧增加了该州官方旅游网站网址。该州车牌在2022年3月不再使用"探索"（Explore）一词，其他保持不变，正持续发行中，如图3-366所示。

图 3-366　2017年发行的两款车牌仍在发行

总体来看，俄克拉何马州原住民人数多，保留地面积较广，原住民文化十分丰富，因此该州不少车牌体现了原住民文化，这是对原住民的一种尊重。

3.37　俄勒冈（Oregon）
太平洋仙境

俄勒冈州的名字来自舒朔奈语"Origanum"一词，指的是一种当地特产的药用植物。后来，该词被根据读音改写成"Oregon"。

俄勒冈州最早要求居民登记车辆是在1905年。跟其他很多州一样，该州早期牌号由车主直接绘制在车身之上或车主自行制作并悬挂车牌。1908年，该州州务卿办公室已经开始根据车主需要，向车主提供车牌，但由车主自愿选择。车主自行制作的或州务卿办公室提供的车牌，在牌号前面需要有该州州名的缩写，如图 3-367 所示。

1911 年 8 月，俄勒冈州统一发行车牌，该款车牌黑字黄底，外侧有压印的凸纹外框线，左右两侧分别为纵向布置的州名缩写"ORE"与发行年份"1911"，如图 3-368 所示。此后，直到 1919 年，除颜色与年份字样每年有变化外，车牌的内容基本保持不变。

图 3-367　俄勒冈州早期车牌

图 3-368　1911 年俄勒冈州车牌

1920 年，俄勒冈州发行的车牌样式略有调整。新款车牌将州名缩写"ORE"和发行年份均置于车牌右侧，上下横向布置，中间以短线分隔，如图 3-369 所示。车牌上的内容和布局一直保持到 1926 年，每年只是颜色和年份有变化。

1927 年，俄勒冈州发行的车牌样式再做轻微调整。新款车牌首次使用州名全称，与发行年份排成一行，位于车牌下侧，如图 3-370 所示。此后，直到 1949 年，州名与年份有时在上侧，有时在下侧，颜色也不时调整，但车牌内容和布局未有较大的变化。

图 3-369　1920 年俄勒冈州车牌

图 3-370　1927 年俄勒冈州车牌

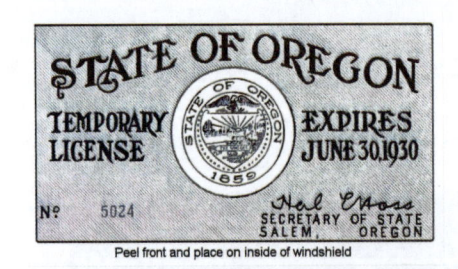

图 3-371　1930 年上半年俄勒冈州挡风玻璃验证贴纸

在此期间，有特殊例外：1930 年年初，俄勒冈州并未及时发行新款车牌来替换上年车牌，而是在年中才开始发行新款车牌。1930 年上半年，该州采用成本更低的发行挡风玻璃验证贴纸的方式颁发车辆许可证明，主要原因是受以 1929 年 10 月纽约股市大跌为标志的经济大萧条的影响。图 3-371 为 1930 年上半年俄勒冈州挡风玻璃验证贴纸。

俄勒冈州从 1930 年 7 月到 1933 年发行的四款车牌均标注了车辆许可到期的年月日。这期间的最后一款车牌只发行至 1933 年下半年，车牌上统一标注到期时间为 1933 年 12 月 31 日，如图 3-372 所示。次年之后，该州发行的车牌不再标注到期月日，车牌内容布局恢复到 1927 年的车牌式样，直到 1949 年。图 3-373 为 1949 年俄勒冈州车牌。

图 3-372　1933 年下半年俄勒冈州的车牌 　　　图 3-373　1949 年俄勒冈州车牌

1950 年，俄勒冈州引入分月交错注册制度。当年发行的车牌如同 1949 年款，用铝板制作，字符与外框线使用黑色，背景为未涂装的铝板本色。该款车牌的主要变化为在左上角加入发行月份缩写，如图 3-374 所示。该款车牌发行至 1954 年，但在 1951 年之后右上角再未印制发行年份，只预留金属验证标签安装口。

1955 年，俄勒冈州推出新款车牌，如图 3-375 所示。该款车牌采用金色字符与外框线，蓝色背景，右上角凸纹印制许可年份后两位数字。同样，如同前款车牌，该州在 1957—1959 年发行的车牌，再未印制年份后两位数字，改用金属验证标签。

图 3-374　1950 年俄勒冈州车牌 　　　图 3-375　1955 年款俄勒冈州车牌

在前款车牌的基础上，自 1959 年开始，俄勒冈州适当缩减车牌上的牌号与上侧州名的字符高度，在下侧加入宣传语"太平洋仙境"（Pacific Wonderland），这也是该州车牌上第一次使用宣传语，也是唯一一次，如图 3-376 所示。该州于 1859 年建州，该款车牌也是为了纪念该州建州 100 周年。

图 3-376　1959 年款俄勒冈州"太平洋仙境"车牌（1960 年验证标签）

俄勒冈州为什么叫太平洋仙境？主要是由于俄勒冈州西毗太平洋，拥有哥伦比亚河峡谷、蛇河地狱峡谷及火山口湖国家公园等众多自然奇观，风景秀美。至于"太平洋仙境"这一称谓的来源，则是源自奥林·惠勒自 1903 年起为北太平洋铁路公司撰写的"仙境"（Wonderland）系列书籍，书中介绍了俄勒冈州的风土人情。当然，不仅是俄勒冈州喜欢这个称谓，夏威夷州也自称太平洋仙境。

值得一提的是，2009 年，也就是建州 150 周年时，俄勒冈州以 1959 年款车牌为基础推出纪念版可选车牌，如图 3-377 所示。该款可选车牌的主要变化是在左上角加入建州 150 周年纪念徽标，徽标以州地图形状为底、左上角与右下角分别是州名缩写"OR"与数字"150"。

车主选用该款车牌，需额外支付 100 美元，筹集的额外资金由该州议会基金会与该州历史学会均分，用于支持教育事业。

1988 年 7 月，俄勒冈州首次发行多彩车牌，如图 3-378 所示。该款车牌牌号使用深蓝色，州名为淡蓝色，位于上侧中央；车牌背景为火山口湖国家公园，有浅浅的薰衣草色山脉和淡卡其色天空，淡绿色的道格拉斯冷杉位于中央，将牌号分隔为两部分。道格拉斯冷杉是该州州树，也是世界上最高的树种之一，世界上现存最高的活体道格拉斯冷杉高度近 100 米，位于该州库斯县境内。火山口湖是美国最深的湖泊。该款车牌被美国车牌收藏家协会评选为 1988 年最佳车牌。

图 3-377　2009 年款俄勒冈州建州 150 周年纪念车牌　　图 3-378　1988 年款俄勒冈州车牌

尽管 1988 年款车牌荣获最佳车牌奖项，但其配色饱受公众批评。作为对公众的回应，在保持车牌布局与图案的前提下，自 1989 年 11 月起，俄勒冈州新发行的车牌将原来的颜色整体加深，天空变成蓝色，冷杉变成深绿色，如图 3-379 所示。颜色调整后的车牌，发行至今。

图 3-379　1989 年俄勒冈州调整款车牌（验证标签显示 2026 年 8 月到期）

3.38　宾夕法尼亚（Pennsylvania）
拱顶石州

宾夕法尼亚州的名称源于英国移民威廉·宾（William Penn），英国国王查理二世为偿还其父亲的债务而授予威廉·宾美洲大片林地，并将其命名为"Pennsylvania"，拉丁文的意思是"宾的林地"。

宾夕法尼亚州在美国历史上书写了重要篇章，是独立战争的中坚力量，也是第二个承认联邦宪法并加入合众国的州。该州的车辆注册许可制度实施得很早，可追溯到 1903 年，所属县市则可追溯到更早时期。1900 年，该州最大城市费城的费尔蒙特公园管理委员会已经开始对需要在公园内道路上行驶的车辆实施许可制度，随后发行用皮革制作的车牌。费城也效仿这一做法，在 1903 年开始发行搪瓷车牌，如图 3-380 所示。该车牌是全美最早标注发行年份的车牌，也是最早有效期为一年的车牌。然而，此时发行的车牌，其作用实际上类似现在的驾驶证，因为车牌是发给个人的，当驾驶人需要驾驶其他车辆时，将车牌移过去即可。图 3-381 为 1903 年费城车辆驾驶人缴税收据和对应的许可证书。

图 3-380　1903 年宾夕法尼亚州费城车牌

图 3-381　1903 年费城车辆驾驶人缴税收据和对应的许可证书

1903 年，宾夕法尼亚州开始要求县政府代表州向驾驶人发布许可牌号。每个县从 1 号开始编号，驾驶人按许可牌号自行制作并展示车牌，已经发行的车牌可以继续发行，但并未要求在车牌上注明实际发行时间与地名。这种做法持续到该州开始统一发行车牌时。

1906 年，宾夕法尼亚州开始统一发行车牌。该州第一款车牌为搪瓷材质，白字蓝底，牌号由 1 开始依次编号，如图 3-382 所示。对于 1～99 号车牌，州名缩写与发行年份在右侧上下布置；对于牌号超过 100 号的，两者排成一行，位于车牌上侧。这种做法持续到 1909 年。

图 3-382　1906 年宾夕法尼亚州车牌（左：1～99 号样式；右：大于 100 号样式）

1910 年，宾夕法尼亚州发行的车牌上开始使用铝制拱顶石形标签，如图 3-383 所示。铝制标签铆于车牌左侧州名缩写"PENNA"与发行年份"1910"之间，约 50 毫米高，呈楔形，上宽下窄，与拱顶石侧面视图对应，标签上面刻有车辆制造编号，类似现在的车辆识别代

图 3-383　1910 年宾夕法尼亚州拱顶石形标签车牌

图 3-384　1916 年宾夕法尼亚州车牌

图 3-385　1937 年宾夕法尼亚州车牌

图 3-386　1941 年宾夕法尼亚州车牌

码。拱顶石象征顶端和核心。标签为什么是拱顶石形？长久以来，"拱顶石州"（Keystone State）一直是宾夕法尼亚州的别称。对于这个别称的来源，说法颇多，但核心都集中于凸显该州在美国建国中的重要作用，如法印战争和美国独立战争的第一枪都在此地打响。该州是美国第一个承认宗教自由的州，是第一个废除奴隶制度的州。该州地处美国立国 13 州的正中（北部有 6 个州，南部有 6 个州），因其在美国政治、经济和社会发展中发挥的关键作用而得名"拱顶石州"。车牌上的标签即与州名别称呼应。此后，直到 1915 年，该州每年发行的车牌，除颜色之外，基本未有变化。

1916—1919 年，宾夕法尼亚州每年发行的车牌与之前的车牌在视觉上除颜色外基本保持不变，但实际上车牌材质已改为金属，不再铆钉铝制拱顶石形标签，而是直接在金属板上凸纹压制拱顶石形标签，车辆制造编号也直接刻印在上面，如图 3-384 所示。

1921—1936 年，宾夕法尼亚州车牌上保留拱顶石图案，只是将其置于州名缩写与发行年份的两边，作为装饰。1937 年，该州车牌开始使用州地图形状框线，如图 3-385 所示。是年的车牌字符为金黄色，州地图形状背景为海军蓝色，州地图形状框线外用金黄色填充。该款车牌的样式，除颜色外，直到 1971 年基本上无较大变化。

从 1941 年开始，宾夕法尼亚州车牌上面标注两个时间，一个是发行年份，另一个是车牌有效期到期年月日（既标注到期年月日，又标注发行年份的，少有），发行年份和州名缩写排列成一行。该款车牌最大的变化是在最上侧加入到期年月日，到期时间统一为车牌发行次年的 3 月 31 日，如图 3-386 所示。这种在车牌上印制具体到期时间的做法，一直持续到 1958 年。此后，在 1979 年引入分月交错注册制度前，该州车辆许可的到期日仍然是每年 3 月 31 日，只是未在发行的车牌上直接注明。

1958 年，宾夕法尼亚州开始发行多年期车牌。该款车牌主要采用黄色字符和蓝色背景，较以往车牌也有几处变化，牌号中间首次使用拱顶石形状的小点作为分隔符，将以往车牌上的州名缩写从"PENNA"改为"PA"，年份也从一贯的四位数字改为使用后两位数字，如图 3-387 所示。从此以后，分隔符成为"拱顶石州"的象征（仅 1971—1977 年使用自由钟图案作为分隔符）。

1971 年，宾夕法尼亚州推出纪念建国和建州 200 周年车牌，如图 3-388 所示。该款车牌黄字蓝底，使用自由钟图案作为牌号分隔符，并首次使用宣传语"1976 年，建州 200 周年"（Bicentennial State'76）。自由钟又称"独立钟"，在英国制成后，于 1752 年 8 月被运抵费城。工人在安装时发现钟上有裂纹。后来，该钟被重新铸造，但钟上还是有裂纹，并形成了一条著名的锯齿状裂缝。自由钟被放置在宾夕法尼亚州议会大厦（现为美国独立纪念馆）的钟楼上，是费城的象征，更是美国独立自由精神的象征，如图 3-389 所示。从车牌上的宣传语可以看出，该款车牌不只是纪念美国建国 200 周年。1776 年，在费城召开的第二届大陆会议通过《美国独立宣言》，宣布包括宾夕法尼亚在内的 13 个殖民地成为自由独立州，而即将到来的 1976 年就是该州建州 200 周年。

图 3-387　1958 年宾夕法尼亚州车牌

图 3-388　1971 年款宾夕法尼亚州建国和建州 200 周年纪念车牌

图 3-389　费城自由钟

1999 年，宾夕法尼亚州首次发行多彩车牌，如图 3-390 所示。该款车牌背景从上到下依次为淡蓝色、白色和黄色的渐变色带，在较窄的上侧淡蓝色色带和下侧黄色色带上，分别印制州名全称和该州政府官方网站网址，牌号使用深蓝色，中间使用拱顶石形状的分隔符。

图 3-390　1999 年款宾夕法尼亚州车牌

2004年，该州车牌样式稍作调整，背景不再使用渐变色带，直接改为蓝色、白色与黄色色带，下侧黄色色带上的网址改为该州官方旅游网站网址。宾夕法尼亚州车牌一直用蓝色和黄色作为主色调。原来，蓝色为州旗颜色，黄色象征肥沃的土地。

2017年，宾夕法尼亚州车牌样式再作轻微调整，在左上角加入该州地图形状框线，发行至今，如图3-391所示。

图3-391 2017年款宾夕法尼亚州车牌

3.39 罗得岛（Rhode Island）
海洋之州

罗得岛州的州名源于州内的岛屿罗得岛，而其源头来自荷兰语"Roode"，意思是"红的"，因为岛上盛产红色黏土。

罗得岛州原名罗得岛与普罗维登斯庄园州（State of Rhode Island and Providence Plantations），是美国面积最小的州，也曾是美国州名最长的州。经过几番公投，该州终于在2020年把尾巴甩掉，正式改为现名。

罗得岛州于1904年4月13日通过第一部汽车管理法律，法律通过后立即生效，要求车主即时开始登记车辆，最晚不超过6月1日。有趣的是，该州发行的车牌并未提前准备好，临时订购的车牌紧赶慢赶，正好赶在注册截止日那天到达。除马萨诸塞州外，该州是美国第二个统一发行车牌的州。

罗得岛州在1904年6月发行的第一款车牌，白字黑底，上侧印制有"罗得岛州注册"（Registered in R.I.）字样，如图3-392所示。该款车牌从1号开始发行，第一年发行至850号，之后牌号依次递增，至1908年6月发行至3233号，均未标注发行年份。

从1908年年中到1912年年中，罗得岛州发行了第二款车牌。新款车牌仍然使用

图3-392 1904年罗得岛州车牌

白字黑底，只是将州名缩写"RI"置于牌号后面，大小与牌号数字相当，如图 3-393 所示。新车牌的发行，并不意味着上一款车牌被完全弃用。事实上，已经使用上一款车牌的车主，只要按规定缴纳注册费用，就可以申请按照新款车牌样式发放与以前同号的车牌。

由于牌号后面的州名缩写"RI"容易被误读为"81"，加上牌号即将突破五位数，车牌内容势必更加难以识读，因此新款车牌在 1912 年年中加速推出。该款车牌改为黑字白底，州名缩写"RI"改用较小字号纵向位于左侧，如图 3-394 所示。该款车牌发行至 1917 年年终。

图 3-393　1908 年款罗得岛州车牌（1909 年发行）

图 3-394　1912 年款罗得岛州车牌（1913 年发行）

自 1918 年起，罗得岛州开始每年发行一款车牌，在车牌上开始标注发行年份，一直持续至 1941 年，如图 3-395 所示。

1936 年，罗得岛州推出纪念先辈到此定居 300 周年车牌，首次在车牌上使用宣传语"第 300 年"（300th Year），如图 3-396 所示。该款车牌白字黑底，宣传语位于下侧，上侧州名左右分别有年份"1636"和"1936"。教士罗杰·威廉姆斯原本居住在马萨诸塞殖民地，因为抨击殖民地政教不分而获罪，在 1636 年逃到现在该州的普罗维登斯县内隐居。他曾经公开表示殖民者不应夺取美洲原住民的土地，因此得到原住民的信任，从而买到了一片土地，逐步建立普罗维登斯大农场。之后，与罗杰·威廉姆斯遭遇类似的教徒陆续来到此地定居，威廉姆斯对新到者予以必要的帮助。威廉姆斯实际上建立了罗得岛殖民地。1636 年也就是威廉姆斯等先辈最早到此定居的年份。

图 3-395　1918 年罗得岛州车牌

图 3-396　1936 年罗得岛州纪念先辈到此定居 300 周年车牌

1961 年，罗得岛州开始发行多年期车牌，车牌上不再印制年份或使用金属验证标签，改为使用车牌验证贴纸来体现车辆注册有效期，如图 3-397 所示。该款车牌黑字白底，外侧有黑色框线，州名靠左位于上侧，右侧留有空白，供粘贴年度验证贴纸。该款车牌发行至 1966 年，每年使用不同颜色的验证贴纸。

1967年，罗得岛州车牌第二次使用宣传语，实际上就是在车牌上侧印制"发现"（Discover）一词，跟下侧州名连起来，即"发现罗得岛"（Discover Rhode Island），算是一种对本州的宣传推广，如图3-398所示。该款车牌发行至1971年，如同前款，每年使用不同颜色的验证贴纸。

图3-397　1961年款罗得岛州车牌
（粘贴1966年验证贴纸）

图3-398　1967年款罗得岛州"发现"车牌
（粘贴1968年验证贴纸）

图3-399　1972年款罗得岛州"海洋之州"车牌（粘贴1975年和1976年验证贴纸）

1972年，罗得岛州发行新款车牌。该款车牌样式实际上与前款基本保持一致，只是将上侧的"发现"一词改为新的也是该州最广为人知的宣传语"海洋之州"（Ocean State），如图3-399所示。"海洋之州"本身是该州的官方别称。罗得岛州面积虽小，但拥有海岸线超过640千米、公立海滩60余处，而且从任何地方到海边不超过1小时车程。罗得岛州使用该别称，一方面是由于该州许多产业与海洋联系紧密，另一方面则是为了宣传和促进当地旅游业发展。该款车牌发行至1979年，而在此之前，除1946—1947年车牌使用过银色背景外，其他年份的车牌全部为黑白两色，全美独此一州。

1980年，罗得岛州推出的新款车牌为蓝字白底，并首次在车牌上使用锚图案，如图3-400所示。锚代表海洋，与该州官方别称对应。车牌上的宣传语"海洋之州"位于上侧中央，左右分别为锚图案和发行年份后两位数字；州名位于下侧。从1981年到1996年，除未使用年份后两位数字外，该州车牌样式基本未有较大变化，如图3-401所示。

图3-400　1980年款罗得岛州车牌
（粘贴1987年验证贴纸）

图3-401　1980年款罗得岛州车牌
（粘贴1994年验证贴纸）

1997 年，罗得岛州发行了有史以来最复杂的一款车牌，俗称"波浪牌"，持续发行至今。该款车牌字符使用海军蓝色，背景为白色，下部有浅灰色波浪图案，锚图案位于左上侧，上下两侧分别是州名和宣传语"海洋之州"，如图 3-402 所示。整个车牌的设计元素都围绕海洋这一主题。虽然该款车牌是该州最复杂的车牌，但相对于绝大多数州的车牌，依然算得上是非常简约了。

2022 年，罗得岛州车牌取消了号码中间的间隔符，号码仍保留 2007 年款车牌的六位，如图 3-403 所示。

图 3-402　2007 年款罗得岛州车牌
（粘贴 2013 年验证贴纸）

图 3-403　2022 年款罗得岛州车牌

3.40 南卡罗来纳（South Carolina）
一息尚存，不弃希望

南卡罗来纳州与北卡罗来纳州的名称来源相同。

南卡罗来纳州直到 1917 年才开始统一实施车辆注册许可制度并发行车牌，属于美国本土较晚发行车牌的州。在统一发行车牌之前，该州查尔斯顿、里奇兰及达灵顿等城市已经要求车主自行制作并悬挂车牌，或已经发行车牌。该州现存的早期车牌，有车主自行使用皮革制作的，也有县或市发行的搪瓷车牌，大部分未标注发行年份。

有趣的是，不少车牌上印制有汽车经销商或机械制造商等公司名称和标识，不少车牌设计制作颇为精美，如图 3-404 和图 3-405 所示。据推测，这应是早期企业的一种广告策略，故有的车牌甚至是企业免费提供的。

图 3-404　达灵顿县发行的印有汽车经销商标识的车牌

图 3-405　里奇兰县发行的印有机械制造公司标识的车牌（约 1916 年前后发行）

1917 年，南卡罗来纳州开始统一发行车牌。第一款车牌为金属材质，使用黑色字符和淡黄色背景，右侧为州名缩写"SC"和发行年份后两位数字上下排列，如图 3-406 所示。此后，直到 1975 年，除在 1933 年 11 月—1936 年 10 月发行过半年期车牌外，该州基本每年推出一款车牌。

南卡罗来纳州在 1924 年发行的车牌，州名缩写首次使用花押字造型，牌号最前面的字母用来代表不同的车重等级，如图 3-407 所示。车牌上使用字母标识车重等级的做法，实际上是从 1921 年开始的，一直持续到 1971 年。

图 3-406　1917 年南卡罗来纳州车牌　　　　图 3-407　1924 年南卡罗来纳州车牌

1926 年，南罗来纳州开始在车牌上印制萨巴尔棕树图案，如图 3-408 所示。萨巴尔棕树主要产于美国南部，具有耐寒、耐热、耐水、耐旱及耐风等特点，可谓一种十分坚韧的树种，是该州的州树。萨巴尔棕树也是该州州旗上的核心元素，在 1861 年 1 月被加到原来的新月旗上，经过几次轻微修改，最终成了该州现行的州旗。

图 3-408　1926 年南卡罗来纳州车牌

为什么要在州旗上加入萨巴尔棕树图案呢？在美国独立战争期间，该州查尔斯顿港入口处萨利文岛上的堡垒，因为被外围的萨巴尔棕树掩护而得以在英国海军大炮的攻击下幸存下来。新月旗本是 1775 年该州为脱离英国的战争而设计的。1860 年 11 月，该州因亚伯拉罕·林肯当选总统，第一个宣布脱离联邦，内战一触即发。1861 年 1 月，该州决定在原来的新月旗上加入萨巴尔棕树图案，也颇有深意。4 月 12 日，位于查尔斯顿港入口处的属于联邦管理的萨姆特堡遭受南方邦联军队的炮击，美国内战爆发。

南卡罗来纳州在 1926 年发行的车牌，以红字白底为主，外侧有红色框线，萨巴尔棕树图案位于右侧，树冠上有发行年份后两位数字，州名缩写"SC"两个字母分别位于树干左右两侧。萨巴尔棕树图案在 1927 年继续使用，在 1976 年该州发行的第一款多年期车牌上再次出现，之后该州发行的大多数车牌保留了该图案。

1930 年，南卡罗来纳州发行的车牌首次使用宣传语"碘"（Iodine），如图 3-409 所示。碘是人体必需的矿物质，主要通过饮食获取。该州在车牌上使用"碘"作为宣传语，说来挺有趣。20世纪20年代后期，该州种植的许多蔬菜和生产的牛奶等农产品被发现具有高含量的碘。为了推销这些农产品，在州政府与州商会等多方的共同努力下，单词"碘"被印制在车牌上，试图提醒那些碘匮乏的州多购买该州的农产品。此后，该州觉得使用单词"碘"不够直接高效，次年在车牌上改用"碘州"（The Iodine State），作为宣传语，如图3-410所示。1933年，该州又将车牌上的宣传语改为"碘产品州"（The Iodine Products State），如图3-411所示。很不幸的是，加碘食盐随后开始普及，直接扼杀了这个宣传语的意义。

图 3-409　1930年南卡罗来纳州"碘"车牌　　图 3-410　1931年南卡罗来纳州"碘州"车牌

　　1968年，南卡罗来纳州发行的车牌上，在下侧加入"汽车"（Auto）一词，如图3-412所示。只是这个加入的词意义不大，或者说毫无意义。还好，车牌上的这个词只是昙花一现，次年就被弃用。

图 3-411　1933年南卡罗来纳州"碘产品州"车牌　　图 3-412　1968年南卡罗来纳州车牌

　　1970年，南卡罗来纳州推出纪念该州最早的定居点建立300周年车牌，如图3-413所示。该款车牌白字绿底，外侧有白色框线，上侧为州名全称，下侧为宣传语"300周年"（300 Years），宣传语左右分别是年份"1670"与"1970"。当然，这里纪念的是英国殖民者建立定居点，而那些原本早已在此生活的原住民，反而因为殖民者的到来灭亡或被迫迁移，如因吉普切诺基车型而广为人知的切诺基族。

图 3-413　1970年南卡罗来纳州最早的定居点建立300周年纪念车牌

1976 年是美国建国 200 周年，南卡罗来纳州发行纪念车牌。该款车牌与亚拉巴马州、印第安纳州与伊利诺伊州等不少州在建国 200 周年推出的纪念车牌一样，使用了经典的红白蓝三色，也印制了"200 周年纪念"（Bicentennial）与年份"1776"等字样。该款车牌中央为一棵高大的红色萨巴尔棕树图案，下侧有蓝色的加农炮图案，加农炮两边分别是美国独立战争的开始和结束年份"1775"和"1783"，如图 3-414 所示。美国独立战争期间，约有 1/3 的战事在该州进行，加农炮与独立战争两项内容组合，颇有"枪杆子里面出政权"的味道。该款车牌也是该州推出的第一款多年期车牌，发行至 1979 年。有趣的是，车牌在发行中出现牌号印制上下颠倒的情况，关键是还用了，如图 3-415 所示。

图 3-414　1976 年款南卡罗来纳州建国 200 周年纪念车牌

图 3-415　1976 年款南卡罗来纳州牌号印制上下颠倒车牌

1980—1984 年，南卡罗来纳州的第二款多年期车牌背景使用州印章图案，位于车牌中央浅蓝色的州地图图案上，如图 3-416 所示。

1990 年，南卡罗来纳州推出新款车牌，该款车牌同时印制了该州州花和州鸟图案，如图 3-417 所示。该州州花是黄色茉莉花（中国俗称断肠草），州鸟卡罗来纳鹪鹩是美国东南部常见的一种鸟。该款车牌构图十分精妙，左右分叉的黄色茉莉花花枝正好将车牌分为左右两部分，卡罗来纳鹪鹩栖于花枝分叉处，让车牌兼具简洁美感与良好的可读性，因此被美国车牌收藏家协会评为当年最佳车牌，发行至 1997 年。

图 3-416　1980 年款南卡罗来纳州车牌

图 3-417　1990 年款南卡罗来纳州车牌

1998 年，南卡罗来纳州新发行的车牌使用全新的宣传语"微笑的面孔，漂亮的地方"（Smiling Faces. Beautiful Places.），主要目的是传达本州的热情与友善，如图 3-418 所示。多年来，不同网站与企业公布的美国各州友善度调查结果表明，南卡罗来纳州经常处于最友善的州前三名位置，看来该州并未辜负车牌上的宣传语。该款车牌发行至 2008 年 6 月。

2008年7月，南卡罗来纳州新推出的车牌将该州官方旅游网站网址印制在车牌上，车牌使用多彩的落日背景，并在车牌中央加入州旗上的新月图案，如图3-419所示。该款车牌发行至2016年1月。

图3-418　1998年款南卡罗来纳州"微笑的面孔，漂亮的地方"车牌

图3-419　2008年款南卡罗来纳州车牌

自2016年2月至今，南卡罗来纳州发行的车牌使用州格言作为宣传语——"一息尚存，不弃希望"（While I Breathe, I Hope.），如图3-420所示。这句格言源自拉丁语，类似的表达因出现在罗马哲学家马尔库斯·西塞罗的《致阿提库斯》一文中而广为流传，但准确的起源已经很难确定。该州经历2016年10月的"马修飓风"后，机动车辆管理机构宣布将颁发新的车牌和贴纸，"一息尚存，不弃希望"也是对该州人民在2016年应对灾害的坚韧和乐观致敬。新车牌放弃了落日背景，保持了前款车牌的新月和萨巴尔棕树图案，也保留了色彩渐变的设计方式。

图3-420　2016年款南卡罗来纳州"一息尚存，不弃希望"车牌

3.41　南达科他（South Dakota）
伟大的面孔，伟大的地方

南达科他州与北达科他州名称来源相同。

南达科他州地处美国中西部，该州实施车辆注册登记制度时间比较早，1905年即已开始。当局发放给车主一个印制有编号的圆形铝制注册牌，由车主按照编号自行制作并悬挂车牌，如图3-421所示。对于车牌的制作，该州只要求州名缩写"SD"必须出现在车牌上，对于车牌材质与制作工艺，并未规定。从保存到现在的车牌看，关于车牌字符高度的规定并未被严格执行。车

图3-421　1905年南达科他州发放的车辆注册牌

主自制的车牌多以皮革垫为基础，再钉上金属字符，对一个农牧业州来说，使用皮革当然是既容易又合适不过的了，如图3-422和图3-423所示。

图3-422　南达科他州车主自制车牌（1908年）

图3-423　目前发现的南达科他州最大牌号自制车牌（1912年）

1913年7月，南达科他州实施新的车辆注册制度，开始统一发行车牌。该州发行的第一款车牌，黑字白底，牌号采用五位以内的数字编号，车牌右侧为州名缩写"SD"，纵向布置，数字号码与州名缩写之间使用短线分隔，未标注发行年份，如图3-424所示。该州1914年和1915年发行的车牌分别使用白字红底和黄字黑底，其他内容和布局未变。

1916年，南达科他州发行的车牌上开始标注发行年份，如图3-425所示。此后，直到1975年，除极少数年份外，如第二次世界大战期间，该州基本上每年发行一款车牌。在未发行新车牌的年份，该州一般使用粘贴挡风玻璃验证贴纸或在已有车牌上安装金属验证标签的方式以示车辆经过注册。

图3-424　1913年南达科他州车牌

图3-425　1916年南达科他州车牌

1939年，南达科他州发行的车牌首次印制宣传语"拉什莫尔纪念公园"（Rushmore Memorial）。拉什莫尔纪念公园全称"拉什莫尔山国家纪念公园"（Mount Rushmore National Memorial），俗称"美国总统山"。公园内雕刻有高达18米的乔治·华盛顿、托马斯·杰斐逊、亚伯拉罕·林肯和西奥多·罗斯福四位美国杰出总统的头像，四位总统分别代表美国的诞生、成长、统一和繁荣，如图3-426所示。图3-427为拉什莫尔山总统雕像中的林肯头像。拉什莫尔山于1933年被纳入美国国家公园管理局管辖范围，而1939年正是雕刻的最后一部分西奥多·罗斯福总统头像宣告完工的时间。

南达科他州1939年车牌使用白底蓝字，宣传语位于下侧中央，如图3-428所示。此宣传语只使用了一年，但随着拉什莫尔山总统雕像广为人知，总统雕像最终成了该州车牌上常用的经典设计元素。

图 3-426　拉什莫尔山总统雕像
（从左向右依次为乔治·华盛顿、托马斯·杰斐逊、西奥多·罗斯福和亚伯拉罕·林肯）

图 3-427　拉什莫尔山总统雕像中的林肯头像 　　图 3-428　1939 年南达科他州"拉什莫尔纪念公园"车牌

1952 年，南达科他州车牌上第一次使用图案，即拉什莫尔山总统雕像图案，如图 3-429 所示。受制作工艺限制，车牌上的图案使用贴花法，因此许多保存至今的车牌上的贴花已经老化损毁。自此之后，该州推出的每款标准乘用车车牌都使用拉什莫尔山总统雕像图案，未曾中断，只是图案呈现的形式有所不同。随着时间的推移，拉什莫尔山总统雕像已经与自由女神像与白宫一样，成为美国的标志和象征。该州最初雕刻总统群像的目的就是吸引更多游客，从目前看这个目标实现得很好。近些年来，拉什莫尔山国家公园每年吸引游客约 300 万人次，而该州人口 2021 年还不到 90 万人。1952 年款车牌的颜色很有特点，字符使用栗色，背景使用浅褐色。此后，直到 1973 年，该州发行的各款车牌样式变化很小，主要变的是颜色和制作工艺。

图 3-429　1952 年南达科他州总统雕像图案车牌

1957 年，南达科他州车牌上的总统雕像图案不再使用贴花法，而是升级为直接印制，让

美国车牌

197

车牌整体更加平滑，更不容易老化损坏，如图 3-430 所示。该款车牌连续发行 3 年，此后两年分别通过安装栗色或红色金属验证标签，以示车牌有效注册，如图 3-431 所示。

图 3-430　1957 年南达科他州车牌　　　　　图 3-431　1959 年南达科他州车牌

1974 年，南达科他州发行了全新设计的车牌。该款车牌是该州第一款使用多种配色的车牌，如图 3-432 所示。车牌使用红蓝黑白四色，牌号与外侧框线使用蓝色，白色背景，州名与年份以红色为主，总统雕像图案使用黑色，整体设计简洁明了、主题突出，易于识读。美国车牌收藏家协会将该款车牌评为 1974 年最佳车牌。该款车牌推出后，未到年终即已用完所有牌样，该州在年终发行了第二款车牌，以补充缺口，如图 3-433 所示。

图 3-432　1974 年南达科他州发行的第一款车牌　　图 3-433　1974 年南达科他州发行的第二款车牌

1976 年，南达科他州开始发行多年期车牌。时值美国建国 200 周年，该款车牌使用美国国旗经典红白蓝三色，并使用了国旗的星条元素，上部使用三红两白条纹，下部使用两个星形图案将牌号中的发行县字母代码与编号数字分隔，右下角预留方形空间供粘贴年度验证贴纸用，如图 3-434 所示。该款车牌发行至 1980 年。

1981 年，南达科他州发行的新款车牌首次使用发行县县名贴纸，县名贴纸位于车牌上侧中央预留空白处，如图 3-435 所示。该款车牌让该州第二次获得美国车牌收藏家协会年度最佳车牌荣誉。该款车牌发行至 1986 年。

图 3-434　1976 年款南达科他州建国 200 周年纪念车牌　　图 3-435　1981 年南达科他州车牌

1987 年，南达科他州为纪念即将到来的建州 100 周年发行纪念车牌。该款车牌再次使用红白蓝三色，州名首次使用手写体，位于左下侧，下侧中央印制年份"1889—1989"，如图 3-436 所示。该款车牌发行至 1990 年。

1990 年后期，南达科他州发行的新款车牌使用了全新的宣传语"伟大的面孔，伟大的地方"（Great Faces. Great Places.），如图 3-437 所示。该宣传语与南卡罗来纳州车牌上的宣传语"微笑的面孔，漂亮的地方"（Smiling Faces. Beautiful Places.）如出一辙，也不知是谁借鉴了谁。1996 年，南达科他州发行新款车牌，继续使用前款车牌的设计要素，牌号叠加在总统雕像图案大背景上，由于颜色对比度小，车牌可识读性下降，如图 3-438 所示。该款车牌发行至 1999 年。

图 3-436　1987 年南达科他州建州 100 周年纪念车牌

图 3-437　1990 年南达科他州"伟大的面孔，伟大的地方"车牌

图 3-438　1996 年南达科他州车牌

2006 年，南达科他州新发行车牌背景中下部使用灰白饱和色总统雕像图案，上部为蓝色的天空，外侧有蓝色框线，手写体州名和宣传语使用红色，分别位于车牌上下两侧，如图 3-439 所示。该款车牌让该州车牌第三次获得美国车牌收藏家协会年度最佳车牌荣誉。

2016 年，南达科他州将前款车牌的总统雕像图案颜色改为浅褐色，州名和宣传语改为蓝色，去掉原蓝色外框线，发行新款车牌，如图 3-440 所示。该款车牌发行至今。

图 3-439　2006 年南达科他州车牌

图 3-440　2016 年南达科他州车牌

纵观南达科他州车牌，宣传语与设计元素几乎始终围绕拉什莫尔山总统雕像展开，与该州官方州名别称"拉什莫尔山州"（The Mount Rushmore State）一脉相承。

3.42 田纳西（Tennessee）
义勇军之州

切诺基族广泛分布于该地，而其中最大的一个部落叫作"Tanasee"，意思是"歪耳朵部落"。后来，田纳西州以此得名。

1905年，田纳西州开始要求车主注册登记车辆，由车主按照分配的注册号自己提供车牌。车牌有的由车主自己制作，有的由车主向专业的公司购买。该州对车牌制作材料并无明确规定，因此制作材料涵盖皮革、搪瓷、金属及木材等。从该州保存至今的车牌看，未发现有标注发行日期的车牌，但都包含州名缩写"TENN"，通常位于牌号数字后面，如图3-441所示。

图3-441　田纳西州早期车牌（约1913年）

田纳西州在统一实施车辆注册登记制度之前，下辖的孟菲斯、纳什维尔与查塔努加等城市已经开始在辖区内实施车辆注册登记制度。孟菲斯临密西西比河，商务和航运发展得早，也发展得好，这使其成为美国最初实施车辆注册登记制度的几个城市之一，也是南方最早实施车辆注册登记制度并要求车辆展示车牌的城市，早在1903年便已开始。

图3-442为田纳西州孟菲斯早期车牌（1905年以前）。

图3-442　田纳西州孟菲斯早期车牌（1905年以前）

1915年7月，田纳西州开始统一发行车牌。当时车牌只对新注册车辆发行，车牌编号在原州车辆注册登记编号的基础上继续增加，从23551号发行至27095号。该款车牌白字，底为深蓝色，发行年份和州名缩写"TENN"分别纵向位于左右两侧，下侧标注车牌过期时间，即当年12月31日，如图3-443所示。该州次年发行的车牌，改用黑字，底为乳白色，其余未变。此后，直到1961年，除1942—1943年使用同一款车牌外，其他年份该州每年发行一款车牌。

1917年，田纳西州发行的车牌不再标注车牌过期时间，保留发行年份。1924年，该州开始在牌号数字中间引入分隔点，发行年份与州名缩写位置适当调整，让牌号更易识读，如图3-444所示。

图 3-443　1915年田纳西州车牌

图 3-444　1924年田纳西州车牌

1926—1928年，田纳西州发行的车牌区分前后车牌，分别在上面标注"前"（Front）或"后"（Rear），均为白字黑底；"前"或"后"使用较小字体纵向位于数字牌号中间，同时起到分隔符的作用，如图3-445所示。需要特别介绍的是1927年车牌，该款车牌首次使用州地图形状的白色外框线，如图3-446所示。这个设计元素次年就停止使用，但在1936年再次启用，此后几乎出现在该州发行的各款车牌上。

图 3-445　1926年田纳西州车牌（后）

图 3-446　1927年田纳西州车牌（前）

从地图上看，田纳西州南北边界是两条近乎平行的线段，而东西边界则为弯曲的不规则线段，正好体现了美国两种主要的边界划定方式。前一种是经纬坐标划定，如南面原本计划以北纬35°为界，当时因技术等原因测量有偏差；后一种是自然界线划定，如东面主要以阿拉巴契亚山脉海拔最高的山脊线与北卡罗来纳州分开，西面则以密西西比河为界与阿肯色州和密苏里州隔河相望。

田纳西州在1936年发行的车牌，底板不再使用长方形，直接改为州地图形状。车牌字符与州地图形状外框线使用蓝色，背景为银色，同时首次使用州名全称，如图3-447所示。该州使用州地图形状底板的车牌一直发行至1956年，也就是北美诸国正式达成统一发行6英寸×12英寸（约

图 4-447　1936年田纳西州车牌

152 毫米 ×304 毫米）标准车牌的时间。

　　1957 年，田纳西州改为发行北美统一的长方形标准尺寸车牌。该款车牌白字黑底，外有白色方形大框线，内有白色州地图形状小框线，两位县代码数字与牌号位于小框线内，小框线下侧外面为州名缩写与发行年份后两位，如图 3-448 所示。

　　1962 年，田纳西州开始发行多年期车牌，如图 3-449 所示。该款车牌黑字白底，上侧州名缩写使用州地图形状框线包围，发行至 1965 年。1963—1965 年，该州车牌每年粘贴不同颜色的车牌年度验证贴纸，以示有效注册。1975 年，该州先后发行了两款车牌，继续使用黑字白底，整体样式无较大变化。

图 3-448　1957 年田纳西州车牌

图 3-449　1962 年款田纳西州车牌
（粘贴 1964 年验证贴纸）

图 3-450　1976 年款田纳西州"义勇军之州"车牌

　　1976 年，田纳西州首次发行多彩车牌，如图 3-450 所示。该款车牌牌号使用深蓝色，淡黄色的州印章图案印制在车牌中央，白色州名位于上侧蓝色条幅上，首次使用宣传语"义勇军之州"（Volunteer State），宣传语位于车牌下侧。"义勇军之州"是该州官方别称，起源于美国第二次独立战争期间，那时来自田纳西州的 3500 名义勇军战士在安德鲁·杰克逊将军的带领下，在 1815 年 1 月新奥尔良战役中英勇作战，最终战胜英军。安德鲁·杰克逊将军在 1829 年当选为美国第七任总统。在 1846—1948 年美墨战争期间，美国第十一任总统詹姆斯·波尔克招募 2800 名义勇军战士参战，结果该州超过 3 万人自愿参加。许多类似事件让该州"义勇军之州"的别称进一步巩固。为了彰显该州人民的英勇与奉献精神，该州议会最终在 2020 年 2 月通过法令认可这一别称。该款车牌也是在 1936 年之后推出的各款车牌中，该州第一款未使用州地图形状设计元素的车牌。也是从 1976 年开始，该州开始实施车辆分月交错注册制度。

　　1988 年，田纳西州发行的新款车牌首次使用蓝色圆形内有三颗白色五角星的图案，它是该州州旗的核心图案，如图 3-451 所示。三颗星分别代表该州法定的东部、中部和西部三个地区，共同位于蓝色圆圈内，代表统一融合。

图 3-451　1988 年款田纳西州车牌

该款车牌发行至 1993 年。

1994 年，为纪念即将到来的建州 200 周年，田纳西州发行新款车牌。新款车牌使用经典红白蓝三色，中间为该州议会大厦图案，上侧为"200 周年纪念 1796—1996"（BicenTENNial 1796—1996）和"义勇军之州"宣传语；"200 周年纪念"中包含的"TENN"正好为州名缩写，特意使用蓝色大写来区分，如图 3-452 所示。该款车牌发行至 1999 年。

2000 年，田纳西州发行新款车牌，在车牌上增加了当时该州的旅游宣传语——"听起来不错"（Sounds Good to Me），如图 3-453 所示。这条旅游宣传语位于州名之下，旨在强调该州在美国音乐发展中的关键作用和该州丰富多彩的音乐形式，以吸引更多游客。该州州府纳什维尔被称为音乐之城，该州最大城市孟菲斯也是"猫王"等音乐人开启音乐生涯之地。车牌中央使用了新的图案——金色的太阳正从该州升起，兼具牌号分隔符的作用。车牌中央该州地图形状色块使用深绿色，影响识读，之后被改为浅绿色。该款车牌发行至 2005 年。

图 3-452　1994 年款田纳西州建州 200 周年纪念车牌

图 3-453　2000 年款田纳西州"听起来不错"车牌

2006 年—2022 年 1 月，田纳西州发行的车牌使用黑色字符，背景为淡绿色起伏的山丘，山丘上面是白色的天空。在此期间，车牌略有调整，主要是先后加入州官方旅游网站网址，仍使用宣传语"义勇军之州"，而后又增加可选的美国国家格言"我们信任上帝"，如图 3-454 所示。

图 3-454　2006 年款田纳西州车牌

2021 年，田纳西州超过 30 万位居民投票，从四款备选样式中选择下一款车牌样式，其中一款得票率最高，为 42%，如图 3-455 所示。新款车牌在 2022 年 1 月 3 日开始发行，但车牌上的宣传语"我们信任上帝"是可选项目。

图 3-455　田纳西州四款备选车牌样式，最终 1 号车牌样式中选

3.43　得克萨斯（Texas）
孤星之州

西班牙殖民者到达当地时，向美洲原住民打听当地属于哪个部落，得到的回答是"Texia"，意为"友好的"。那些原住民以此来表明自己并不是和欧洲人敌对的阿帕奇部落。西班牙人误以为这是部落名，因此将当地称作"Texia"，后讹作"Texas"。

得克萨斯州从 1907 年开始要求车主注册登记车辆并自行制作车牌，由州授权县具体实施。州要求车主提供的车牌，字符高度为 6 英寸（约 152 毫米），这个高度相对于同期大部分州要求的 4 英寸（约 101 毫米）高出不少。对于发行年份与地名，该州并未要求，但有不少车主主动将州名、县名或者市镇名加上，如图 3-456 ~ 图 3-458 所示。

图 3-457　得克萨斯州新阿尔姆（New Ulm）早期车牌

图 3-456　得克萨斯州阿灵顿城（Arlington）早期 1 号车牌

图 3-458　得克萨斯州休斯敦（Houston）早期车牌

1917 年，得克萨斯州开始统一发行车牌。该州统一发行的第一款车牌，白字，底为深蓝色，州名缩写"TEX"纵向位于右侧，如图 3-459 所示。该州原本打算车牌发行后长期使用，因此车牌上并未标注日期，只是每年通过发行不同的金属验证标签来注册车辆，验证标签一般安装在车辆散热器适当位置。1917 年的验证标签为圆形，直径 4 英寸（约 101 毫米），白字红底；1918—1919 年，尺寸缩减为 3 英寸（约 76 毫米），颜色也有改变。由于盗窃事件频发，该州从 1920 年开始为每个验证标签编号，但编号与牌号并不相同。是年，验证标签改为 6 英寸 ×3 英寸（约 152 毫米 ×76 毫米）长方形。图 3-460 为 1917—1922 年得克萨斯州验证标签。

图 3-459 1917 年得克萨斯州车牌

图 3-460 1917—1922 年得克萨斯州验证标签

1923—1924 年，得克萨斯州发行的车牌白字黑底，左右两侧有纵向的州名全称，牌号中间首次使用一颗五角星作为分隔符，这实际上是该州最为有名的孤星标志，如图 3-461 所示。此后，直到 1975 年，除 1945—1955 年外，该州车牌上均使用孤星标志作为牌号分隔符。1924 年如同 1922 年一样，使用长方形验证标签，将其置于散热器，以示车辆已经注册。

1925 年，得克萨斯州发行的新车牌白字栗底，并开始标注发行年份，州名和发行年份分别纵向位于左右两侧，如图 3-462 所示。同时，从本年度开始，该州不再另外发行固定于车辆散热器上的验证标签。

图 3-461　1924 年得克萨斯州车牌 　　　　　　　图 3-462　1925 年得克萨斯州车牌

图 3-463　1936 年得克萨斯州
"百年纪念"车牌

1936 年，为纪念得克萨斯共和国（Republic of Texas）成立 100 周年，得克萨斯州车牌上首次使用宣传语"百年纪念"（Centennial），如图 3-463 所示。得克萨斯共和国是一个在 1836 年从墨西哥独立出来的国家，1845 年该国经议会决议加入美国，成为美国第 28 个州。该款车牌字符与外框使用深蓝色，背景为柠檬黄色，州名简称"TEX"纵向位于牌号中间，同时起分隔符作用，宣传语位于下侧中央。

1968 年，得克萨斯州车牌上使用宣传语"哈米斯博览会"（HemisFair），以庆祝和宣传在该州圣安东尼奥举办的世界博览会，是年也是圣安东尼奥建城 250 周年，如图 3-464 所示。哈米斯博览会的名称源于推动此次博览会成功举办的商人杰罗姆·哈里斯，与其姓名谐音。当然，该名称还与"地球半球"（Hemisphere）一词发音相似。哈米斯博览会在当年 4 月 6 日开幕，在 10 月 6 日闭幕，原本预计参观人数达到 720 万人次。然而，天时不济，博览会开幕的两天前黑人民权运动领袖马丁·路德·金被暗杀，两个月后的 6 月 5 日，竞选总统的罗伯特·弗朗西斯·肯尼迪——也就是 1963 年被刺杀的第 35 任美国总统约翰·肯尼迪之弟——再遭暗杀，种族运动与社会动荡的阴霾导致参观博览会人数受到影响，最终仅为 640 万人次。有趣的是，此次博览会主题是"美洲文明的融合"，看来不同文明的融合任重而道远。

1968 年的得克萨斯州车牌，白字黑底，牌号中央使用经典的孤星分隔符，宣传语位于下侧中央，两边同为车牌发行年份的后两位数字"68"，州名全称位于车牌上侧，如图 3-464 所示。

1976—1984 年，得克萨斯州发行第一款多年期车牌，如图 3-465 所示。该款车牌黑字白底，上侧为州名全称，未使用发行年份。牌号中间的分隔符号首次从孤星改为州地图形状，这也是该款车牌与 1975 年发行车牌的唯一区别。1978 年，该州开始实施分月交错登记制度。

图 3-464　1968 年得克萨斯州"哈米斯博览会"车牌 　　　　图 3-465　1976 年款得克萨斯州车牌

1985年，为纪念次年将到的得克萨斯共和国成立150周年，得克萨斯州发行的车牌使用新的宣传语"150周年纪念"（Sesquicentennial），颜色从两色变成州旗三色。牌号使用深蓝色，州名、宣传语、分隔符及其上下的年份"1836"与"1986"使用红色，背景使用白色，如图3-466所示。该款车牌发行至1986年。此后，直到1990年，该州发行的车牌只是将前述宣传语和年份去掉。

从1995年12月29日到次年年中，得克萨斯州发行新款车牌，纪念建州150周年，如图3-467所示。该款车牌主要使用红白蓝三色，外侧框线为黑色，州名和宣传语"建州150周年"（150 Years of Statehood）使用红色；车牌的特色是牌号中间使用兼具分隔符的图案——一颗巨大的五角星正从下面27颗较小的五角星中升起，图案中还包含该州地图形状的蓝色色块。这颗升起的巨大的五角星代表该州是第28个加入美国联邦的州，体现了该州的自豪与骄傲。该款车牌为什么在12月29日发行呢？原来，150年前的这一天，该州正式成为美国的一州。该款车牌因其独特的设计，推出后即获评为当年美国车牌收藏家协会年度最佳车牌。不过，该款车牌只发行了半年，是该州发行时间最短的车牌。

图3-466　1985年款得克萨斯州"150周年纪念"车牌

图3-467　1995年款得克萨斯州建州150周年纪念车牌

图3-468　1996年款得克萨斯州车牌

从1996年年中开始，得克萨斯州新发行的车牌使用红白蓝三色，最主要的特点是在上侧州名右边印制州旗图案，下侧中央有该州最为著名的别称，即"孤星之州"（The Lone Star State），如图3-468所示。"孤星之州"是美国最有名的州别称之一。自得克萨斯共和国从墨西哥独立出来建国，到成为美国一州至今，其使用的几款国旗（州旗）都有一颗五角星是最核心的构成要素。在该州印章、25美分纪念币与车牌上也反复出现孤星图案，最终让该州"孤星之州"的别称进一步巩固并广为人知。该款车牌发行至2000年年中。

自2002年2月起，得克萨斯州新款车牌与前款车牌开始同时发行。该款车牌全新设计，在车牌上展示了该州最具代表性的几个元素，包括航天飞机、海上油井与骑马牛仔等。坐落于该州最大城市休斯敦的美国太空总署约翰逊航天中心，是美国最大的航天研究、生产和控制中心，也是1969年人类首次成功登月的指挥中心，车牌上的航天飞机即代表该州的航天事业。

2003年2月1日，"哥伦比亚号"航天飞机事故造成机上7名航天员遇难，故2005年10月发行的车牌将原车牌左上角的航天飞机图案加上国旗，并在上侧使用7颗明亮的五角星以示纪念，牌号分隔符也首次加入州旗元素，如图3-469所示。另外，得克萨斯州还是美国现在探明石油储量最多的州，石油储量超过80亿桶，日产量超过500万桶，也是美国石油产量最多的州。该款车牌发行至2009年6月。

图3-469　2002年款得克萨斯州车牌（右图为2005年调整改款车牌）

2009年7月至2012年6月，得克萨斯州发行的车牌以该州著名的野营远足目的地戴维斯山（Davis Mountains）为背景，如图3-470所示。戴维斯山的命名是来自美国南北战争时期南方邦联总统杰斐逊·戴维斯。

2012年7月，得克萨斯州新款车牌返璞归真，黑字白底，发行至今，如图3-471所示。得克萨斯州几十年来都有黑白车牌。该款车牌与其他车牌明星共享相似的元素——清晰的州名、独特的标志（孤星）、作为登记号分隔符的州地图图案和州别称。

图3-470　2009年款得克萨斯州车牌 　　　　图3-471　2012年款得克萨斯州车牌

3.44　犹他（Utah）
团结一致

犹他州的州名出自纳瓦霍语的"Ute"一词，意思为"高山上面"。

1909年，犹他州开始要求全州车主注册登记车辆。车辆注册需向州务卿提出，并一次性缴费2美元。车辆注册后，车主将获得一个圆形铝制注册板（如图3-472所示），上面印有注册编号,车主按此编号自行制作并悬挂车牌。对于车主自行制作的车牌,该州要求牌号数字为 4 英寸(约 101 毫米)高,并在数字后加上州名首字母"U"或"UT",对于颜色和式样等无具体规定。有的车主委托专业公司制作车牌。在现存的犹他州早期车牌中,就有不少样式一致,使用黄铜精心制作的车牌。犹他州早期车牌如图 3-473 ~ 图 3-475 所示。

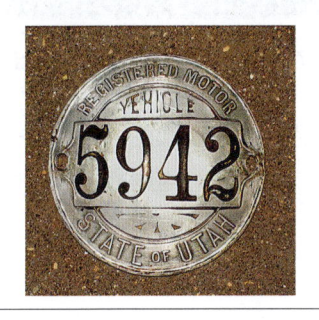

图 3-472　犹他州发行的圆形注册板(1914 年)　　图 3-473　犹他州早期车牌(1909 年 59 号)

图 3-474　犹他州早期车牌(1909 年 171 号)　　图 3-475　犹他州早期车牌(1914 年)

1915 年,犹他州开始统一制作发行车牌。该款车牌字符为深蓝色,底为白色,右侧上下排列字体稍小的州名首字母和发行年份后两位数字,如图 3-476 所示。此后,直到 1941 年,该州每年发行的车牌上一直保持牌号、州名首字母(或州名)与发行年份三要素。

1942 年,犹他州发行的新款车牌首次使用宣传语,宣传语为"秀丽美国中心"(Center Scenic America),如图 3-477 所示。该宣传语实际上是犹他州汽车协会和盐湖城商业俱乐部在 20 世纪 20 年代即已开始使用的宣传语,该州将其移植到车牌上为自己做宣传。从国家公园方面看,那时该州已有两个国家公园,即宰恩和布赖斯峡谷国家公园,数量仅次于加利福尼亚州和怀俄明州。现在,该州国家公园数量依然排名美国各州第三位,在中西部各州中排名第一位。该款车牌黑字白底,发行年份与州名全称在左侧上下布置,宣传语位于车牌下侧。受第二次世界大战美国金属使用限制的影响,该款车牌沿用至次年,并使用挡风玻璃验证贴纸以示车辆已经注册。1944 年,战争影响持续,该州发行的新款车牌主要使用大豆纤维制作,以致动物吃车牌的事件时有发生,车牌上的宣传语也未继续使用,如图 3-478 所示。

图 3-476　1915 年犹他州车牌

图 3-477　1942 年犹他州"秀丽美国中心"车牌　　　图 3-478　1944 年犹他州大豆纤维车牌

1945 年，犹他州金属车牌再度归来。新款车牌除颜色改为白字栗底并更新发行年份外，样式完全与 1942 年的车牌保持一致，如图 3-479 所示。1946 年，车牌颜色改为白字黑底，其他照旧。

图 3-479　1945 年犹他州车牌

1947 年，犹他州发行新款车牌，宣传语为"就是这地方"（This is the Place），以纪念耶稣基督后期圣徒教会（LDS，属摩门教）先驱者到达盐湖谷 100 周年，如图 3-480 所示。此宣传语看似普通，背后却有一段趣事。1844 年，杨百翰（Brigham Young）在伊利诺伊州开始领导耶稣基督后期圣徒教会。为解决教会信徒与邻居之间日益严重的冲突，1845 年 10 月，杨百翰与伊利诺伊州州长商定，次年带上信徒离开伊利诺伊州。杨百翰带领第一批信徒一路向西跋涉，于 1847 年 7 月 24 日到达大盐湖（Great Salt Lake）。在受病痛折磨与资金减少的情况下，他看到盐湖城边上的一处沙漠谷地，声称"就是这地方"。于是，信徒们西迁的漫长旅程终于结束，他们开始落地生根，开拓发展，最终成就了今天的盐湖城与犹他州。杨百翰后来成为该州的第一任州长。

图 3-480　1947 年犹他州"就是这地方"车牌

1948 年，犹他州新款车牌使用新的宣传语"友好之州"（The Friendly State），如图 3-481 所示。该款车牌发行后，许多居民批评宣传语大而空，再加上前期税务部门（该州车牌由税务部门发行）有官员认为不应该将车牌作为广告牌，于是次年不再使用宣传语。此后，直到 1985 年，该州车牌上才再次出现宣传语。

图 3-481　1948 年犹他州"友好之州"车牌

1968—1972 年，犹他州发行第一款多年期车牌，车牌上未印制发行年份，如图 3-482 所示。该款车牌白字黑底，中间为牌号，下侧为州名。1973—1985 年，该州发行了几款稍微不同的车牌，但均为黑字白底，其间 1973 年发行的部分车牌例外地标识年份后两位数字，

1974—1978 年发行的车牌牌号中间则首次使用蜂巢状图案作为分隔符，如图 3-483 所示。该州别称"蜂巢之州"（Beehive State），蜂巢意味着蜜蜂，该州正是通过蜜蜂勤劳不倦、为集体奉献的特征，来彰显早期先驱者的宝贵精神，而蜂巢也是该州州章和州旗上的重要构成元素。

图 3-482　1968 年款犹他州车牌

图 3-483　1973 年款犹他州车牌

1985 年，犹他州发行全新车牌。该款车牌首次使用红白蓝三色，背景白色，州名使用红色，其他字符和图案使用蓝色；车牌上侧有滑雪者图案，旁边有滑雪（Ski）字样。该州州府盐湖城年均降雪量高达 1430 毫米；大盐湖旁边高山上的小镇阿尔塔是著名的滑雪胜地，平均年降雪量达到 12898 毫米。该款车牌也是在 1948 年之后，该州车牌重新加入宣传语——"全球好雪"（Greatest Snow on Earth），如图 3-484 所示。当时该州正筹备申办 1998 年第十八届冬季奥林匹克运动会，"滑雪犹他州"主题设计在数款备选车牌设计中应运而生。遗憾的是，在申办结果中，犹他州屈居第二位，好在之后成功申办并在盐湖城举办了下一届即第十九届冬季奥林匹克运动会。该款车牌被美国车牌收藏家协会评为 1986 年最佳车牌，发行至 2007 年 11 月。

图 3-484　1985 年款犹他州"全球好雪"车牌

1996 年是犹他州建州 100 周年，故该州从 1992 年起，同步发行纪念车牌。车牌上使用该州的拱门国家公园标志性自然景观精致拱门图案，下侧加入宣传语"百年纪念"（Centennial）。1996 年，该州将纪念车牌上的白色州名改为蓝色，与前款"滑雪犹他州"主题车牌一同发行至 2007 年 11 月，如图 3-485 所示。

图 3-485　1992 年款犹他州建州百年纪念车牌

2007 年，犹他州同时发行两款新车牌，如图 3-486 所示。一款车牌与前述精致拱门主题车牌样式保持一致，只是将下侧宣传语改为"生活步步高"（Life Elevated）。另一款车牌，背景改为以浅蓝色为主的滑雪者与雪山图案，滑雪者位于牌号中央空白处，同时使用"全球好雪"和"生活步步高"两条宣传语。这两款车牌发行至今。

图 3-486　2007 年款犹他州车牌

　　自 2017 年 1 月起，犹他州推出另外一款发行至今的车牌。该款车牌左侧为美国国旗，左下为美国国家格言"我们信任上帝"，下侧为宣传语"团结一致"（United We Stand），如图 3-487 所示。该款车牌实际上是由 2013 年款特别车牌转化而来的。

图 3-487　2017 年款犹他州"团结一致"车牌

3.45 佛蒙特（Vermont）
青山之州

　　1609 年，法国探险家萨缪尔·德·尚普兰宣称今天的尚普兰湖地区为自己的领地，湖也用自己的名字命名。当时，法国人初到此处，阿巴拉契亚山的植被特别茂盛，因此将周围的地区称为"青山"（法语：Vert Mont），州名"Vermont"即由此而来。此后，英法北美七年战争（1756—1763 年），法国战败后将该地区割让给英国，以致佛蒙特曾在 1777—1791 年短暂独立建国，称佛蒙特共和国，后于 1791 年加入美国，成为其一州。

　　1904 年，佛蒙特州通过了规范全州车辆注册登记的法律并立即生效，但实际到 1905 年 5 月才真正开始强制实施，同步发行车牌。根据该州法律规定，车主必须向州务卿一次性付款 2 美元作为注册登记费，车主注册登记后获得州政府发放的一副搪瓷车牌。如同新罕布什尔州等新英格兰地区其他州，汽车规范管理参照马萨诸塞州的规定。1905 年，该州最早发行的车牌，计划使用多年，并未标注发行日期或有效日期，颜色式样完全照搬 1903 年马萨诸塞州车牌，白字蓝底，就连车牌制造商都是同一家，唯一不同就是更换了州名，如图 3-488 所示。

1906 年，佛蒙特州官员意识到该州需要尽快发行新款车牌，因为其车牌与马萨诸塞州车牌非常相似，两州又相邻，两州车牌混淆的情况时有发生。最终，该州于 1907 年开始发行新款车牌，计划发行两年。该款车牌黑字白底，州名缩写"VT"使用稍小的字号，位于右侧，如图 3-489 所示。该款车牌两年共计发放约 2000 副。

图 3-488　1905 年款佛蒙特州车牌

图 3-489　1907 年款佛蒙特州车牌

自 1909 年开始，佛蒙特州每年发行一款车牌，同时注明发行年份。是年发行的车牌，黑字白底，州名缩写"VT"与年份位于右侧，如图 3-490 所示。此后，直到 1966 年，除 1942—1943 年因第二次世界大战影响而使用同一款车牌外，该州基本上每年发行一款车牌。

图 3-490　1909 年佛蒙特州车牌

图 3-491 为 1915 年佛蒙特州悬挂 1111 号车牌的汽车。该州 1907—1915 年的车牌均为黑字白底。

图 3-491　1915 年佛蒙特州悬挂 1111 号车牌的汽车

1916—1918 年，佛蒙特州发行的车牌未印制发行年份（如图 3-492 所示），之后到 1919 年恢复。1920 年，随着车牌编号位数增加，为便于识读，该州在牌号中间引入分隔符，如图 3-493 所示。1936—1937 年，该州发行的车牌短暂标注注册到期年月日，如图 3-494 所示。

图 3-492　1916 年佛蒙特州车牌 　　　　　　　图 3-493　1920 年佛蒙特州车牌

1948 年，佛蒙特州发行的车牌上首次使用宣传语"青山"（Green Mountains），如图 3-495 所示。该州 78% 的土地被茂密的森林覆盖，故别称为"青山之州"（Green Mountain State）。该款车牌，金字绿底。绿色与该州别称呼应，也是该州车牌最经典的颜色，此后在各款车牌上再未缺席过。车牌上的宣传语"青山"连续使用至 1950 年。

图 3-494　1937 年佛蒙特州车牌 　　　　　　　图 3-495　1948 年佛蒙特州"青山"车牌

1957 年，佛蒙特州车牌上的州名前加了单词"看"（See），连起来就是新的宣传语——"看看佛蒙特"（See Vermont），如图 3-496 所示。该州车牌使用宣传语的目的是进行推广，这种做法一直持续到 1966 年。此宣传语在之后的 1969—1971 年和 1972—1976 年再度使用，也是该州截至目前在车牌上使用频次最多的宣传语。

图 3-496　1957 年佛蒙特州"看看佛蒙特"车牌

1967 年，佛蒙特州开始发行多年期车牌，每年通过发行验证贴纸以示车辆有效注册。该州第一款多年期车牌，白字绿底，外侧有白色框线，州名位于下侧中央，左下侧留有长方形白色贴纸粘贴位置，右下侧有年份后两位数字，如图 3-497 所示。该款车牌虽是多年期车牌，但实际上只发行至次年。该州此后发行的车牌，全部为白字绿底，在配色上再未改变。

图 3-497　1967 年款佛蒙特州车牌

1969—1971 年，佛蒙特州发行第二款多年期车牌，再次使用宣传语"看看佛蒙特"，同时不再印制发行年份，如图 3-498 所示。1972—1976 年，该州发行第三款多年期车牌，与前款车牌的唯一变化，就是将下侧的宣传语调整到上侧。1977—1984 年，该州发行第四款多年期车牌，车牌上再次使用宣传语"青山"，如图 3-499 所示。该款车牌左下角和右下角分别预留圆形和长方形两个验证贴纸粘贴位置，这在该州各款车牌中是独有的，在全美其他各州车牌中未见，关键是预留的圆形贴纸粘贴位置从未被使用过。

图 3-498　1969 年款佛蒙特州车牌　　　　图 3-499　1977 年款佛蒙特州车牌

1985 年，佛蒙特州推出新款车牌。该款车牌牌号外侧使用白色矩形包围，矩形上侧中央为州名，左侧为糖枫树图案，矩形下侧为宣传语"青山之州"，如图 3-500 所示。糖枫树本是佛蒙特州的州树，木质坚硬而饱含淀粉，是制作枫糖浆的常用原材料。佛蒙特州的枫糖浆全美著称，产量稳居各州第一位。该州在车牌上加入糖枫树图案也就自然不过了。1990 年，该州发行的车牌微微调整，牌号字符更细一点，牌号中间留出适当空间以示间隔，更便于识读，如图 3-501 所示。

图 3-500　1985 年款佛蒙特州"青山之州"车牌　　　　图 3-501　1990 年款佛蒙特州车牌

总体来看，佛蒙特州车牌极为简洁，一直具有极好的可识读性，在 1967 年后更是始终保持白字绿底的整体样式，与州名别称"青山之州"相互呼应。

3.46　弗吉尼亚（Virginia）
只为恋人

英国女王伊丽莎白一世终身未嫁，被称作"童贞女王"（Virgin Queen）。16 世纪，该殖民地建立时，为了向伊丽莎白女王致敬，将其命名为"Virginia"，即"童贞女王的土地"。

弗吉尼亚州于1906年通过法律，开始在全州实施车辆注册登记制度并发行车牌。根据该州法律规定，车主必须向州务卿一次性付款2美元作为注册登记费，车辆注册登记后州政府向车主发放一块搪瓷车牌，车主将车牌悬挂在车身后面。该州发行的第一款车牌，计划使用多年，因此如同许多州一样，未特意标注发行日期或有效日期。该款车牌，白字黑底，州名缩写"VA."采用较小字体，位于牌号数字后，靠下侧对齐，如图3-502所示。该款车牌发行至1910年。

图3-502　1906年款弗吉尼亚州车牌（1907年发行）

1906年，弗吉尼亚州通过法律，允许下辖市镇根据本区需要实施车辆注册登记制度并收取相应的费用，因此有市镇自行发行车牌并收取费用，下辖的纽波特纽斯与克利夫顿福奇等市镇即如此，如图3-503和图3-504所示。

图3-503　弗吉尼亚州纽波特纽斯车牌（1910年前后发行）

图3-504　1914年弗吉尼亚州克利夫顿福奇车牌

1910年3月，弗吉尼亚州新的法律生效，要求在1909年以前注册登记的车主必须在6月底之前重新申领新款车牌，而在1910年早期刚发行的车牌，按新费用标准补交注册登记费的差额部分，就可以继续使用至年度终了。因此，当年在路上可以同时看到新老两款车牌。同时，新法律还要求自此之后，每年发行新车牌。1910年新款车牌为红字白底，开始在车牌上加入发行年份，如图3-505所示。此后，直到1972年，除字符与背景颜色有变化外，该州车牌整体式样无重大变化，始终保持牌号、发行年份与州名（或缩写）三项内容。

图3-505　1910年弗吉尼亚州车牌

1927年，弗吉尼亚州发行的车牌因为可读性太差而饱受批评。是年发行的车牌，使用数百年来人们在庆祝圣诞节时最常使用的红色和绿色为主色，因此也被称为"圣诞色车牌"，如图3-506所示。车牌字符与外侧框线使用红色，背景为绿色，由于

图3-506　1927年弗吉尼亚州车牌

216

对比度等原因，很难识读而受到各方诟病。因此，该州吸取教训，自此以后发行的车牌，总体上保持简约而易读的设计，尤其以黑白和蓝白配色为主。

因第二次世界大战和朝鲜战争导致的金属使用限制，1943年和1952年这两年，弗吉尼亚州未发行新款车牌，而是与上一年度使用同款车牌。当年只给新注册车辆发放车牌，通过用金属验证标签覆盖上年车牌年份的方式，以示车牌有效注册，如图3-507和图3-508所示。

图3-507　1943年弗吉尼亚州安装验证标签的车牌

图3-508　1952年弗吉尼亚州安装验证标签的车牌

1973年，弗吉尼亚州开始发行多年期车牌。新款车牌结束了自1954年以来连续使用黑白两色的惯例，改为蓝字白底，如图3-509所示。此后，蓝白配色一直是其标准配置。同时，新款车牌不再直接印制发行年份，而是在左上角与右上角预留方形空白处供粘贴年份与月份验证贴纸，以此标注许可有效期。该款车牌发行至1979年。此后，该州接着发行第二款多年期车牌至1992年，该款车牌较前款车牌的主要变化就是州名使用蓝色，牌号使用深蓝色，中间的分隔符也从点改为小短线，如图3-510所示。此后，直到2002年6月，该州发行的车牌只有较小的变化，如图3-511所示。

图3-509　1973年款弗吉尼亚州车牌

图3-510　1979年款弗吉尼亚州款车牌

图3-511　1993年款弗吉尼亚州车牌

2002年7月，弗吉尼亚州首次发行带有图案和宣传语的车牌。2007年是英国第一批移民到达北美洲——具体地点就是该州詹姆斯敦——建立永久定居点400周年。1607年4月，根据英国国王詹姆斯一世的指令，克里斯托弗·纽波特等领导的探险船队到达今天的弗吉尼亚州沿岸，5月建立定居点詹姆斯敦，即英国在北美地区的第一个殖民定居点，以国王的名字命名。为了纪念这一即将到来的重大日子，该州车牌首次印制宣传语"400周年纪念"（400th Anniversary），宣传语左右两侧分别印制年份"1607"和"2007"，宣传语中间印制一艘17世纪的帆船图案，州名与宣传语分别位于车牌上下两侧。在配色上，该款车牌使用美国各州在重大事件节点发行纪念车牌最常用也是最经典的红白蓝三色。2002年10月，即该款车牌发行3个月后，该州将车牌上侧蓝色的州名改为红色，新款车牌发行至2006年年中，如图3-512所示。

图3-512　2002年弗吉尼亚州"400周年纪念"车牌（右为10月改款）

2006年年中，弗吉尼亚州在前款车牌的基础上发行新款车牌。新款车牌将原来的宣传语"400周年纪念"改为"美国400周年纪念"（America's 400th Anniversary），并加入"詹姆斯敦"（Jamestown）字样，同时在左下角印制詹姆斯敦建立400周年纪念活动徽标，如图3-513所示。可以说，詹姆斯敦的建立，让北美真正迈入殖民地时代，最终一步一步发展成今天的美国，该州车牌改用"美国400周年"作为宣传语，并不突兀和夸张。该款车牌发行至2007年12月。

自2008年起，弗吉尼亚州新发行的车牌实际上回到1993年款车牌的样式，持续发行至2014年2月，如图3-514所示。

图3-513　2006年款弗吉尼亚州"美国400周年纪念"车牌

图3-514　2008年款弗吉尼亚州车牌

自2014年3月起，弗吉尼亚州推出的新款车牌印制该州最有名的宣传语"弗吉尼亚只为恋人"（Virginia is for Lovers），如图3-515所示。该宣传语最早是该州旅游推广宣传语，其精彩之处需要回溯一下历史。1584年，英国探险家沃尔特·雷利抵达现在的弗吉尼亚州地区，建立弗吉尼亚殖民地，这也是英国海外第一个殖民地。当时在位的英国女王伊丽莎白一世，是著名的童贞女王，该地用"弗吉尼亚"命名便是为了赞颂女王，而"弗吉尼亚"在英文中也有"处女地"之意。该宣传语因有意使用州名和贞洁双关的语义而广为流传，先后被评为"过去 50 年最具标志性的宣传语"和"福布斯十大旅游宣传语",但也因其具有双关语义,难以传神翻译。该款车牌发行至今。

图 3-515　2014 年款弗吉尼亚州"弗吉尼亚只为恋人"车牌

3.47　华盛顿（Washington）
常绿之州

华盛顿州以美国第一任总统乔治·华盛顿的名字命名。这是唯一一个和独立后的美国历史有关系的美国州名。

1905 年，华盛顿州通过法律，要求车主注册登记车辆。早期车牌由车主自己提供和悬挂，州名缩写"WN"需位于牌号数字前面，法律还同时明确禁止县市地方政府许可汽车使用。华盛顿州早期车牌如图 3-516 和图 3-517 所示。

图 3-516　华盛顿州早期车牌（1909 年/1910 年）

1915 年 6 月，华盛顿州开始统一发行车牌。第一款车牌为白字蓝底，外侧有压印的凸纹框线，左右两侧分别为纵向布置的州名缩写"WN"与到期年份"1916"，如图 3-518 所示。按该州规定，从每年 3 月到次年 2 月为一个注册年度，这种做法持续到 1920 年。

图 3-517　华盛顿州早期车牌（1914 年/1915 年）

图 3-518　华盛顿州第一款车牌

1920 年，沃拉沃拉（Walla Walla）监狱的一家黄麻厂变成了车牌工厂，华盛顿州的车牌都在这里由囚犯生产，如图3-519所示。该工厂现在是美国43家监狱工厂之一，为40个州和联邦政府生产车牌。

图 3-519　沃拉沃拉监狱生产车牌的情景

从第二款车牌开始，华盛顿州按车辆分类发行车牌，在车牌上使用对应的字母代码进行标识，如"X"代表乘用车、"A"代表出租车、"T"代表货车等，字母代码位于到期年份后两位数字的上面，如图3-520所示。这种在车牌上使用车辆分类标识的做法，一直持续到1935年。也是在1935年，该州在车牌上引入县代码标识，该款车牌也因此成为该州唯一既有车辆分类标识又有县代码标识的车牌，如图3-521所示。

图 3-520　1916年/1917年华盛顿州乘用车车牌

图 3-521　1935年华盛顿州车牌
（P为Whitman县代码，X为乘用车代码）

1936—1949年，华盛顿州发行的车牌保持牌号、州名和年份三项要素，整体无大的变化，如图3-522所示。在此期间，受第二次世界大战影响，部分年度使用挡风玻璃验证贴纸以示车辆已经注册，如图3-523和图3-524所示。

图 3-522　1936年华盛顿州车牌

图 3-523　1943年华盛顿州挡风玻璃验证贴纸

1939 年，为纪念建州 50 周年，华盛顿州车牌上首次印制宣传语"金色 50 周年纪念"（Golden Jubilee），如图 3-525 所示。华盛顿州在 50 年前的 1889 年 11 月 11 日，加入联邦，成为美国第 42 个州，而州名就是为了纪念美国开国总统乔治·华盛顿，华盛顿也正是在 100 年前的 1789 年正式就任美国总统。

图 3-524　1944 年华盛顿州挡风玻璃验证贴纸

图 3-525　1939 年华盛顿州"金色 50 周年纪念"车牌

1950 年，华盛顿州正式开始实施多年期车牌制度。是年发行的车牌，在年份后两位数字处左右两侧预留安装孔，以供后续年度安装车牌验证标签之用，如图 3-526 所示。此后，1951—1953 年发行的车牌，除将年份更改外，其他保持不变。已经发行的车牌下一年度需要继续使用的，通过安装对应的年度验证标签以示车辆已经注册，如图 3-527 所示。1952 年，受朝鲜战争中金属使用限制的影响，该州车牌与验证标签曾一度耗尽，未能及时补充，对新注册登记的车辆只能发放挡风玻璃验证贴纸以示注册，如图 3-528 所示。

图 3-526　1950 年款华盛顿州车牌

图 3-527　1951 年华盛顿州安装验证标签的车牌

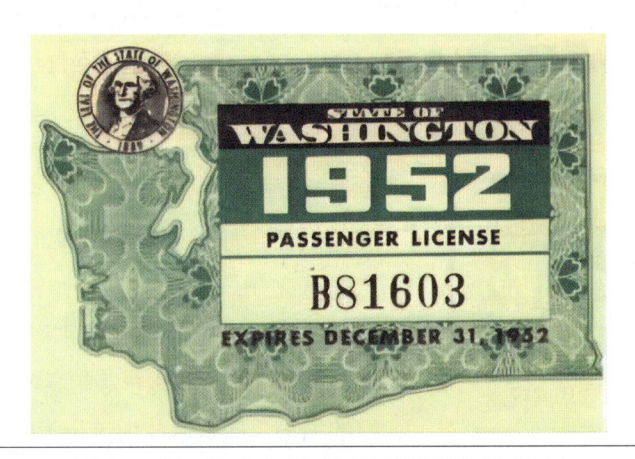

图 3-528　1952 年华盛顿州挡风玻璃验证贴纸

1954—1962 年，华盛顿州先后发行三款车牌，均为白字绿底，样式变化较小，主要就是州名位置在车牌上侧与下侧交错布置。图 3-529 为 1954 年款华盛顿州车牌。1963—1986 年，该州又先后发行三款车牌，改为绿字白底，样式同样变化较小，与 1950—1953 年发行的车牌样式基本一致。其中，1963 年款车牌发行至 1964 年，是该州目前唯一的一款使用州名缩写"WASH."的车牌，如图 3-530 所示。在 1925 年之前，该州的车牌使用州名缩写"WN"，之后除此款外均使用州名全称。

图 3-529　1954 年款华盛顿州车牌

图 3-530　1963 年款华盛顿州车牌

1988 年，华盛顿州首次发行多彩车牌，如图 3-531 所示。该款车牌牌号与外侧框线使用深蓝色，上侧州名与下侧宣传语使用红色，以淡蓝色的雷尼尔山图案作为背景。宣传语"百年庆典"（Centennial Celebration），是为了纪念两年后即将到来的建州 100 周年。雷尼尔山是北美喀斯卡特山脉最高峰，也是该州最高的山，已全部划入雷尼尔山国家公园。该公园是全美第四个与该州第一个国家公园，以冰川、积雪、森林等景色闻名，仅 2021 年到访游客就超过 167 万人次。该款车牌发行至 1990 年年底，成为之后该州车牌的基础样式。1990 年，该州接着发行新款车牌，实际上就是将该款车牌下侧的宣传语去掉，其他未变，如图 3-532 所示。该款车牌发行至 1998 年 7 月。

图 3-531　1988 年款华盛顿州"百年庆典"车牌

图 3-532　1990 年华盛顿州改款车牌

图 3-533　1990 年款华盛顿州"常绿之州"车牌

1990 年 7 月，华盛顿州发行新款车牌。该款车牌与前款车牌样式基本一致，变化主要是将原上侧中央的州名全称改为靠左对齐，同时引入新的宣传语"常绿之州"（Evergreen State），如图 3-533 所示。"常绿之州"是该州别称，源于该州降雨充沛，拥有大量的松树与冷杉等常绿植物，加上其他保护良好的植被，使绿色成为该州大自然的底色。自 2010 年起，该款车牌的牌号从 6 位增加至 7 位，发行至今。

华盛顿州历年来发行的各款车牌，使用最多的颜色是绿色，与州名别称遥相呼应；同样，绿色也是该州州旗的底色。

3.48 西弗吉尼亚（West Virginia）
狂野与奇妙

西弗吉尼亚州与弗吉尼亚州的名称来源相同。

西弗吉尼亚州是美国经济最落后的州之一，但车牌发行得较早，自1905年开始，是美国新英格兰地区以外发行车牌最早的州。根据该州早期的法律规定，县市可以实施车辆登记许可制度。在1917年以前，该州及其下属县市都在发行车牌，而且县市发行的车牌款式丰富多彩，费尔蒙特（Fairmont）、蒙斯维尔（Moundsville）、蓝地（Bluefield）、惠灵（Wheeling）和克拉克斯堡（Clarksburg）等县市先后发行过超过20款车牌，如图3-534～图3-538所示。

图3-534　1909年西弗吉尼亚州惠灵车牌

图3-535　1910年西弗吉尼亚州蒙斯维尔车牌

图3-536　1914年西弗吉尼亚州蓝地车牌

图3-537　1915年西弗吉尼亚州克拉克斯堡车牌

图3-538　1915年西弗吉尼亚州费尔蒙特车牌

1905年，西弗吉尼亚州发行第一款车牌，但目前未发现具体的实物车牌，因此车牌具体的颜色与样式等尚不能确定。1906年，该州发行的车牌为灰色字符、深蓝色底，右侧为州名缩写"W.VA."，左侧为牌号，牌号上下分别标注"已许可"（Licensed）与发行年份"1906"，如图3-539所示。此时车牌的许可年度为从本年5月到次年4月。

1907年5月至1909年6月，西弗吉尼亚州发行和使用同一款车牌。该款车牌黑字白底，州名缩写"WVA."位于右侧，未标注年份，如图 3-540 所示。从该款车牌开始，该州车牌使用搪瓷材质，持续到 1916 年 6 月。

图 3-539　1906 年西弗吉尼亚州车牌

图 3-540　1907 年西弗吉尼亚州车牌

1909 年 7 月至次年 6 月为西弗吉尼亚州一个车辆许可年度，该年度的车牌为黑字红底，上侧标注"已许可"，右侧上下布置州名缩写"WVA."与发行年份"1909"，如图 3-541 所示。直到 1919 年 6 月，西弗吉尼亚州均将本年下半年与次年上半年定为一个车辆许可年度；1919 年 7 月至 1920 年年底，使用同一款车牌过渡，之后许可年度开始按自然年度计算。

图 3-541　1909 年西弗吉尼亚州车牌

1911 年 7 月，西弗吉尼亚州对车牌样式做了较大的调整，使用黑字白底，上侧中央标注"已许可"，左侧为州名缩写"W"与"VA"上下布置，右侧为发行年份"1911"纵向布置，如图 3-542 所示。该款车牌州名缩写、牌号与年份间使用纵向黑线分隔，颇有对称之美。此后，直到 1917 年 6 月，除颜色之外，该州车牌样式布局总体没有大的变动，如图 3-543 所示。

图 3-542　1911 年西弗吉尼亚州车牌

图 3-543　1916—1917 注册年度西弗吉尼亚州车牌

1921 年，美国第一个金属冲压车牌在西弗吉尼亚州诞生，彻底改变了车牌面貌，从不太耐用的材料转向能够承受任何天气的耐用材料。该州车牌首次使用州名缩写"WVA"重叠的圆形花押字，将其置于车牌右侧，花押字下为年份"1921"，车牌整体为白字黑底，如图 3-544 所示。1922 年，该州车牌改为黑字白底，样式布局未变。

图 3-544　1921 年西弗吉尼亚州金属冲压车牌

1923 年，西弗吉尼亚州发行新款车牌。该款车牌红字白底，牌号中间使用点状分隔符，下侧为州名全称和发行年份，如图 3-545 所示。这是该州车牌第一次使用州名全称。从该款车牌到 1962 年车牌，除配色外，该州车牌总体样式布局变化不大，主要包含牌号、州名与时间几项内容。1941—1954 年，该州车牌上注明的时间为许可到期年月日，即每年 6 月 30 日，如图 3-546 所示。

图 3-545　1923 年西弗吉尼亚州车牌　　　图 3-546　1941 年西弗吉尼亚州车牌

　　为纪念建州 100 周年，西弗吉尼亚州在 1962 年 7 月至次年 6 月发行新款车牌，首次使用宣传语"百年纪念"（Centennial），如图 3-547 所示。西弗吉尼亚州原本是弗吉尼亚州的一部分，在 1861 年美国南北战争爆发后，弗吉尼亚州退出联邦，加入南方邦联，但该州西部县市经济结构与东部县市不同，实际上就是西部奴隶制不像东部那么普及，新当选的美国总统亚伯拉罕·林肯废除奴隶制的做法对该州西部影响不像东部那么大，故不支持从联邦分离，因而从弗吉尼亚州分离出来，在 1863 年以西弗吉尼亚州之名留在联邦。该款车牌字符与外框使用金色，背景为蓝色，宣传语与州名分别位于车牌上下两侧。蓝色和金色是该州的官方色，这些颜色于 1963 年 3 月 8 日在该州建立 100 周年之际确定并采用。下一款车牌继续使用宣传语"百年纪念"，样式布局未变，只是改为蓝字金底。

图 3-547　西弗吉尼亚州"百年纪念"车牌

　　1964 年 7 月，西弗吉尼亚州车牌使用新的宣传语"山地之州"（Mountain State），如图 3-548 所示。"山地之州"是该州的别称，源于该州全境地处纵贯美国东部的阿拉巴契亚山区，也是密西西比河以东海拔最高的州。可以说，这个别称实实在在，没有一点夸张与吹嘘。或许就是因为西弗吉尼亚州全境主要是山地，以致长期在贫困中挣扎。该款车牌与该州在 1962 年 7 月发行的车牌样式一致，只是将上侧宣传语改为"山地之州"，而该宣传语在车牌上一直使用至 1975 年。

图 3-548　1965 年西弗吉尼亚州"山地之州"车牌

　　1970 年，西弗吉尼亚州开始发行多年期车牌。新款车牌蓝字金底，不再印制发行年份，在右下角预留方形空白处供粘贴验证贴之用，如图 3-549 所示。该款车牌首次引入将牌号首字符对应许可到期月份的做法，即 1～9 分别对应 1—9 月，O、N 和 D 分别对应 10 月、11 月和 12 月，后三个字母分别是英文对应月份的首字母。

图 3-549　1970 年款西弗吉尼亚州车牌

这种做法至今仍在使用。该款车牌发行至 1975 年。

　　1976 年，西弗吉尼亚州首次发行多彩车牌，并引入新的宣传语，如图 3-550 所示。该款车牌的号码使用蓝色，背景主要为白色，左侧有带蓝色轮廓线的金色州地图图案，上侧深蓝色条幅中印制白色宣传语"狂野与奇妙"（Wild, Wonderful），下侧为深蓝色州名全称。"狂野与奇妙"源于该州前州长阿尔弗雷德·摩尔对该州的描述，后逐渐获得公众认可，之后在该州宣传册与公路等处作为宣传语广泛使用。2007 年 10 月，在该州政府组织的欢迎用语投票中，"狂野与奇妙"击败"近乎天堂"（Almost Heaven）与"山地之州"等拔得头筹，成为最受公众认可的欢迎用语。该州此后发行的车牌一直印有该宣传语，不曾中断。自 1982 年起，该州发行的车牌去掉州地图图案的蓝色轮廓线，发行至 1994 年，如图 3-551 所示。

图 3-550　1976 年款西弗吉尼亚州"狂野与奇妙"车牌　　图 3-551　1982 年款西弗吉尼亚州车牌

　　自 1995 年至今，西弗吉尼亚州先后发行过三款样式变化不大的车牌。三款车牌，上侧深蓝色色带中印制金色州名，牌号与宣传语也使用深蓝色，背景以白色为主。其间发行的第二款车牌，在牌号上侧增加了该州的官方旅游网站网址，如图 3-552 所示。2017 年，该州推出的第三款车牌,不再印制网址,等于回到 1995 年第一款车牌的样式,如图 3-553 所示。该款车牌发行至今。

图 3-552　2000 年款西弗吉尼亚州车牌

图 3-553　2017 年款西弗吉尼亚州车牌

3.49　威斯康星(Wisconsin)
美国乳品场

威斯康星州的州名源于奥杰布瓦语的"Quisconsin"一词,意思为"水草丰茂的地方"。

1905 年 7 月,威斯康星州开始统一实施车辆许可制度并发行车牌,该州也是新英格兰地区以外美国发行车牌较早的州。该州法令废除了县市任何有关车辆登记许可的法令,州内车主必须向州务卿申请注册登记车辆。在此之前,奥什科什、拉辛和密尔沃基等城市已经开始实施车辆登记许可制度,密尔沃基已经要求车主按照政府许可编号自行制作车牌。图 3-554 为 1905 年以前威斯康星州密尔沃基城车牌。

图 3-554　1905 年以前威斯康星州密尔沃基城车牌

威斯康星州发行的第一款车牌,通过将铝制单个牌号字符铆在黑色的金属板上制作而成,牌号数字后有分隔符与州名首字母"W",如图 3-555 所示。该款车牌未标注发行年份,最终发行至 1911 年 7 月,累计发行近 2.2 万副。图 3-556 为 1911 年早期威斯康星州车牌。

图 3-555　1905 年威斯康星州车牌

图 3-556　1911 年早期威斯康星州车牌

1911 年 7 月,威斯康星州通过新修订的法令,规定自 8 月起发行新款车牌,但只发给新注册的车辆,并规定之后每个日历年为一个车辆注册许可年度。自 8 月起发行的车牌,同样将预制的铝制字符铆在金属板上,只是金属板改为深绿色,同时在车牌左侧加入垂直布置的发行年份,如图 3-557 所示。此后,直到 1923 年,该州每年发行的车牌变换颜色,但布局样式变化不大，保持牌号、州名缩写（"W"或"WIS"）与发行年份（全四位或后两位数字）几项内容。

图 3-558 为 1923 年新款威斯康星州车牌。

图 3-557　1911 年新款威斯康星州车牌　　　图 3-558　1923 年新款威斯康星州车牌

自 1924 年开始，威斯康星州发行的车牌开始引入车重分级代码，在车牌上使用 A、B、C、D 和 E 标识不同车重级次的车辆，如图 3-559 所示。例如，A 指代车重 1600 磅（约 725 千克）以下，B 指代车重 1600～2000 磅（725～907 千克），C 指代车重 2000～2800 磅（725～1270 千克），依次升序排列。这一做法持续至 1931 年。自 1932 年起，该州车牌开始使用州名全称，同时不再使用车重分级代码，如图 3-560 所示。

图 3-559　1924 年威斯康星州车牌　　　图 3-560　1932 年威斯康星州车牌

1940 年，威斯康星州车牌首次使用宣传语"美国乳品场"（America's Dairyland）。乳制品产业一向是该州的重要产业，该州乳制品产量曾位居美国各州第一，现仅次于加利福尼亚州，位列第二。该州有相对更为严格的乳制品生产标准，产品质量与口碑都很受认可。是年，该州先后发行两款车牌，均为红字白底，外侧有红色框线，宣传语位于下侧。两款车牌不同主要为前款上侧一行为州名全称和发行年份，牌号中间使用竖点作为分隔符，如图 3-561 所示；而后一款车牌使用字体更小的州名缩写"WIS"与年份后两位数字，将两者纵向排列于牌号中间，起分隔符作用，如图 3-562 所示。1941 年，该州车牌改为黑字黄底，将宣传语置于上侧，将州名置于下侧。该州乳制品产业一贯突出，至今发行的车牌上仍在使用"美国乳品场"这一宣传语。

图 3-561　1940 年威斯康星州　　　图 3-562　1940 年威斯康星州
"美国乳品场"第一款车牌　　　　"美国乳品场"第二款车牌

1942年，威斯康星州又发行了两款车牌。第一款车牌将车牌四角进行圆角化处理，字符使用金黄色，背景为黑色，如图3-563所示。受第二次世界大战影响，为减少金属使用，该州当年后期发行的车牌尽可能使用三个字符牌号，以求让车牌整体尺寸尽量缩小，如图3-564所示。此后，直到1945年，该州通过采取发行车牌验证标签以示注册和要求车主卸下前车牌以备不时之需等方式，应对金属短缺与使用限制。图3-565为1943年威斯康星州安装验证标签的车牌。也就是从1942年开始，该州不再每年发行不同车牌。

图3-563　1942年威斯康星州第一款车牌

图3-564　1942年威斯康星州第二款车牌 　　图3-565　1943年威斯康星州安装验证标签的车牌

1946年，威斯康星州首开先河，引入分月交错注册登记车辆的做法。这种做法有效地缓解了以往车主短期集中注册登记车辆或更换车牌的不便，后为全美各州效仿。这年的车牌，在左侧印制数字1～12对应注册月份；外形如同1942年第一款车牌，同样对四角进行圆角化处理，只是将颜色改为白字黑底，如图3-566所示。此后，该州每年使用不同颜色的验证标签，以示车辆经过验证。图3-567为安装1949年验证标签和美国汽车协会标签（AAA）的车牌。1950—1952年，该州发行的车牌，不再使用圆角，改为长方形。图3-568为安装1952年验证标签的威斯康星州车牌。

图3-566　1946年威斯康星州车牌 　　图3-567　安装1949年验证标签和美国汽车协会标签的车牌

图 3-568　安装 1952 年验证标签的威斯康星州车牌

图 3-569　1953 年威斯康星州车牌

1953 年，威斯康星州将原来注册（到期）月份对应数字标识改为对应字母标识，1—12 月分别对应字母 A、B、C、D、E、H、J、K、L、P、T、V，字母位于牌号首位，车牌上侧还同步印制对应月份的英文缩写，如图 3-569 所示。自 1961 年起，该州将每个月份调整为可对应两个牌号首字母，即除字母 I 和 O 外，1—12 月分别按升序对应 A 与 Z 之间的两个字母，如 1 月首字母对应 A 或 B，2 月首字母对应 C 或 D，以此类推。这种做法持续到 1986 年 6 月。1953—1986 年，该州先后推出近十款车牌，每款车牌发行 2～7 年不等，但除颜色变换外，每款车牌布局式样无大的变化。图 3-570 为 1961 年威斯康星州车牌。图 3-571 为粘贴 1986 年验证贴纸的威斯康星州车牌。

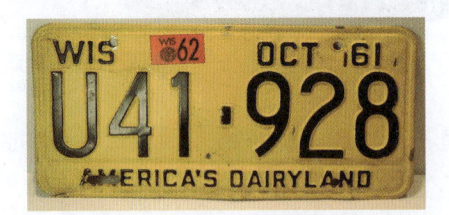

图 3-570　1961 年威斯康星州车牌　　图 3-571　粘贴 1986 年验证贴纸的威斯康星州车牌

图 3-572　1986 年款威斯康星州车牌

1986 年 7 月，威斯康星州首次发行多彩车牌，如图 3-572 所示。该款车牌整体以深蓝色字和白底为主，另有红色与绿色图案；车牌右上角加入帆船、落日、飞雁与农场图案，而这些都代表该州最典型的生活元素。自 1987 年 3 月起，该州车牌牌号改为红色，发行至 2000 年 6 月，如图 3-573 所示。此后，该州又将车牌右上侧州名和下侧宣传语改为红色，牌号改为深蓝色，同时去掉上侧的绿色线条，如图 3-574 所示。

2018 年，该州车牌牌号由六位变为七位，延续至今。

图 3-573　1987 年款威斯康星州车牌　　　　图 3-574　2018 年款威斯康星州车牌

3.50 怀俄明（Wyoming）
牛仔之州

怀俄明州的州名来自阿尔贡金语的"Mache-Weaming"，直译是"广阔的平原"，后来讹作"Wyoming"。后来，美国开发西部，为了让地名更富有希望以吸引更多人，就将这一比较荒凉的地区以"Wyoming"命名。

1913 年，怀俄明州通过法令，要求车主注册登记车辆并统一发行车牌。该法令解除县市许可汽车使用的权力，并规定每个日历年为一个注册年度，每年注册登记与牌照费用为 5 美元。在此之前，该州部分县市已经开始实施车辆注册登记制度，最早的为州府夏延，1906 年 9 月即已开始实施。该州早期车牌由车主自制，现存十分稀少，如图 3-575 所示。目前未发现县市当局发行的车牌。

图 3-575　怀俄明州早期车主自制车牌

怀俄明州于 1913 年发行的第一款车牌，红字白底，左侧上方铆钉银色的州印章，印章下面是州名缩写"WYO"，右侧大部分用于印制牌号，如图 3-576 所示。此后，直到 1917 年，该州每年发行一款车牌，均未标注发行年份，除颜色外，车牌整体样式布局没有变化，如图 3-577 所示。需要特别提到的是，该州 1916 年发行的车牌，使用搪瓷材质，州印章图案直接印制在车牌上，而非像其他年度车牌一样将印章铆在车牌上，如图 3-578 所示。该款车牌也是该州唯一使用搪瓷材质的车牌。

图 3-576　怀俄明州州印章（左）与 1913 年第一款车牌（右）

图 3-577　1915 年怀俄明州车牌

图 3-578　1916 年怀俄明州车牌

1918 年，怀俄明州发行的车牌开始标注年份，如图 3-579 所示。此后，直到 1974 年，该州每年发行一款车牌，不曾中断。其间特殊的是，1921 年车牌只对新注册车辆发行，上年度已发行的车牌需继续使用的，将车辆验证标签覆盖在原车牌年份位置处，以示车辆已经注册。图 3-580 为 1921 年怀俄明州车牌。图 3-581 为安装 1921 年验证标签的怀俄明州车牌（1920 年发行）。

图 3-579　1918 年怀俄明州车牌

图 3-580　1921 年怀俄明州车牌

图 3-581　安装 1921 年验证标签的怀俄明州车牌（1920 年发行）

1930 年，怀俄明州开始在车牌中引入县代码，并第一次使用州名全称，如图 3-582 所示。该州 23 个县，对应使用数字代码 1～23，至今未变更过。据说，该州车牌上的代码是根据 1928 年各县的土地评估价值排序分配的，因而当时被认为拥有丰富石油资源的纳特罗纳县代码为 1。该款车牌，白字黑底，牌号中间首

图 3-582　1930 年怀俄明州车牌

次引入点状分隔符，分隔符前数字即车辆属地县代码，州名与年份位于下侧一行。此后，该州发行的车牌除颜色外，布局样式保持到 1935 年，而县代码在车牌上的使用持续至今。

1936 年，怀俄明州发行的车牌上首次印制弓背弹起的烈马与骑手图案，如图 3-583 所示。该图案是美国车牌上最有名和最独特的标识之一，已被该州注册为商标。烈马与骑手图案的来源，可以追溯到更早时期。1918 年，在欧洲服役的怀俄明州国民警卫队即已开始使用烈马与骑手符号，将其印在装备上作为部队特有的标识。1921 年，怀俄明大学一支运动队以骑手驾驭烈马的照片为基础，开发设计徽标，用于队服，以传达其坚韧与不屈的精神。最后，这个徽标逐渐演变成怀俄明大学最有名的标识，在学校网站、宣传册、建筑等方面广泛应用。图 3-584 为怀俄明大学烈马与骑手雕塑。

图 3-583　1936 年怀俄明州"烈马与骑手"车牌

图 3-584　怀俄明大学烈马与骑手雕塑

有趣的是，1936 年，怀俄明州州务卿莱斯特·亨特委托艺术家设计该图案，将其印制在车牌上，实际上主要是为了防止当时颇为猖獗的车牌伪造行为。该州车牌使用这一图案之后，大受欢迎，以至于当局后期想将图案调小一点，都引起了公愤，更别说不用了。因此，这一图案推出之后，再不曾在该州的车牌上缺席过，成为美国各州车牌上使用时间最长的经典标识之一，也宣传和巩固了怀俄明州"牛仔之州"的别称。

对于车牌上烈马与骑手图案中的骑手和马，说法颇多。流传最广的说法是，骑手是曾三次获得夏延边疆节户外牛仔竞技大赛冠军的克莱顿·丹克斯，而那匹极具标志性的烈马，昵称"汽船"，来自该州夏延西北的泰瑞尔牧场，脾气暴烈，极难驾驭。此马随骑手先后入选俄克拉何马城国家牛仔名人堂、科罗拉多斯普林斯职业牛仔竞技名人堂与夏延边疆节名人堂，可谓荣誉满满。

此后，直到 1974 年，怀俄明州发行的车牌，除颜色外，样式布局基本未变。需要一提的是，该州 1972 年发行的棕字金底车牌，获评为当年美国车牌收藏家协会年度最佳车牌，是该州车牌首次获此殊荣，如图 3-585 所示。

图 3-585　1972 年怀俄明州车牌

1975 年，怀俄明州开始发行多年期车牌。为纪念即将到来的建国 200 周年，该款车牌使用了美国国旗经典红白蓝三色，也是该州第一款多彩车牌，如图 3-586 所示。车牌上侧的宣传语"建国精神，在美国西部！"（The spirit of '76-In the America West！）使用红色，中间的牌号、图案与外侧框线使用蓝色，下侧红色色带上有白色州名与发行年份。受上下两侧内容限制，车牌上的烈马与骑手图案有所缩小，没想到这一微小变化引起该州不少公众的抗议，所以在 1978 年发行的下一款车牌将该图案恢复到原来大小。该州之后发行的各款车牌，该图案不再缩小。

图 3-586　1975 年款怀俄明州"建国精神，在美国西部！"车牌

1978 年，怀俄明州发行新款车牌，该款车牌字符与图案以棕色为主，底为白色。车牌上侧使用具有荒野西部木制标牌风格图案，上面分别印制车牌始发年份与州名，下侧为棕色的木栅栏图案，中间的烈马与骑手图案恢复到原来大小，如图 3-587 所示。整块车牌充满浓郁的西部风情，也让该州车牌第二次获评美国车牌收藏家协会年度最佳车牌。该款车牌发行至 1982 年。此后，1983—1987 年，该州发行的车牌，背景改为黄色，上侧不再使用西部木制标牌风格图案，如图 3-588 所示。

图 3-587　1978 年款怀俄明州车牌 　　图 3-588　1983 年款怀俄明州车牌

1988 年，为纪念即将到来的建州 100 周年，怀俄明州发行纪念车牌，如图 3-589 所示。该款车牌再次使用经典红白蓝三色，整体以蓝天白云和山脉为背景图案，下侧中央印制宣传语"百年纪念"（Centennial），宣传语两侧分别有建州年份"1890"与"1990"字样。该款车牌发行至 1992 年，之后的 1993—1999 年，该州发行的车牌将背景改为淡蓝色天空下蓝绿

黄三色的山脉图案，如图 3-590 所示。

图 3-589　1988 年款怀俄明州建州 100 周年纪念车牌　图 3-590　1993 年款怀俄明州车牌

　　2000 年，怀俄明州发行新款车牌，背景为蓝天白云下的魔鬼塔图案，如图 3-591 所示。魔鬼塔实际上是一块巨型的圆柱体岩石，是该州最负盛名的自然景观之一，在平原上拔地而起，突兀而又雄伟，如图 3-592 所示。1906 年，热衷户外运动的美国总统西奥多·罗斯福将此地与周边地区设立为美国第一个国家保护区。该款车牌让该州车牌第三次获得美国车牌收藏家协会年度最佳车牌荣誉，发行至 2007 年。

图 3-591　2000 年款怀俄明州车牌

图 3-592　怀俄明州魔鬼塔

　　2008 年，怀俄明州发行的新款车牌，将背景改为多云蓝天下的提顿山脉图案，如图 3-593 所示。提顿山脉大部分属于大提顿国家公园，而大提顿国家公园是该州第二个国家公园，公园有奇山秀水，每年游客近 400 万人次，也是该州一张绝美的旅游名片。该款车牌发行至 2015 年。

　　2016 年，怀俄明州发行的车牌，将背景更换为绿河湖和方顶山，如图 3-594 所示。万顶山位于 1908 年建立的布里杰·提顿国家森林公园内，最大的特点就跟其名称一样，无论从南还是从北看，都是一座方形山顶的高山，山顶宽阔而平

图 3-593　2008 年款怀俄明州车牌

美国车牌

坦，如图 3-595 所示。该款车牌计划发行至 2025 年。

图 3-594　2016 年款怀俄明州车牌

图 3-595　怀俄明州方顶山

总的来看，怀俄明州车牌除通过经典的烈马与骑手图案宣传其西部特色外，还通过印制特有的自然景观进行自我推广。有趣的是，该州黄石国家公园从未出现在车牌上，或许是因为世界第一个国家公园与世界自然遗产等光环已经令其没有推广的必要了。

3.51 华盛顿哥伦比亚特区（Washington D.C.）
终结无代表纳税

1903 年，华盛顿哥伦比亚特区开始要求本区车主注册登记车辆，车牌由车主自己提供并悬挂，车牌需要包括当局分配的注册号码与特区名（District of Columbia）缩写"DC"，如图 3-596 所示。1907 年 9 月，该区大约已经注册登记汽车 2300 辆。

图 3-596　华盛顿哥伦比亚特区早期车牌

1907 年 10 月，华盛顿哥伦比亚特区开始统一发行车牌。第一款车牌采用搪瓷材质，白字黑底，上侧为哥伦比亚特区全称，未标注发行年份，如图 3-597 所示。该款车牌持续发行至 1917 年，从 100 号起，累计发行至 65000 号。

该款车牌发行时间久，又未设定和标注到期时间，所以不少弃用车牌流入黑市，被非法使用，甚至助长车牌与车辆的偷盗现象。在此背景下，1918 年，华盛顿哥伦比亚特区开始实行年度注册

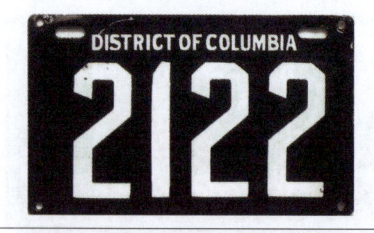

图 3-597　1907 年款华盛顿哥伦比亚特区车牌

制度，每年发行标注年份的新款车牌。是年车牌黑字黄底，右侧上下分别为较小字体的区名缩写"DC"和发行年份的后两位数字，同时牌号中间开始使用分隔符，以增加可识读性，

如图 3-598 所示。此后，直到 1938 年，该区每年发行的车牌印制内容始终包括牌号、区名（或缩写）与发行年份三项内容，变化的主要是颜色与样式布局，如图 3-599 和图 3-600 所示。

图 3-598　1918 年华盛顿哥伦比亚特区车牌

图 3-599　1927 年华盛顿哥伦比亚特区车牌　　图 3-600　1938 年华盛顿哥伦比亚特区车牌

1939 年，华盛顿哥伦比亚特区发行的车牌，首次注明具体许可到期日期，如图 3-601 所示。该款车牌字符与外框线为金黄色，底为黑色，上侧为区名，下侧为到期英文缩写"EX"及具体年月日。自 1941 年起，该区发行车牌的许可期间改为从每年 4 月 1 日到次年 3 月 31 日，直到 1983 年实施分月交错注册制度为止。其间，个别年份通过在原车牌上安装车牌验证标签以示车辆已经注册。例如，1944—1945 年，受第二次世界大战影响，该区车牌使用了车牌验证标签。

图 3-601　1939 年华盛顿哥伦比亚特区车牌

1953 年，华盛顿哥伦比亚特区车牌首次使用宣传语"国家首都"（The Nation's Capital），如图 3-602 所示。美国在 1776 年宣布独立时，首都为费城，1785 年迁都至纽约。1790 年 7 月，美国国会通过法令，决定将首都从纽约迁至波多马克河和安那考斯迪亚河汇合处，即现在的华盛顿哥伦比亚特区。在建设新首都的过程中，美国又将首都从纽约迁回费城，费城又做了 10 年的临时首都。1800 年，美国最终将首都迁到了华盛顿哥伦比亚特区，至今未再迁移。在选定首都位置时，南北双方都想将首都设在各自所在的区域，后双方妥协，最终于 1791 年在南北

图 3-602　1953 年华盛顿哥伦比亚特区"国家首都"车牌

天然分界波多马克河畔——具体在马里兰州与弗吉尼亚州交界处——划定长宽均为10英里（约16千米）的土地建设新首都。后来，弗吉尼亚州多次请愿，美国国会在1846年将波多马克河以南的土地交还给弗吉尼亚州，让首都面积从100平方英里（约259平方千米）缩减至68.3平方英里（约177平方千米）。

1974年4月，为纪念即将到来的建国200周年，华盛顿哥伦比亚特区发行纪念车牌，如图3-603所示。该款车牌是该区第一款多彩车牌，使用美国国旗经典红白蓝三色，同时首次印制图案。牌号上下两侧各有一条红色线条，将车牌整体分为上中下三部分。上部为宣传语"200周年纪念"（Bicentennial），下部为区名。中部牌号中间使用美国国会大楼圆顶图案，图案同时起分隔符作用。该区不属于任何一州，依据美国法律，国会实际上是该区的最高权力机关，车牌上使用国会大楼图案也就合情合理了。该款车牌发行至1978年3月，奠定了该区此后车牌样式布局的基础。该区随后发行的车牌，宣传语换回"国家首都"，发行至1984年9月。需要提到的是，自1983年8月起，该区开始实施车辆分月交错注册制度。

图3-603　1974年款华盛顿哥伦比亚特区"200周年纪念"车牌

1984年10月，华盛顿哥伦比亚特区发行新款车牌，将宣传语改为"都城"（A Capital City），原来牌号中间起分隔符作用的国会大楼图案也改为特区区旗，如图3-604所示。自1991年7月起，为庆祝特区建立200周年，该区车牌上侧的宣传语改为"庆祝与发现"（Celebrate & Discover），而此宣传语是庆祝建区200周年选用的宣传语"庆祝一座城市，发现整个世界"（Celebrate the City-Discover the World）的缩减版，如图3-605所示。该款车牌发行至1997年。

图3-604　1984年款华盛顿哥伦比亚特区"都城"车牌

图3-605　1991年款华盛顿哥伦比亚特区"庆祝与发现"车牌

2000年11月，华盛顿哥伦比亚特区开始发行新款车牌，车牌印制宣传语"无代表，要纳税"（Taxation Without Representation），如图3-606所示。该宣传语是该区争取国会投票权的一种宣传，表达对本区要缴纳联邦赋税却在国会中没有代表席位的不满。按照美国法律规定，该区在国会众议院仅有一名无投票权的代表，该区居民的声音难以在美国国会中有效传达。美国独立战争的缘起，主要就是因为当时的英国议会在没有北美殖民地代表的情况下，通过了向北美殖民地收取糖税和印花税等赋税的法令，引发殖民地人民的反抗，最终美国独立。在北美殖民地争取独立的过程中，"无代表，不纳税"（No Taxation Without Representation）是使用最广泛且最具革命性的口号之一。车牌上的宣传语即对此的转用。

图 3-606　2000 年款华盛顿哥伦比亚特区"无代表，要纳税"车牌

该款车牌发行至 2017 年 8 月，其间只是区名字体变换等有些细微变化。

实际上，华盛顿哥伦比亚特区开始在车牌上使用宣传语"无代表，要纳税"时，便同步印制带有特区政府网址而非关于纳税的宣传语的替代车牌，目的是让车主有更多的选择。图 3-607 为 2017 年款华盛顿哥伦比亚特区无宣传语车牌。

自 2017 年 8 月之后，华盛顿哥伦比亚特区发行的新款车牌样式与前款样式基本相同，只是将宣传语改为"终结无代表纳税"（End Taxation Without Representation），直截了当地表达了该区的诉求，如图 3-608 所示。2021 年 4 月，美国国会众议院通过了华盛顿哥伦比亚特区建州的法案，但该法案还需参议院六成投票赞成，才能通过。然而，虽然只是最后一步，却犹如天堑，该区建州之路仍然漫长。该区 2017 年两款车牌发行至今。

图 3-607　2017 年款华盛顿哥伦比亚特区无宣传语车牌

图 3-608　2017 年款华盛顿哥伦比亚特区"终结无代表纳税"车牌

4 环球车牌

4.1 最早统一登记的国家 荷兰车牌

1895 年，荷兰首次出现汽车。汽车逐渐增加，引起了人们极大的关注。汽车所到之处，声音轰鸣，气味刺鼻，马匹常受惊扰。人们还有各种各样的担心，担心家中的牛奶变酸，担心腹中的孩子不能健康出生，担心太多，不能一一枚举。

为防止正常的交通因汽车的使用而导致危险或受到滋扰，1898 年 2 月 20 日，荷兰水利、贸易和工业部颁布法令，通过向车主发放汽车国家编号证书来实施汽车注册登记制度。需要使用国道且车重在 150 千克以上的由机械推进的车辆，必须向政府申领汽车国家编号证书，每个证书的编号即牌号。证书编号从阿拉伯数字 1 开始，不设虚位 0，依次增大。这一法令的颁布实施，让荷兰成为全球第一个实施全国性车牌登记管理制度的国家。同时，荷兰也是继法国（1893 年）和德国（1896 年）之后第三个引入汽车牌号的国家。

荷兰第一张汽车国家编号证书在 1898 年 4 月 26 日发出，伴随产生的第一个汽车牌号即 1 号。该证书发给来自荷兰北部格罗宁根城的范·达姆，其车辆由荷兰格罗宁根汽车厂在当年制造，车长 2.4 米，宽 1.35 米。该车悬挂的车牌为黑字白底，车牌上就一个阿拉伯数字"1"，无其他字符，如图 4-1 所示。

图 4-1 荷兰 1 号汽车

荷兰第二张汽车国家编号证书于同一天发给范·达姆的弟弟小范·达姆。该证书对应的登记车辆更大一些，长宽分别为 2.65 米和 1.5 米，与其哥哥的车辆同为格罗宁根汽车厂制造，如图 4-2 所示。小范·达姆本人就是该汽车厂的所有人，也是荷兰汽车制造业的先驱。遗憾的是，格罗宁根汽车厂经营不善，在 1900 年 6 月 1 日宣布破产，仅存续两年时间。

图 4-2　荷兰 2 号汽车

值得一提的是，荷兰在 1898 年 4 月 26 日（第一天）发行的汽车国家编号证书发行至 14 号，中间跳过了 11 号，实际发行了 13 张证书。是什么原因令 11 号证书未曾发出，至今没有准确的答案。据说当时数字 11 在荷兰被认为是一个很不吉利的数字，被视为寓意愚笨与疯狂的数字，甚至"疯狂数字"（Gekkengetal）这个词构成的字母数也正好为 11。当然，总有人不相信这些说法，荷兰著名的汽车经销商里奥纳多·朗经过申请，最终在 1902 年 11 月 22 日收到荷兰水利、贸易和工业部的批准，使用此号。

当时车牌由车主按照证书编号自行制作并悬挂，样式为白底黑字或黑底白字。实际上，荷兰汽车初期悬挂的车牌并未严格遵照要求，有的甚至通过在车身喷绘的方式展示车辆牌号。

尽管荷兰并不是最早实施车辆登记和车牌制度的国家，却是第一个对使用国道的汽车实施全国性车牌登记管理制度的国家，同时也是较早实施汽车号牌许可和驾驶许可的国家，对现代汽车使用管理制度的形成和完善发挥了重要的作用。

那时，荷兰已将全国的公路划分为不同等级进行管理。一级和二级公路由国家负责建设和管理，属于国道；其他公路则由省级以下政府负责，相应属于省道与其他不同分类。荷兰水利、贸易和工业部颁布的法规，重点是针对所有需要使用国道的车辆，因此有部分无须使用国道的车辆未申领汽车国家编号证书，也就未悬挂国家认可的车牌。当然，不使用国家认可的车牌，并不等于不使用车牌。实际上，大部分省市相继颁布法令，对辖区内的车辆登记许可进行规范。例如，格罗宁根市议会就在 1899 年 8 月出台法令，对辖区内的车辆登记和使用进行规范。

使用国道的车辆申领汽车国家编号证书这一制度持续到 1905 年年底，证书发行至 2065 号结束。自 1906 年起，荷兰《汽车与自行车法案》生效，新法案要求机动车和驾驶人都需要单独的许可，必须同时申领并获得车辆号码证明和驾驶执照，这样驾驶机动车上路才算合法。此时的车辆号码证明并不登记车辆的信息，也就是说，登记者使用新车时可以继续沿用原车辆的号码，其作用兼具现代的行驶证与车牌两种功能，而驾驶执照的作用则与现在的驾驶证无明显的差别。也就是从那时开始，荷兰类似现代行驶证与驾驶证双登记许可的机动车管理制度逐渐建立。

自 1906 年起，荷兰开始实施以开头字母代表配发地点的车牌管理制度，按字母顺序从北到南配发。例如，A 代表格罗宁根省、B 代表弗里斯兰省、E 代表上爱省、G 代表北荷兰省、L 代表乌特勒支省、P 代表林堡省等。图 4-3 所示为北布拉邦省 N6 号汽车（1906 年）。

图 4-3　北布拉邦省 N6 号汽车（1906 年）

荷兰现行的车牌管理制度始于 1951 年，牌号使用字母与数字的组合。从当初的"XX-99-99"到现在的"X-999-XX"，各型车牌已经换过 12 个不同的组合。图 4-4 所示为荷兰车牌的主要变化（截至 2013 年）。

图 4-4　荷兰车牌的主要变化（截至 2013 年）

1978 年以前，荷兰的车牌并非醒目的黑字黄底，而是白字深蓝（或黑）底，更无 1998 年后的欧盟标志。这类车牌在现在的荷兰路上偶然可以发现。

自 2005 年起，荷兰车辆管理局（RDW）对三个字母组合的牌号加以规范，尽量控制不出现三个字母组成的单词，对一些政党、组织名称简写，尤其与纳粹有关的字母组合，或具有负面含义的字母组合，也严格控制。

2015 年 3 月 30 日，荷兰车辆管理局宣布自用小客车车牌使用新的牌号组合方式。第一块新制车牌牌号为"GB-001-B"，也就是"XX-999-X"的形式，如图 4-5 所示。

图 4-5　2015 年荷兰车牌（为与数字 0 区分，字母 O 不封口）

荷兰的自用小客车牌号中不使用元音（A、E、I、O、U），字母 Q 也未出现在牌号中，因为其太像数字 0 或字母 O 和 P。一般自用小客车使用的字母只有 G、H、J、K、L、N、P、R、S、T、X 和 Z。虽然自用小客车使用的字母有限，但数字与这些字母的组合或排列很多，对荷兰汽车来说已经够用了。

除上述自用小客车牌号使用的字母外，荷兰机动车牌号还用以下几种字母开头：A 为皇室用车，B 为大型商用车，C 为外交人员用车，D（自 2006 年起）至 F 为小型摩托车，W 为拖车，M 为重型摩托车，V 为小型商用车。事实上，除单一开头字母外，有几种开头字母的搭配有特殊含义。例如，KL 至 KZ 为荷兰陆军用车（KM 为荷兰海军用车），LM 为荷兰空军用车等。

2019 年 8 月 19 日，荷兰车辆管理局公布了荷兰汽车牌号的新格式："X-999-XX"，如图 4-6 所示。第一块新款车牌牌号为"G-001-BB"，安装在一辆电动宝马轿车上。

图 4-6　2019 年荷兰新款车牌

在荷兰，车牌形同汽车的护照。例如，某辆车出厂挂上车牌，这块车牌就跟定了这辆车，直到车辆报废为止。一辆车报废以后，其拥有的车牌将走入历史，不再使用。其他欧洲国家并非完全如此。例如，比利时和德国仍会重复使用报废汽车的牌号。一辆汽车在原则上只会使用该时期的牌号组合，例如，2009 年出厂的普通自用小客车牌号组合一定是"99-XXX-9"，1995 年出厂的汽车牌号组合必定是"XX-XX-99"，待某牌号组合配发完毕才会采用下一个牌号组合。

4.2 分类复杂 德国车牌

德国是世界上最早发行车牌的几个国家之一，车牌类别丰富，有颇多值得借鉴之处。在燃油汽车发明后不久，德国便开始实施车辆注册登记管理制度并发行车牌。1896 年，巴登大公国（现德国东南部）的汽车已经开始悬挂用搪瓷工艺制作的车牌。现存全球公认最早的汽车牌照是在 1899 年由慕尼黑警察局发行的。

1906 年 10 月，德国颁布首个全国性车辆管理条例，明确一年后在全国施行。1909 年，德国出台《机动车交通法》，随后逐步制定实施细则。当时，德国汽车牌号通常以罗马数字或拉丁字母开头，可分为三种情况：第一种为罗马数字加拉丁字母开头，通常为较大的州区，如"I"为普鲁士，"II"为巴伐利亚；后面跟随一个字母表示下辖行政区，如"IA"代表柏林，"IIA"代表慕尼黑，最后再跟上阿拉伯数字。第二种为拉丁字母加罗马数字开头，与前一种情况刚好相反。第三种只有字母开头，不使用罗马数字。图 4-7 为从 20 世纪初到第二次世界大战结束时的德国车牌。

图 4-7 从 20 世纪初到第二次世界大战结束时的德国车牌

德国在第二次世界大战战败后，被美国、英国、法国与苏联等国占领，原德国车牌制度遭废除，各占领国在所辖占领区发行不同颜色的车牌，重新分配牌号组合。图 4-8 为各占领区早期车牌。1948 年，各占领区统一发行四国协商后确定的白字黑底车牌，编号前分别使用 A、B、F 与 S 来区分美国、英国、法国与苏联不同的占领区，如图 4-9 所示。民主德国（东德）与联邦德国（西德）成立后，分别于 1953 年和 1956 年实施各自的车牌管理制度，两者的车牌均为黑字白底，整体样式较为相似，如图 4-10 所示。

英国占领区车牌 　　　　　　　苏联占领区车牌

法国占领区车牌 　　　　　　　美国占领区车牌

图 4-8　各占领区早期车牌

图 4-9　各占领区协商统一后的车牌

图 4-10　民主德国（上）与联邦德国（下）车牌

"两德"统一后，1994 年，柏林和勃兰登堡两地率先开始发行带有欧盟 12 颗金星蓝底标识的车牌，次年其他地区全部自愿跟进，德国全境车牌发行实现统一化和标准化。德国由此成为继卢森堡、爱尔兰和葡萄牙之后第四个在车牌上使用欧盟标识的国家。

现在，德国发行的车牌，除遵守欧盟对车牌的标准要求外，主要受该国《车辆登记条例》规范和调整。德国的车牌在分类上十分复杂，从车牌相关法规分类看，分类依据包括汽车类型、用途、注册地、车龄、车辆申请登记时长、车辆权属、车辆使用能源、颜色和车辆使用单位，以及是否免税等，在不同使用场景的车辆都能对应申领相应的车牌，故不宜用单一标准或维度来清晰给车牌分类。从该国《车辆登记条例》看，至少包括一般通用车牌、可互换车牌、军车车牌、老爷车车牌、季节性车牌、电动汽车车牌、出口车牌、外交使团车牌与国际组织车牌等。图 4-11 为在用的德国各式车牌。为便于了解，现将车牌分为一般通用车牌和特殊车牌，结合一般通用车牌共同特征与特殊车牌分类进行介绍。

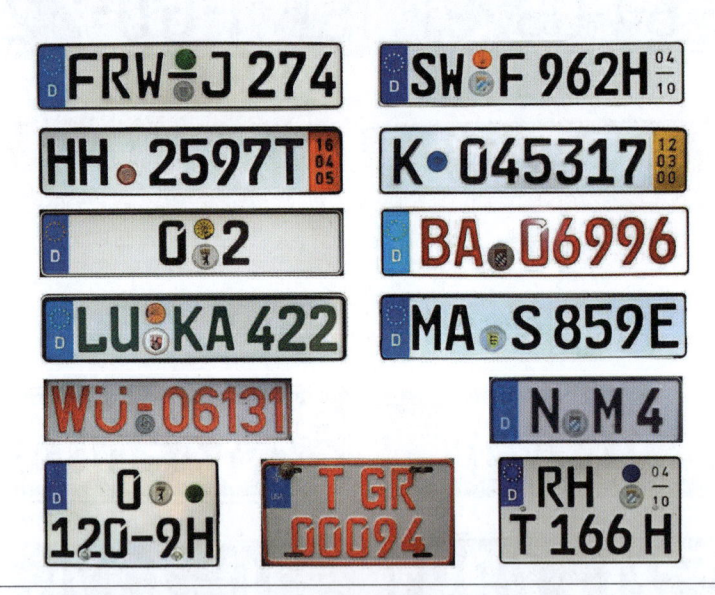

图 4-11　在用的德国各式车牌

德国车牌根据牌号为单行或双行，可以分为两种车牌尺寸标准。单行牌号车牌尺寸最长为 520 毫米，宽度为 110 毫米；双行牌号车牌最长为 340 毫米，宽度为 200 毫米。两类车牌，长度可以根据车牌字符数量相应缩减，但宽度不能变化。在德国标准汽车车牌尺寸中，牌号字符高为 76 毫米，字母与数字宽度不同，字母宽 47.5 毫米，数字宽 44.5 毫米。

一般通用车牌，也就是普通公民与法人按常规程序申领使用的乘用车和货车车牌，主要包括欧盟标识、国家代码、年检标识、注册标识和牌号等几项内容。在车牌上，德国的国家代码为字母"D"，即"德国"（Deutschland）的首字母。图 4-12 为德国一般通用车牌样式图。

图 4-12　德国一般通用车牌样式图

年检标识与注册标识通常是两张贴纸，粘贴在车辆牌号中地区代码与识别号码中间，同时起分隔符的作用，上下排列。年检标识通常出现在后车牌上，用于直观地显示车辆下次年检的时间。在 2007 年以前，年检标识贴纸为六角形，之后改为圆形。贴纸中间的小圆圈内标识下次年检的年份，12 点方向显示的对应数字为下次年检的月份。贴纸直径通常为 35 毫米，类似钟表时间刻度排列，有 1～12，但为逆时针排列。在贴纸上，12 月的两边印有明显的黑色色块，便于参照其判断年检月份。1973 年以前，贴纸使用白、绿、黄、蓝 4 种底色，每年不同，依次轮换。自 1974 年开始，贴纸底色改为棕、粉、绿、橙、蓝、黄 6 种颜色依次轮换。注册标识为圆形，直径 45 毫米，通常中间为发行州的州徽章图案，上下标注有州名与注册县市地区名。联邦国防军等使用的注册标识中间通常有国徽图案。注册标识不同版本内容和制作工艺等常有较大的变化，具有防伪作用。图 4-13 为德国车牌上各式注册标识。2017 年，车牌中的标识上面还引入了二维码。

图 4-13　德国车牌上各式注册标识

德国车牌牌号通常由车辆登记地区代码与识别号码两部分组成，所有字符不超过 8 个。

地区代码用于代表车牌发行机构所在地区，类似中国私家车车牌上省的简称与代表某一地市的字母组合。地区代码由 1～3 个字母构成，使用的字母包括 26 个拉丁字母和德语中 3 个变音符号 Ä、Ö 和 Ü。目前，全德国 16 个州共使用近 700 个地区代码。地区代码的分配，主要依据所属地区人口排名编列：一个字母的代码优先分配给排名靠前的城市或地区。例如，首都柏林（Berlin）代码是 B，法兰克福（Frankfurt）代码是 F。人口排名稍微靠后一点的城市或地区分配两个字母。例如，班贝格县（Bamberg）代码是 BA，富尔达县代码是 FD。当两个字母也被占用时，更小的地方就只能使用三个字母了。例如，BAD 被分配给巴登区（Baden-Baden），FDS 被分配给弗罗伊登施塔特县（Freudenstadt）。这里有一个特例，汉堡多年来一直是以"H"开头的最大城市，但其车牌使用地区代码"HH"，即汉莎汉堡同盟城（Hansestadt Hamburg）的缩写。这是由于历史原因，汉诺威获得牌号使用单字母"H"做代码的权利。地区代码随注册车辆的增加等原因会有所改变，会出现一个地区先后使用数个代码的情形。

识别号码是每个注册地区车辆独有的唯一编号，通常由字母和阿拉伯数字组成，字母最多 2 个，数字最多 4 个。此处的字母只使用 26 个拉丁字母，一些容易产生混淆的字母，典型的如字母 I、O 和 Q，是否使用由各地区自行决定。在理论上，识别号码包括"A1-Z9999"和"AA1-ZZ9999"所有组合号码。一些具有不好寓意或代表令人不快组织的字母与数字组合，会被限制或禁止使用，具体是哪些组合，各州的规定并不统一，但多与纳粹相关。

除一般通用车牌外，德国另外有 11 种特殊车牌。

政府车牌

政府车牌种类较为复杂多样，联邦层级有自己的规定，各州也有自己的规定，具体落实到车牌上，可谓变化多端，但与一般通用车牌样式基本一致，变化主要体现在牌号的组合上。

在联邦政府层面，最基本的牌号组合规则为字母"BD"+两位以内数字+四位以内数字，"BD"为德意志联邦共和国（Bundesrepublik Deutschland）的缩写，中间两位以内数字为部门分类代码，后面四位以内数字为识别数字。年检标识和车辆管理机构注册标识，在部门分类代码和识别数字之间上下排列。图 4-14 为德国联邦政府车牌（中间的"16"代表海关）。联邦政府的几位主要官员，包括总统、总理、外交部长及联邦议院议长等，其专用座驾牌号只有两位数字，分别为"0-1""0-2""0-3"及"1-1"等。图 4-15 为德国总理座驾及其车牌。一些联邦机构，又专门使用特有的车牌编号。例如，联邦水道和航运管理局，牌号为"BW"+一位数字+三位以内识别数字，中间一位数字代表不同管理辖区，如"3"代表汉诺威区；联邦警察车辆牌号使用"BP"+两位数字+四位以内识别数字，中间两位数字代表车辆类型，数字越大车辆越大，如 15~19 为小型乘用车，20~24 为越野乘用车，25~29 为小型巴士，30~39 为中型越野型乘用车与载货汽车，40~49 为载货汽车与大型客车，50~54 为装甲车等特别车辆，55 为拖车。图 4-16 为德国警察用车。

在州政府层面，最基本的牌号组合规则为州缩写加数字识别号码，两者之间使用年检标识与州徽章标识分开。各州具体要求不一，变化甚多。例如，有的州政府车牌像联邦政府基本牌号组合一样，将州部门分类代码与识别数字分开，实际上将牌号分为地区代码、部门分类代码和识别数字三个部分。州以下市镇政府车牌牌号，常使用代表市政的字母与数字组合。图 4-17 为德国科隆市政府车辆车牌（"K"代表科隆）。

图 4-14 德国联邦政府车辆车牌

图 4-15　德国总理座驾及其车牌

图 4-16　德国警察用车

图 4-17　德国科隆市政府车辆车牌

外交车牌

外交车牌在这里可以理解为广义的涉外车牌，包括用于外交使团、领事团体与国际组织等所属人员的车辆。车牌整体均为黑字白底，有几种不同的牌号组合形式。第一种是数字 0+

数字+数字，为外交官牌号。图4-18为中国驻德国柏林大使馆外交车牌（"29"代表中国）。图4-19为悬挂外交车牌的车辆（"118"代表沙特阿拉伯）。第二种是字母"B"或"BN"+数字+数字，对应车牌发给外交使团行政技术人员，前后两组字母分别代表注册地柏林（Berlin）和波恩（Bonn）。前述两种车牌，中间数字用于代表国家；目前最小数字"10"代表梵蒂冈，最大数字"206"代表马尔代夫，代表中国的数字为"29"；通常最后一组数字越小，代表乘用人的级别越高。第三种是发放给各种国际组织车辆的车牌，牌号中间数字使用170～199号段的数字，如"170"代表国际劳工组织、"193"代表联合国气候变化框架公约组织。第四种为发放给领事车辆的车牌，牌号为地区代码加数字，由领事馆驻地车辆管理机构颁发。

图4-18　中国驻德国柏林大使馆外交车牌

图4-19　悬挂外交车牌的车辆

电动汽车车牌

2015年，德国引入电动汽车车牌，电动汽车车牌主要用于纯电动汽车与混合动力汽车，其样式和牌号与一般通用车牌相似，显著特点就是牌号结尾处增加字母"E"，如图4-20所示。根据德国《电动汽车法案》，市政当局应该向电动汽车、插电式混合动力汽车及带燃料电池的电动汽车车主提供免费停车设施，减少通行限制，并且开放公交车道。此外，电动汽车的车主不必缴纳道路税，在其他方面的费用也有优惠，各地具体规定不一。

图4-20　德国电动汽车车牌

老爷车车牌

老爷车车牌分为两种：一种是黑字白底，牌号后有字母"H"；另一种是红字白底，数字识别号码以"07"开头。前一种车牌样式和牌号与一般通用牌号规则基本一致，主要的区别在于，牌号结尾增加字母"H"，如图 4-21 所示。这种车牌在 1997 年 7 月首次发行。老爷车本身具有文化传承功能，德国对于老爷车的认定有明确而严格的规定，要求车辆生产时间必须在 30 年以上，车辆主要零部件必须是原厂原件。经认定符合标准的老爷车，可以享受注册登记税费和保险费用方面的优惠。这种车牌一般用于连续使用较长时间的老爷车。后一种以"07"开头的老爷车车牌，实际上也可以算是一种短期车牌，用于老爷车短期临时上路，如试驾、转移至另一地点、参加维护保养，或者参与老爷车活动等。这种车牌不使用年检标识。

图 4-21　悬挂老爷车车牌（黑字白底）车辆

免税汽车车牌

免税汽车车牌因其牌号使用绿色，一般也称为"绿牌"，适用于非营利组织或救援组织车辆，如图 4-22 所示。车主只有在向税务部门申请免税并获批后，车辆注册登记部门才会发放绿色车牌。这类车牌除牌号颜色使用绿色外，其他样式和牌号规则与通用车牌一致。

图 4-22　德国免税汽车车牌

季节性车牌

1997 年 3 月，德国开始发行季节性车牌，这种车牌同样为黑字白底，主要发给那些不需要全年使用的车辆，如主要在夏天驾驶的敞篷车、房车，以及用于冬季雪地服务的车辆。这类车牌的优势在于保险费用可以按比例交纳，可以节省一些机动车相关税费。车主可以在一年以内自由选择车牌的有效时间，最少两个月，所以车牌右侧上下分别标注起始月份和到期月份，月份中间使用横线分隔，这也是该类车牌与其他车牌的主要区别。另外，一般通用车牌可以申请转化为季节性车牌，老爷车也可申请使用季节性车牌，如图 4-23 所示。

图 4-23　悬挂季节性老爷车车牌的车辆

可互换车牌

2012 年 7 月，德国推出可互换车牌，这种车牌黑字白底，使用一副车牌可以注册车主名下两辆同一类别车辆，或者说两辆车共享一副车牌。一副完整的可互换车牌同时含有一式两块主车牌和两式四块不同的副车牌，车辆只有同时悬挂主车牌与其中一式副车牌才能上路行驶。德国推行可互换车牌的目的是为车主节省注册费用和保险费用。由于费用节省幅度有限，此类车牌推行并不如预期。由于年检标识粘贴在副车牌之上，故主车牌上只有州徽章标识，原年检标识处改用字母"W"替代。图 4-24 为一副完整的可互换车牌。

图 4-24　一副完整的可互换车牌

企业用红色车牌

企业用红色车牌主要发放给汽车制造商、汽车零部件制造商、汽车修理厂和汽车经销商等企业，以便于企业检验测试车辆、转移交付与试驾车辆。这种车牌红字白底，牌号只有地区代码和全数字的识别号码，左侧欧盟标识部分予以保留，如图 4-25 所示。识别号码以"05"开头的一般发给汽车制造商、汽车零部件制造商与汽车修理厂，以"06"开头的一般发给汽车经销商。这种车牌不限定于一辆车，可以反复用于不同的车辆。例如，经销商在销售车辆需要试驾时，或向购车人交付车辆时，即可临时悬挂此类车牌合法上路。使用此类车牌，需要在专门的登记本上做好使用记录，包括使用时间、驾驶人及其地址、车辆类别及制造商和车辆识别码（VIN）等内容，以备当局查验。

图 4-25　企业用红色车牌

短期车牌

短期车牌主要用于车辆未正式注册时新车提车、二手车交易、试驾与技术检测等情形，如将车辆从购买地转移至居住地。短期车牌需车主提前申请，有效期最多 5 天。这种车牌最显著的特点就是，在右侧印有黄底黑字的日期标识，日期从上到下依次是日月年，为到期日，如图 4-26 所示。牌号由地区代码与数字识别码组成，识别码数字现在已从四位增加到了五位，以"03"或"04"开头。短期车牌左侧没有欧盟标识和年检标识，州徽标识处使用蓝色背景贴纸。这种车牌只能悬挂在具体申报的车辆上，通常只能在德国境内行驶。

图 4-26　短期车牌

出口车牌

出口车牌用于永久离开德国的车辆，如图 4-27 所示。这种车牌整体布局与短期车牌相似，黑字白底，右侧印有红底黑字的保险到期时间，从上到下依次是日月年；牌号由地区代码、数字识别码和一个字母系列号组成；车牌无欧盟标识和年检标识，注册标识处使用红色背景贴纸。这种车牌有效期为一年，在右侧保险到期日后不可以再上路行驶。

图 4-27　出口车牌

军用车牌

在德国境内使用的军用车牌根据部队不同可以细分为多种，主要包括德国联邦国防军车牌、北约车牌与美军车牌等。

德国联邦国防军车牌用于德国陆海空三军军用车辆，车牌黑字白底，牌号由字母"Y"+三位数字+三位数字组成（Y-999 999），车牌上的欧盟 12 颗金星蓝底标识被德国国旗图案取代，注册标识处使用德国国徽图案，如图 4-28 所示。

图 4-28　德国联邦国防军车牌

德国境内有北约军事力量，其车牌一般为黑字白底，牌号为 X 与四位数字组成（X-9999），左侧无欧盟标识或德国国旗标识，但与联邦国防军车牌一样，字母与数字中间分隔短线下有德国国徽图案，如图 4-29 所示。

图 4-29　驻德国北约军队车牌

驻扎在德国的美军，出于安全考量，车牌样式逐渐向德国属地车牌样式靠拢，车牌配色与牌号组合与驻地车牌类似，但区别也是比较明显的。例如，美军车牌用北约标志图案替代通用德国车牌上的欧盟标识，并在图案下标注"USA"，如图 4-30 所示。同时，美军不少车辆使用长宽比更小的长方形车牌，也是一个与德国主流长条形车牌显著的区别。美军也使用红字白底等临时车牌，牌号以字母"T"开头，如图 4-31 所示。

图 4-30　驻德国美军常用车牌

图 4-31　驻德国美军临时车牌

总的来说，德国汽车牌照发行体系复杂而有效，能够让所有车主都能申领到适合的车牌，有助于驾驶人遵守法律，让道路交通更加安全有序。

4.3　12 个字母行天下 俄罗斯车牌

俄罗斯的汽车车牌从马车车牌逐渐发展而来。图 4-32 为 1894 年俄罗斯出租马车车牌。20 世纪初期，莫斯科与弗拉基米尔等城市开始发行汽车车牌。早期的汽车车牌主要包含登记牌号、注册到期时间与注册机构名称等内容。每年发行的车牌通常颜色不同，以便当局可以轻松确定车主是否已经缴纳税款，如图 4-33 和图 4-34 所示。在车牌样式上，各城市各不相同，都有自己独特的地方。

图 4-32　1894 年俄罗斯出租马车车牌

图 4-33　1912 年俄罗斯弗拉基米尔车牌

图 4-34　1913 年俄罗斯弗拉基米尔车牌

苏联时期，车牌格式逐步走向统一。1931年，苏联开始统一发行车牌，牌号格式为"X-99-99"，字母为俄文字母，数字使用阿拉伯数字，中间使用小短线分隔，以便识读，车牌黑字白底，车辆前后各悬挂一块。此后，1934年、1936年、1946年、1959年、1980年等年份，苏联先后对车牌样式进行了调整，牌号以俄文字母和阿拉伯数字编排，其间变化主要是编号位数与排列顺序，有时也会在车牌上使用发行地的地名或地区代码。图4-35为悬挂1934年款苏联车牌的莫斯科车辆。图4-36为1936年、1946年、1959年与1980年（从上至下）苏联四款主要前车牌样式。图4-37为1946—1959年苏联后车牌样式。

图4-35　悬挂1934年款苏联车牌的莫斯科车辆

图4-36　1936年、1946年、1959年与1980年（从上至下）苏联四款主要前车牌样式

图4-37　1946—1959年苏联后车牌样式

苏联解体后，俄罗斯在1993年引入新的汽车牌照标准，对车牌类型、主要尺寸和技术参数等进行了规范。2018年，俄罗斯在1993年标准的基础上修订发布新车牌标准，并逐步推行。

俄罗斯是《维也纳道路交通公约》成员国,因此其现行汽车牌照规则同时受该公约和国内法规的约束。

现在,俄罗斯车牌主要分为六大类,包括普通公民与法人实体车牌、军事单位车牌、涉外车牌、内务机构车牌、经典(复古)与跑车车牌,以及暂时许可道路使用车牌。在此基础上,包括摩托车车牌在内,俄罗斯车牌又可以细分为大约 30 种不同样式,区别在于尺寸大小、适用车型、编号行数及编号格式等方面。

普通公民与法人实体车牌

普通公民与法人实体车牌适用于普通公民与法人实体小汽车、载货车和非营运客车,是俄罗斯最常见、最基础的车牌,主要细分为非营运公民与实体车牌、拖车与半挂车车牌和营运出租汽车与公共汽车车牌等。

非营运公民与实体车牌一般尺寸标准近似西欧通用标准,长 520 毫米,宽 112 毫米,如图 4-38 所示。车牌黑字白底,靠右侧使用竖分隔线分为两个部分,通常前面部分展示车牌编号,后面部分展示地区代码。这种车牌编号格式为"X999XX",地区代码是联邦统一为各地区(包括各共和国、边疆区、州、联邦直辖市、自治州和民族自治区,近 90 个)分配的两位或三位阿拉伯数字代码,数字代码下为俄罗斯国家代码"RUS"与国旗图案。图 4-39 为悬挂莫斯科(777)车牌的小汽车。

图 4-38 非营运公民与实体车牌样式 1

图 4-39 悬挂莫斯科(777)车牌的小汽车

对于一些进口或具有非对应前述车牌标准安装位置的车辆来说，它们可以使用长宽比更小的长方形车牌。这种车牌长 290 毫米，宽 170 毫米，编号与代码整体呈两行排列，地区代码与国家代码及国旗图案位于车牌右下角，如图 4-40 所示。这种车牌只能安装在车辆后部，不能作为前车牌。图 4-41 为悬挂伊尔库茨卡亚州（138）车牌（长方形车牌）的小汽车。

图 4-40 非营运公民与实体车牌样式 2

图 4-41 悬挂伊尔库茨卡亚州（138）车牌（长方形车牌）的小汽车

图 4-42 俄罗斯车牌中 13 个字母字体样式

如图 4-42 所示，俄罗斯车牌牌号仅使用俄文字母中的 12 个字母，即 A、B、E、K、M、H、O、P、C、T、y 和 X。除上述 12 个俄文字母外，俄罗斯车牌还使用拉丁字母"D"（仅限于涉外车牌编号）。根据《维也纳道路交通公约》，成员国汽车编号必须由拉丁字母和阿拉伯数字组成，俄罗斯作为该公约成员国，为了既符合公约标准要求，又顾及本国语言，确保国际通用性与易于国民识读，便在牌号中选用了上述字母。

由于车牌编号中只有 12 个俄文字母可用，每个区域车牌编号可用组合大约为 172 万个（12

个字母×999数字×12个字母×12个字母），对于莫斯科市、莫斯科州与圣彼得堡市等人口多、车辆多的地区来说，编号组合不够持续分配。而且，前期注册的编号在登记使用过后便不再重复使用，使这一问题更加凸显。为了解决这一问题，俄罗斯通过为注册车辆多的地区多分配地区代码予以解决，通常在原代码的基础上增加或调换数字。例如，莫斯科市，最初地区代码为"77"，现在还可以使用"97""99""177""197""199""777"等地区代码；圣彼得堡市地区代码为"78"，现还可以使用"98""178""198"等地区代码；莫斯科州使用"50""90""150""190""750"作为地区代码。

拖车和半挂车车牌编号格式为"XX9999"，其他要求与前述基础车牌一致。这里的拖车，是指本身无动力，需要牵引车辆拖挂行驶的车辆。图4-43为列宁格勒州（47）小汽车与拖车。

出租车与公共汽车车牌编号格式为"XX999"，黑字黄底，车牌上无国旗图案，其他要求与前述基础车牌一致，如图4-44和图4-45所示。

图4-43　列宁格勒州（47）小汽车与拖车

图4-44　出租车与公共汽车车牌样式

图4-45　莫斯科（77）出租车

车主获取普通车牌通常有两种方式：一种是在向车辆管理机构注册登记车辆时一并申领，支付相应的车牌费用，最终由车辆管理机构发放车牌；另一种是车辆管理机构只发放牌号文件，由车主自行通过专业车牌制作公司制作车牌。

军事单位车牌

军事单位车牌安装在军事单位、组织和机构的现役车辆上，编号格式为"9999XX"或"XX9999"，白字黑底，字符通常呈一行排列，尺寸与基础车牌一致。图4-46为俄罗斯南部军区（21）车辆。军用两行排列的长方形车牌尺寸与其他车牌尺寸并不相同，长288毫米，宽206毫米，如图4-47所示。车牌靠右部分的代码与一般民用车牌地区代码并不一致，而是俄罗斯国防部为各军事单位编配的车牌专用代码，代码均为两位数字，最大为"99"。例如，军车车牌上的代码"21""56""90"，分别代表俄罗斯南部军区、空天部队与黑海舰队。

图4-46 俄罗斯南部军区（21）车辆

图4-47 俄罗斯军事单位两行排列车牌样式

涉外车牌

此类车牌发放给使领馆、国际与国家间组织及其成员所用车辆，以及经俄罗斯外交部认可的相关雇员的车辆。车牌编号格式为"999CD9"或"999D（或T）999"，白字红底，尺寸与基础车牌相同。编号前三位数字代表对应国家或组织编号；编号中间的字母，"CD"专门发给大使或其他外交使团团长级别的人员，"D"发给外交使团、领事办事处、国际组织或具有外交身份的使团（机构和组织）成员，"T"发给外交使团、领馆及不具有外交身份的国际组织行政和技术雇员。图4-48为亚美尼亚（138）驻莫斯科（77）机构技术雇员（T）车辆。

图 4-48　亚美尼亚（138）驻莫斯科（77）机构技术雇员（T）车辆

从交通法律规则方面讲，悬挂涉外车牌的汽车并没有特权，违反交通规则会被拦下检查，但使用车辆的使领馆人员及其家庭成员普遍享有外交豁免权，通常不会被属地法律约束。

内务机构车牌

内务机构车牌专门发给俄罗斯联邦内务机构的车辆，这一机构的职权类似中国的公安部门，因此可以简单将该类车牌理解为"警车车牌"。车牌编号格式分为两种：一种为"X9999"，用于内务机构的小汽车、载货车与客车；另一种为"999X"，用于内务机构的拖车与半挂车。车牌白字蓝底，与中国燃油小汽车车牌类似。图 4-49 为莫斯科（77）内务机构车辆。

图 4-49　莫斯科（77）内务机构车辆

经典（复古）与跑车车牌

经典（复古）与跑车车牌通常用于那些生产时间较久且保存较为完好的稀有车辆。在俄罗斯，出厂超过 30 年保存较完好并通过指定机构安全评估的汽车，车主可以申领这种车牌。当然，申领此类车牌并非强制，完全由车主自愿。此类车牌最显著的特征是中间使用两条竖线

261

将车牌整体划分为三个部分，最左侧部分中间印制有字母"K"或"C"，"K"代表老爷车，"C"代表运动型车辆。车牌中间的编号格式为"XX999"，黑字白底。图 4-50 为长条形经典（复古）与跑车车牌样式。为了便于不同车型安装车牌，除了单行排列的长条形车牌，还有双行排列的长宽比更大的长方形车牌。

图 4-50　长条形经典（复古）与跑车车牌样式

暂时许可道路使用车牌

暂时许可道路使用车牌主要用于尚未正式挂牌的车辆或者已经取消注册的车辆，以及最终会离开俄罗斯的车辆。

对前一种车辆来说，适用车牌有效期为 5～20 天，编号格式为"XX999X"，字符使用黑色，左侧编号部分背景为白色，右侧地区代码及国旗图案标志部分背景为黄色。车牌材质以纸质为基础，车牌两面压印透明薄膜，厚度不小于 0.4 毫米，左上侧加入全息保护标志，夜间在紫外线的照射下会显示出特有图案。

对后一种车辆来说，也就是最终会离开俄罗斯的车辆，主要为从俄罗斯出口至境外的车辆，使用的临时车牌为另一种专门样式。此车牌样式与经典（复古）车牌类似，中间使用两条竖线将车牌整体划分为三个部分，最左侧部分印制字母"T"，黑字白底，车牌中间的编号格式为"XX999"，右侧部分为地区代码与国旗图案标志。在制作材质上，这种车牌与其他车牌一样，采用铝合金冲压，外层涂有反光油漆。

两种暂时许可道路使用车牌样式如图 4-51 所示。

这种临时车牌适用于小汽车、客车、货车及挂车等各型车辆，尺寸统一为长 520 毫米、宽 112 毫米。

图 4-51　两种暂时许可道路使用车牌样式

总体来看，现行的俄罗斯车牌主要根据使用群体分类，整体较为简约，具有较好的可识读性。尤其仅使用 33 个俄文字母中与拉丁字母一致的 12 个字母，以及拉丁字母"D"和数字进行编号，地区代码完全使用数字，更便于其他国家人士识读。

4.4 阿拉伯数字与阿拉伯语数字 沙特阿拉伯车牌

沙特阿拉伯是中东地区面积最大的国家，是伊斯兰教的发源地，也是伊斯兰世界的重要国家，其车牌制度在阿拉伯语国家中具有很高的代表性。

沙特阿拉伯的第一款汽车车牌于 1923 年由该国内政部发行。该国初期发行的车牌用薄钢板制成，只有 3 个字符，通常是车辆所有人姓名的首字母，使用阿拉伯语。20 世纪 30 年代，该国车牌改为铝制，并开始使用 4 个字符。随着车辆的增加，牌号位数逐步增加，该国车牌之后加入枣椰树与宝刀组成的国徽图案。图 4-52 为历史上的沙特阿拉伯车牌。自 2006 年开始，沙特阿拉伯开始发行编号包括 7 个字符的车牌，格式通常为"9999 XXX"，并同时使用阿拉伯语字母、阿拉伯语数字、拉丁字母与阿拉伯数字在车牌上呈现牌号，奠定了该国车牌样式的基础。

| 1955—1962年私家车牌 | 1955—1962年私家车牌 | 1962—1972年私家车牌 |
| 20世纪50年代卡车车牌 | | 1962—1972年私家车牌 |

图 4-52　历史上的沙特阿拉伯车牌

沙特阿拉伯现行车牌制度主要依据该国交通法统一规范，车辆前后悬挂两块车牌，但摩托车、全挂及半挂车只需悬挂后车牌。车牌有三种尺寸：通用车牌尺寸为 335 毫米 × 155 毫米，类似美日车牌，但较美国车牌稍大，如图 4-53 所示；长条形车牌尺寸为 520 毫米 × 110 毫米，类似欧盟车牌，如图 4-54 所示；摩托车车牌尺寸为 180 毫米 × 90 毫米。

汽车车牌以 335 毫米 × 155 毫米尺寸车牌为基础车牌。车牌用横竖线段分为五个方格，最右侧竖长方格印制国徽、沙特阿拉伯国际代码"KSA"及代表不同车牌类型的图形符号；中间上下两个方格，上方格中为 3 个阿拉伯语字母，下方格中为 3 个拉丁字母，上下对应；左侧上下两个方格，上方格中为四位阿拉伯语数字，下方格中为四位阿拉伯数字，上下对应。如有必要，车主也可申领使用 520 毫米 × 110 毫米的长条形车牌，车牌同样被划分成五个方格，呈现的内容不变，只是将前述包含国徽、国际代码等内容的方格置于车牌中央处。

图 4-53 沙特阿拉伯通用车牌样式

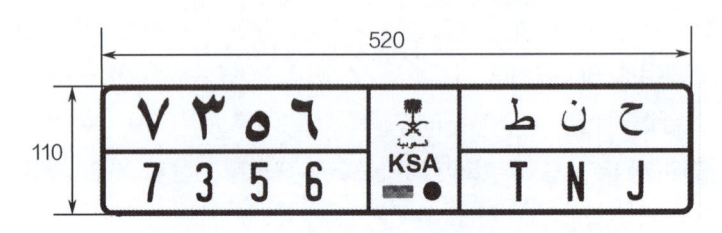

图 4-54 沙特阿拉伯长条形车牌样式

在车牌的颜色上，各类车牌字符、方格框线及图案使用黑色，背景以白色为主，通过最右侧包含国徽的方格使用不同底色来区分不同类型的车牌，主要有白色、黄色、蓝色和绿色，对应颜色的车牌也被俗称为"白牌""黄牌""蓝牌"和"绿牌"，如图 4-55 所示。车牌的颜色与法定的车牌分类并不完全一一对应，从总体上来说，白牌用于私家车，黄牌用于公共交通车辆、出租车及网约车，蓝牌用于皮卡、厢式货车等商用车辆，绿牌用于使领馆车辆。

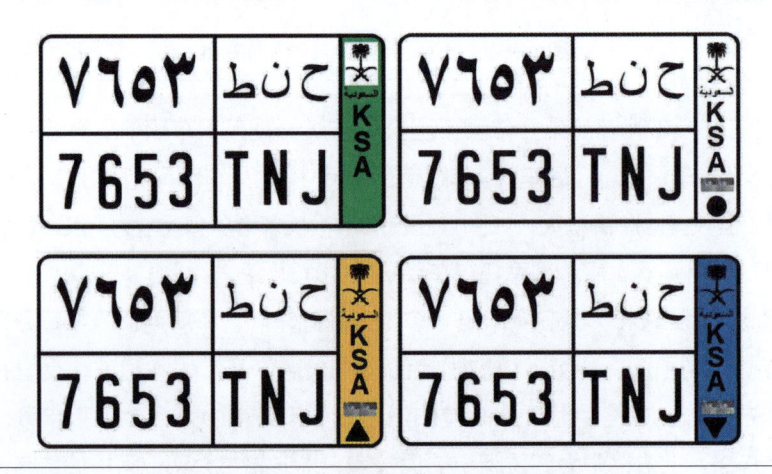

图 4-55 沙特阿拉伯通用车牌示意图

在车牌分类上，沙特阿拉伯法规主要从车辆的使用功能属性和对象方面，将车牌分为专用车牌、公共车牌、外交及领事车牌、临时车牌、出口车牌、公共工程车辆车牌与摩托车车牌7类。对于专用车牌与公共车牌来说，最核心的区别在于车辆是否用于有偿营运，只供自用的视为"专用"，通过向不特定人员提供有偿的人员及货物运送服务的，视为"公共"，这也是沙特阿拉伯车牌分类的一大特点。下面对车牌中的5个类别进行简要说明。

专用车牌

专用车牌细分为专用乘用车车牌、专用运输车车牌和专用客车车牌，这类车牌也是最常见的车牌。一般个人及法人拥有且仅供自用的车辆，包括警车与一般的政府部门用车，使用这类车牌。从20世纪中叶起，沙特阿拉伯用不同颜色的车牌区别不同用途或属性的车辆。在专用车牌中，包括轿车和越野车在内的车辆，多为"白牌"，白牌同步使用黑色圆形标识，如图4-56～图4-58所示；皮卡和厢式货车等车辆，使用"蓝牌"，蓝牌同步使用黑色倒三角形标识，如图4-59所示。

图 4-56 悬挂专用乘用车车牌的车辆 　　图 4-57 悬挂长条形专用乘用车车牌的车辆

图 4-58 悬挂白色车牌的警车 　　图 4-59 悬挂蓝色车牌的皮卡

公共车牌

公共车牌实际上用于营运载客和载货的车辆，可以细分为公共运输车牌、公共汽车车牌和出租车车牌。前述两种车牌，实际上就是经许可的营运货车与公共汽车车牌；出租车车牌用于有偿载客与运送乘客随身物品的小型汽车，这种汽车载客不超过8人，车主必须是经主管机

构许可运营的个人与企业。公共车牌因为包含国徽的方格使用黄底,故俗称为"黄牌",在方格下部有黑色正三角形图案标识。图 4-60 为沙特阿拉伯妇女与出租车。

图 4-60　沙特阿拉伯妇女与出租车

外交及领事车牌

外交及领事车牌用于外交使团、领事、国际机构及其所属的拥有外交地位人员的车辆。在车辆注册登记时,根据申请者所属国外交部出具的说明,按照对等原则减免有关费用,同时明确禁止将外交及领事车牌用于其他任何车辆。此类车牌较为少见,因为车牌上包含国徽的方格使用绿底,故俗称"绿牌"。除沙特阿拉伯国徽图案外,此类车牌上无圆形或三角形图案,如图 4-61 所示。

图 4-61　沙特阿拉伯外交及领事车牌

临时车牌

临时车牌用于在一定期限内在该国公共道路上行驶的车辆。申请人支付必要的费用,车辆管理机构将申请人的信息登记,同时要求申请人对使用该车牌造成的后果负责。临时车牌上包含国徽的方格使用灰底,故俗称"灰牌",在方格下部有黑色的一个顶角向左的三角形图案标识,如图 4-62 所示。

图 4-62　沙特阿拉伯临时车牌

出口车牌

出口车牌用于准备出口到沙特阿拉伯境外的车辆。申请人在申请时需要明确车辆行驶的道路及距离等内容，不得随意改变预定行驶路线。此类车牌样式与临时车牌一致。

沙特阿拉伯车牌牌号同时使用阿拉伯语字母、阿拉伯语数字与拉丁字母，这是该国车牌的一大特点。其目的是便于外籍人士和没有学过阿拉伯语的人士识读。该国当前约有 3600 万人口，其中 1/3 为外籍。因此，沙特阿拉伯车牌只使用 28 个阿拉伯语字母中的 17 个字母，与 26 个拉丁字母中的 17 个字母对应。为了让车牌编号更和谐，有些拉丁字母的组合被禁止使用，如"SEX"（性），"ASS"（屁股）等。表 4-1 为沙特阿拉伯车牌牌号使用的字符对应表。

表 4-1　沙特阿拉伯车牌牌号使用的字符对应表

字母				数字	
阿拉伯语字母	拉丁字母	阿拉伯语字母	拉丁字母	阿拉伯语数字	阿拉伯数字
ا	A	ق	G	١	1
ب	B	ك	K	٢	2
ح	J	ل	L	٣	3
د	D	م	Z	٤	4
ر	R	ن	N	٥	5
س	S	ه	H	٦	6
ص	X	و	U	٧	7
ط	T	ى	V	٨	8
ع	E			٩	9
				٠	0

沙特阿拉伯也提供个性化车牌，这类车牌牌号数字可以少于四位。2022 年，作为国庆活动的一部分，该国文化部、财政部与内政部共同推出了五款限时专用车牌，如图 4-63 所示。

这几款车牌在车牌中央加入该国 2030 年愿景标志、国徽和该国世界文化遗产等图案，试图突出民族特点与文化价值。车主申领个性化车牌需要缴纳 800 沙特阿拉伯里亚尔（约合人民币 1550 元）。

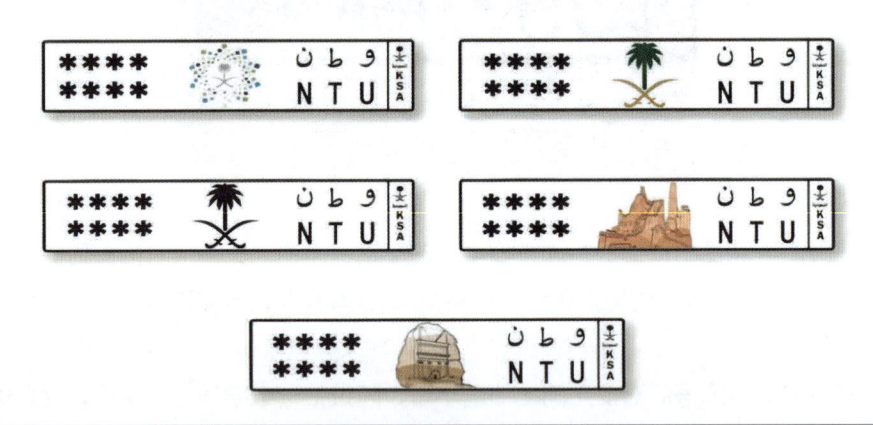

图 4-63　沙特阿拉伯五款限时专用车牌样式

沙特阿拉伯车牌整体样式较为统一，不同类别的车牌主要通过车牌上包含国徽的方格使用不同颜色来区分。其他一些使用阿拉伯语的国家，在车牌上也使用阿拉伯语字母和拉丁字母同时展示牌号的做法。实际上，这一做法为一些非英语国家在使用本国语言和确保车牌便于非本国籍人士识读上，提供了一条较为可行的路径。该国还许可车辆使用两种不同尺寸的车牌，也为不同车型使用的车牌提供了更多的选择。

4.5　察"源"观色
尼日利亚车牌

尼日利亚面积接近中国的 1/10，是非洲排名第一位的经济体，也是非洲排名第一位的人口大国。2023 年 5 月，该国人口数量已达到 2.22 亿人。

尼日利亚车牌发展历史可以追溯到 20 世纪初。该国已知最早的车牌是用薄钢板制成的，由英国殖民政府在 20 世纪 20 年代发放，主要用于私人车辆，少数用于商用车辆。20 世纪 50 年代，尼日利亚政府开始发放带有两个字母和三位数字的车牌，字母通常代表车辆注册的州或地区。20 世纪 60 年代，尼日利亚脱离英国殖民统治，实现独立后，部分州或地区发放的车牌牌号前面的字母变成三个，沿用至今。20 世纪 90 年代以前，尼日利亚车牌样式以白字黑底为主，牌号主要用英文字母和数字编列，不超过 8 个字符。

20 世纪六七十年代尼日利亚车牌如图 4-64 所示。

20世纪60年代至1975年
伊巴丹车牌

20世纪60年代至1975年
扎里亚车牌

1976年拉各斯车牌

1976年本德尔州车牌

图 4-64　20 世纪六七十年代尼日利亚车牌

尼日利亚车牌样式演进（1963 年→1976 年→1992 年→2014 年）如图 4-65 所示。

图 4-65　尼日利亚车牌样式演进（1963 年→1976 年→1992 年→2014 年）

尼日利亚车牌制度与车牌样式与美国颇为相似，其车牌制度现在主要由该国《联邦道路安全委员会法案》和《国家道路交通条例》等法律规范。现行车牌尺寸近似北美标准，长 308 毫米，宽 156 毫米，该国所辖 36 个州与 1 个特区对应发行的车牌上印制独特的宣传语。民用车辆和商用车辆车牌通常包含国名、国旗图案、州名、宣传语及牌号等内容。

现在，尼日利亚发行的汽车车牌主要包括私人车牌、花式车牌、商业车牌、政府车牌、武装部队及准军事部门车牌、外交车牌等类别。各类车牌尺寸大小一致，主要区别在于车牌的配色、编列号码格式及展示内容方面。

私人车牌

私人车牌是最常见的车牌类型，牌号使用蓝色，国名、州名及宣传语使用黑色，背景主体为白色，中部印制浅绿色国家地图形状，下侧有绿色人物与景观剪影，左上角印制国旗图案。牌号格式为"XXX-999XX"，前面 3 个字母代表车辆登记的地方政府区（Local Government Area），相当于中国的地市级，后面使用短分隔线连接五位字符，顺序一般从"001AA"到"999AA"，然后转移到从"001AB"到"999AB"的方式编列。需要特别说明的是，私人车牌中的倒数第二个字符，并不使用所有的 26 个英文字母，其中有几个字母专门保留用于区分车辆类型，用于其他类型的车牌中。例如，"X"表示出租车和商业运输车，"H"

269

表示面包车。图4-66为尼日利亚拉各斯州阿帕帕市私人车牌。

花式车牌

这种车牌也称为个性化车牌，可以算是私人车牌的特殊形式。其车牌背景与一般私人车牌完全一致，不同之处在于牌号。申请人可以向尼日利亚联邦道路安全委员会申请，牌号不多于8个字符，最少1个字符，申请人可以申请各种字母与数字组合。对花式车牌的申请需要审批，被认为包含淫秽、猥亵及冒犯等信息的牌号是不被许可的。许多名人与富人是这类牌号的拥趸，独特而个性化的花式车牌往往代表身份、地位和财富。毫无疑问，这类车牌较一般私人车牌要花费更多的费用。花式车牌如图4-67和图4-68所示。

图4-66　尼日利亚拉各斯州阿帕帕市私人车牌

图4-67　尼日利亚夸拉州"霸道总裁"花式车牌

图4-68　尼日利亚首都阿布贾"巫师"花式车牌

商业车牌

商业车牌样式与私人车牌样式基本一致，主要不同在于牌号使用红色。这类车牌用于运送货物与乘客的营运车辆，如专门供租用的车辆、出租车、公交车、邮递车与厢式货车等。图4-69为尼日利亚埃努古州乌

图4-69　尼日利亚埃努古州乌瓦尼市商业车牌

瓦尼市商业车牌。

政府车牌

政府车牌样式与私人车牌样式基本一致，区别在于牌号编列规则不同并使用绿色，同时在车牌右上角加入国徽图案。这类车牌只发给联邦、州及地方政府履行公务的车辆。联邦政府部门车牌通常在车牌中上部，也就是私人车牌州名处，改用代表部门名称的英文词语，无宣传语；牌号前三位并非州名缩写，而是代指特定车辆组别与发行办公室代码等；牌号前两位字母如果是FG，则指联邦政府（Federal Government）车辆。州政府车牌牌号，前三位通常用于代指车辆组别与所属州本级政府部门，最后两个字母通常为该州州名缩写，如尼日尔州（Niger）使用"NG"，如图4-70所示。地方政府车牌，也就是不含州一级的下级政府车牌，前三位与私人车牌一样使用本州（特区）三个字母代码，最后两个字母通常为地方政府（Local Government）首字母"LG"。

图4-70　尼日利亚尼日尔州（NG）政府车牌

武装部队及准军事部门车牌

尼日利亚武装部队主要包括陆海空三军部队，准军事部门主要包括道路安全、警察、海关、监狱、移民及民防等相关部门。此类车牌样式及编号规则类似联邦政府车牌，左上角有国徽图案，无宣传语，牌号中使用字母代指所属部门。其最直观的特点就是编号使用白底黑字。

外交车牌

外交车牌主要由各国驻尼日利亚使领馆及其人员的车辆使用。外交车牌牌号字符使用白色，背景根据发行对象的不同而不同。外交车牌可以细分为三类，外交使团（Corps Diplomatique）车牌、领事使团（Corps Consulaire）车牌和外交技术团队（Corps Technique）车牌。外交使团车牌发给各国驻尼日利亚使馆及外交官。这类车牌很容易与其他类型的车牌区分，在一般私人车牌的州名处，该类车牌直接注明"外交使团"字样，背景主要使用霓虹紫色。在编号格式上，前两位（或三位）数字代表所代表的国家，后跟字母"CD"和两个数字。图4-71为几内亚外交使团车牌。领事使团车牌发给各国驻尼日利亚领事馆及领事。该类车牌上侧中央直接写明"领事使团"字样，背景主要使用棕色。在编号格式上，前两位（或三位）数字表示所代表的国家，后跟字母"CC"和两个数字，与外交使团车牌类似。图4-72为赤道几内亚领事使团车牌。外交技术团队车牌主要发给技术人员与行政人员，车牌背景色主要使用海军蓝色，在编号内容与样式上，近似前两类车牌。

图 4-71　几内亚外交使团车牌

图 4-72　赤道几内亚领事使团车牌

除前面所述的车牌种类外，尼日利亚车牌还包括汽车经销商车牌（如图 4-73 所示）、驾驶学校车牌与铰链式车辆车牌等细分车牌，采用不同于一般民用车牌的编号格式和车牌式样，在此不一一详述。

图 4-73　汽车经销商车牌

图 4-74 为 2021 年尼日利亚拉各斯州铰链式车辆车牌发布会。

图 4-74 2021 年尼日利亚拉各斯州铰链式车辆车牌发布会

整体来看，尼日利亚车牌样式较为统一，不同类别的车牌背景主要是颜色有区别。同时，仿照美国车牌做法，各州车牌使用不同的宣传语，也是该国车牌的一大特点。

4.6 复杂化、个性化 澳大利亚车牌

澳大利亚是大洋洲最大的国家，现有人口约 2600 万人，人口密度极低。澳大利亚最早发行的车牌是维多利亚州在 1910 年发行的，其他州陆续跟进。该国早期的车牌设计简单，牌号由字母和数字组合而成，没有其他特定图案或符号，如图 4-75 和图 4-76 所示。20 世纪 30 年代，各州车牌开始加入独特的符号和图案，如新南威尔士州的袋鼠和维多利亚州的南十字星等。20 世纪 60 年代，各地车牌开始引入标准格式，使用相同的尺寸和形状。标准化的车牌便于执法部门识别，以提升交通安全性。20 世纪 70 年代，该国车牌开始使用反光材料，提升了在弱光条件下的可识读性。20 世纪 80 年代，该国车牌引入标准字体和字符间距，车牌样式进一步规范。20 世纪 90 年代，该国车牌印制可以通过计算机辅助实施，让车牌样式更加复杂化和定制化，各种个性化车牌先后推出。近年来，随着数字印刷技术的引入、全息光聚合物与合成塑料等新材料的使用，该国车牌越来越具有科技含量，防伪性和耐用性持续提升。

图 4-75 悬挂早年维多利亚州车牌的车辆 　　图 4-76 1917 年新南威尔士州车牌

现在，澳大利亚车牌制度主要由联邦政府和州政府合作构建。联邦政府主要负责制定全国车牌法规和标准，构建全国的车牌制度框架。车牌管理由基础设施和区域发展部主管，车辆注册及发牌专责小组协同推进各地之间车辆登记与车牌发行事宜。具体的车牌发行、设计样式与尺寸选择等工作由各地负责，许多州将本州的官方徽章、标志及宣传语等融入其中。各地也都推出了个性化车牌，申领便捷且费用比大部分国家或地区低，这也让澳大利亚成为个性化车牌使用最为广泛的国家。

在车牌尺寸上，澳大利亚各地从1956年起发行的车牌，就已使用372毫米×134毫米的标准尺寸。各地发行的车牌，以此尺寸为多，但这仅是众多尺寸中的一种而已。以澳大利亚首都直辖区为例，根据该区《道路运输（机动车登记）车牌识别设计》的规定，汽车车牌长度为190～372毫米，宽度为100～135毫米，规定的是一个范围，而非具体的尺寸。在新南威尔士州，除标准车牌尺寸外，个性化车牌还可以使用372毫米×107毫米、372毫米×84毫米、331毫米×166毫米和305毫米×155毫米等尺寸，欧洲520毫米×110毫米等尺寸也可以申请使用，甚至还可以使用一种宽度为134毫米而长度可变的车牌尺寸。

澳大利亚的车牌牌号字符因州或领地不同而有所区别。在大多数州和地区，字母和数字必须高75毫米，宽50毫米，笔画宽度为12.5毫米；字符之间的间距至少为11毫米，字符组之间的间距（如字母和数字）至少为33毫米。但是，各州或领地之间存在一些差异。例如，在维多利亚州，字符必须高80毫米，宽50毫米，笔画宽度为14毫米；在塔斯马尼亚州，字符必须高65毫米，宽50毫米，笔画宽度为12.5毫米。此外，一些州和领地允许使用不同字符大小和行间距的个性化车牌。

在车牌编号上，澳大利亚全部使用英文字母与阿拉伯数字编列，一般不超过7个字符，在字符之间还可以使用菱形点、州印章图案、心形图案、空格甚至表情符号等，它们起到分隔与装饰作用。常见的牌号格式有"XXX-99X"（如首都直辖区）、"999-XX9"（如昆士兰州）、"XX-99-XX"（如新南威尔士州及北部地区）。图4-77为澳大利亚各地在用标准车牌示意图。随着牌号资源的消耗，有的地区在数字处改用字母，以增加可用牌号的组合。当然，上述主要是各地的常规牌号格式。在个性化车牌上，该国牌号格式就可谓不胜枚举了。

澳大利亚车牌背景样式由各州自行决定，各有不同。标准车牌主要为蓝字白底、红字白底、栗字白底和黑字黄底几种样式。个性化车牌样式极为丰富多彩，仅可选的纯色车牌底色，有的州就有十几种之多，加上渐变色背景与各种风格图案背景等再组合不同颜色的字符，可供选择的样式有上百种。

以新南威尔士州为例，车主在申领个性化车牌时，就可以从白、灰、黑、金、银、蓝、紫等20种颜色中选择车牌底色，加上其他车牌内容变化，可选车牌样式达146种之多，而且呈现增加的趋势。车牌背景展示的内容涵盖自然风光、动植物、动画、年代风、时尚、音乐等方方面面，甚至包括中国风、美国风与日本风等。如果在这些可选样式里仍然不能百里挑一，那么车主可以联系个性化车牌服务提供商单独商洽。在个性化车牌服务上，各地通常采取服务外包的方式，由专业公司提供服务，各种样式的车牌明码标价，车主需要做的就是付费。一般的个性化车牌每年服务费为 200 ~ 500 澳元。

首都直辖区	新南威尔士州
北部地区	昆士兰州
南澳大利亚州	塔斯马尼亚州
维多利亚州	西澳大利亚州

图 4-77 澳大利亚各地在用标准车牌示意图

在车牌宣传语使用上，各地千方百计选择合适的宣传语，通过车牌大做广告。2000 年，维多利亚州通过支付给广告公司近 9 万澳元，获得车牌宣传语"可期之地"（The Place to Be），如图 4-78 所示。2016 年，首都直辖区通过网上投票，选择本区车牌宣传语，最终"丛林之都"（The Bush Capital）脱颖而出，拔得头筹，如图 4-79 所示。原来使用的宣传语"国家都城"（The Nation's Capital）继续使用。各地的车牌宣传语不时更新，有的在用宣传语不止一条。

图 4-78 维多利亚州"可期之地"车牌

图 4-79 首都直辖区"丛林之都"车牌

首都直辖区车牌主要使用"国家都城"与"丛林之都"两条宣传语，以体现首都堪培拉的特殊地位和优良的生态环境。新南威尔士州、西澳大利亚州与南澳大利亚州较为朴素，直接将本州州名全称印到车牌上。如图 4-80 所示，北部地区车牌宣传语为"澳大利亚内陆"（Outback Australia），以此展现该区广阔、干旱而又十分壮丽的地貌，但实际上该区不仅如此，北部海岸线就超过 6000 千米。昆士兰州车牌宣传语为"阳光之州"（Sunshine State），与美国佛罗里达州车牌宣传语一字不差。塔斯马尼亚州使用"探索无限可能"（Explore the possibilities）作为宣传语，用来吸引游客。维多利亚州车牌使用"教育之州"（The Education State）作为宣传语，是由于该州具有丰富的历史遗迹、博物馆、画廊与世界级水准的教育资源和设施。

图 4-80 北部地区"澳大利亚内陆"车牌

澳大利亚各地都有自己的交通法规，各地车牌分类由自己确定，对分类的考量、依据及规则各不相同，因此很难将该国车牌以一个标准精准分类。为便于了解，结合车牌发行的对象和使用功能属性等特点，大致可以将该国车牌分为标准车牌、个性化车牌与特殊用途车牌三大类。

标准车牌

标准车牌是最常见的车牌类型，可以发给所有类型的车辆，车牌上通常包含各州标准格式的编号、地名（或其简称）与宣传语 3 项内容，通常字符与外框线一色，背景一色，费用最低。在标准车牌中，稍微复杂一点的是塔斯马尼亚州车牌，在车牌编号第一个字母之后印制本州官方标识，而标识中的动物就是已经灭绝的塔斯马尼亚袋狼。

个性化车牌

个性化车牌在澳大利亚很受欢迎，粗略估计占该国车牌数量的近 1/10。个性化车牌需要额外缴纳使用费，价格较为亲民，各地提供的可选择样式及牌号丰富，而且申领非常便捷，通常只需通过网络填报申领信息并缴纳费用即可。车主想要字符更少的车牌，当然也有，但费用更高。例如，维多利亚州推出三个字符的签名车牌，牌号为一位数字加两个字母或一个字母加两位数字，年费近 4000 澳元，购买者可获得礼盒装车牌，其中包含真品证书与精致钥匙扣等。单个字母或单个数字牌号，多数通过拍卖出售。对于心仪的牌号，车主可以通过提供服务的网站查询是否已被他人使用，或进行申请，可以从丰富的车牌样式中选择想要的车牌背景图案与配色。车主还可以根据自身车辆的车牌安装需要，选择不同尺寸的车牌，这一选择为许多豪华车主带来了很大便利，尤其一些跑车车主可以选择尺寸较小的车牌。例如，北部地区的个性化车牌，车主可以申领 190 毫米 ×133 毫米的车牌，维多利亚州也可以申领 255 毫米 ×105 毫米的车牌，几乎只是标准车牌的一半大小。车主通过个性化车牌，往往能够表达个性，展现创造力和幽默感，展示自己对某人某事的情感，甚至可以宣传自身业务，这些都是个性化车牌的魅力所在。图 4-81～图 4-85 为个性化车牌示例。

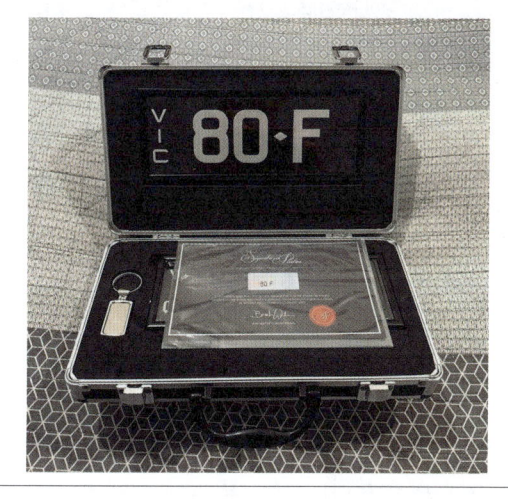

图 4-81　维多利亚州"80 F"车牌与包装盒 　　　图 4-82　维多利亚州"HH 1"车牌

图 4-83　昆士兰州带表情符号的个性化车牌

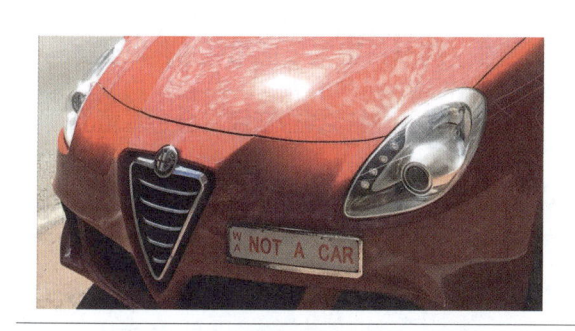

图 4-84　西澳大利亚州个性化车牌 　　　图 4-85　新南威尔士州个性化车牌

特殊用途车牌

特殊用途车牌包括外交车牌、领事车牌、政府车牌、出租车车牌、老爷车车牌、拖车车牌、退伍军人车牌和军用车牌等，都可以归为此类。

外交车牌通常由各国驻澳大利亚使馆向澳大利亚外交与贸易部下属的礼宾处提出，礼宾处协助申领，车牌具体由澳大利亚首都直辖区政府车辆车牌管理机构发行。外交车辆适用配额制，使团团长或负责人适用一辆车的配额，其他外交官每两人适用一辆车的配额。对私人车辆来说，每名外交人员与行政技术人员适用一辆车的配额，有家庭成员陪同的，还可以再申请一辆车的配额。车牌的申领对应车辆配额。外交车牌字符与外框线使用黑色，背景为粉蓝色，编号格式通常为字母"DC"或"DX"加四位或五位数字，其中前两位或三位数字是外交官本国的代码，对应代表外交人员所属国家。使馆公务车辆和外交人员及其家属拥有的车辆使用"DC"车牌，行政技术人员、服务人员及家属拥有的车辆使用"DX"车牌。在现在发行的外交车牌上，上侧中央新增压印澳大利亚首都直辖区英文缩写"ACT"。图4-86为澳大利亚首都直辖区悬挂外交车牌的车辆。

领事车牌通常由各领事馆向所在州（区）澳大利亚外交与贸易部办事处申领。领事车牌发放对象主要为职业领事与名誉领事，一般不发给领事馆雇用人员。车牌牌号通常为字母"CC"加数字组成。领事车牌牌号式样也有不同，在发放时需要有联邦外交与贸易部的授权书。图4-87为维多利亚州领事车牌。

图4-86 澳大利亚首都直辖区悬挂外交车牌的车辆　　图4-87 维多利亚州领事车牌

在2000年之前，联邦政府车牌使用红色的字母"Z"开头，后面跟上黑色字母与数字，在车牌顶部标有"C of A"，即澳大利亚联邦的缩写。牌号首字母Z使用红色，以便与其他州的车牌区分开来。2000年后，联邦政府车牌继续使用字母"Z"开头，但转由属地各州与区发行，并区分不同车牌开始号段。例如，首都直辖区从"ZYA-000"开始，维多利亚州从"ZED-000"开始，昆士兰州从"ZQ-0000"开始，新南威尔士州从"ZZZ-000"开始，南澳大利亚州从"ZSA-000"开始。原来联邦车牌上的"C of A"，除北部地区外，大部分州改用发行地州名缩写。在联邦政府车牌样式上，除新南威尔士州和维多利亚州选择使用本州标准车牌样式外，其他州与区总体上保持黑字白底。另外，有趣的是，澳大利亚总督的专车，

悬挂圣爱德华皇冠标牌当作车牌，以示代表英国皇室；总理专车牌号则使用"C1"号牌，意为联邦第一号（Commonwealth No.1），在牌号字母与数字中间印制国徽图案。图 4-88 为澳大利亚前总理托尼·阿博特座驾。

图 4-88 澳大利亚前总理托尼·阿博特座驾

　　各州与各区政府车牌，有的单独使用特定车牌样式，有的与常规标准车牌一样。塔斯马尼亚州，自 20 世纪 70 年代起，使用"GT"和"GV"作为牌号开头，到 20 世纪 90 年代使用单独字母"G"开头至今。2008 年，该州引入新标准设计，牌号使用 G+ 两位数字 + 两个字母的格式，与民用车牌的主要区别在于，牌号字符使用绿色，而非一般民用车牌的蓝色，如图 4-89 所示。首都直辖区采用红字白底车牌，一般政府乘用车辆使用数字 2 开头，后面跟随五位数字，第三位与第四位数字之间使用菱形点状分隔符分开，如图 4-90 所示；对于政府用公共汽车，牌号使用"BUS"加三位数字编列。南澳大利亚州政府车牌编号格式与一般民用车牌相同，只是字体颜色由民用车牌的黑色变为蓝色，并在车牌下侧注明南澳大利亚州政府（SA Government）字样，如图 4-91 所示。西澳大利亚州政府车牌，使用与本州标准车牌同样的车牌格式，只是牌号第二个字符使用字母"Q"，如图 4-92 所示。总体来说，对各州与各区政府车牌来说，各州与各区均有自己独立的规则。

图 4-89 塔斯马尼亚州政府车牌

图 4-90　首都直辖区政府车牌

图 4-91　南澳大利亚州政府车牌

图 4-92　西澳大利亚州政府车牌

其他澳大利亚常见的车牌还包括出租车车牌、老爷车车牌、拖车车牌、退伍军人车牌和军用车牌等，各地和军队各军种又有各自不同的规定和要求，车牌种类繁多，难以枚举。对于使用压缩天然气（CNG）、液化石油气（LPG）及其他非传统能源的车辆来说，有的州或区在车牌上还会添加特别标识以示区别，无疑又增加了车牌的复杂程度。图 4-93 为悬挂澳大利亚国防部队车牌的车辆。

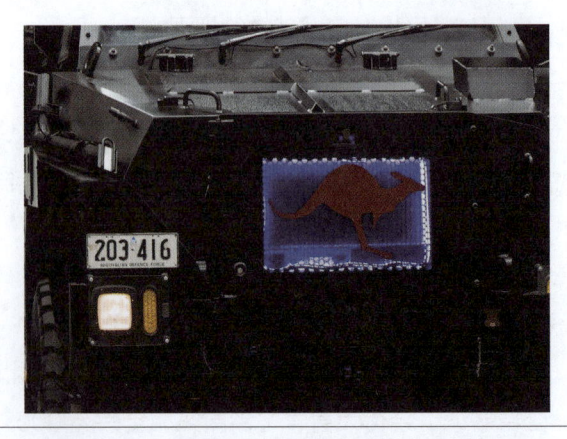

图 4-93　悬挂澳大利亚国防部队车牌的车辆

自 2018 年 7 月起，澳大利亚推出全国重型车辆登记计划，旨在建立一套新的车辆注册登记体系，对自重超过 4.5 吨的大型车辆同步发行统一样式与编号的车牌。该计划由各地自愿加入，最初在新南威尔士州、昆士兰州、南澳大利亚州、塔斯马尼亚州和首都直辖区实施，之后维多利亚州与北部地区先后加入。对于已加入该计划的州或区内的车主，不强制其申领这类车牌。这类车牌使用该国常规的车牌标准尺寸，下侧有细小的蓝色条幅，条幅上印制白色的"国家重型车辆"（National Heavy Vehicle）字样，上侧大部分为黑色牌号，白底。牌号由 6 个字符组成，首字符代表车辆类型，如"X"代表载货车，"Y"代表拖车；最后一个字符代表车牌发行地，通常"A"代表首都直辖区，"N"与"O"代表新南威尔士州，"Q"与"B"代表昆士兰州，"R"代表北部地区，"S"代表南澳大利亚州，"T"代表塔斯马尼亚州，"V"与"W"代表维多利亚州。西澳大利亚州至今未加入该计划，故该州重型车辆继续按原渠道与样式发行重型车辆车牌。

图 4-94 为首都直辖区重型车辆车牌（载货车）。

图 4-94　首都直辖区重型车辆车牌（载货车）

　　澳大利亚各地在车牌发行上的自主权极大，对车牌的分类考量、依据和标准不一，车牌的分类复杂，限于篇幅，难以面面俱到。总体来看，在常规标准车牌基础上，澳大利亚各地推出了许多不同尺寸和样式的车牌，尤其在私家车车牌上，车主有极大的选择空间。在个性化车牌方面，该国对于一些不甚优雅甚至略有冒犯性的牌号组合有较大的包容度；个性化牌号还能反映出不同语言、不同文化和不同民族的特点。尽管澳大利亚各地车牌可选用样式多达数百种，但始终保持了很好的可识读性，这也是该国车牌的一大特点。

图 4-95 为昆士兰州"我爱中国"个性化车牌。

图 4-95　昆士兰州"我爱中国"个性化车牌

4.7 简洁明了 巴西车牌

巴西最早的车牌可以追溯到20世纪初，至今大致推出六代车牌。图4-96为20世纪初悬挂巴西车牌的奔驰车。巴西早期车辆注册登记由各地警察部门负责，登记号码为数字，车牌通常由车主按照自己喜好的外观和形状制作，样式也没有统一的标准。1915年，巴西车牌开始使用不同的字母开头来区分不同用途的车辆，但全国未形成统一的车牌样式与牌号格式。有的地方私家车以字母"P"开头，出租车、公共汽车与载货车等通常以字母"A"开头，字母后面跟随的数字不超过五位。图4-97为20世纪三四十年代巴西车牌。

图4-96　20世纪初悬挂巴西车牌的奔驰车

20世纪30年代车牌　　20世纪30年代圣保罗州车牌

1939年联邦区车牌　　1942年联邦区车牌

图4-97　20世纪三四十年代巴西车牌

1941年，巴西推出了黑字橙底的私家车车牌样式，车牌上只有州名或城市名与数字组成的牌号，前车牌使用地名全称，后车牌使用地名简称，牌号以数字为主。车牌属于个人所有，车主购买新车后，可以将原来的车牌悬挂在新车上。图4-98为1941年款巴西联邦区车牌。1957年，巴西开始发行黄底与4～7位黑色数字编号的车牌，如图4-99所示。自1969年开始，巴西车牌牌号中逐渐加入字母，通常格式为"XX-9999"，前车牌上侧标注发行州州名缩写与属地城市的全称，后车牌保留州名缩写，并安装金属车辆验证标签。

图 4-98　1941 年款巴西联邦区车牌

图 4-99　1957 年款瓜纳巴拉州车牌

随着汽车数量的迅速增加，自 1990 年起，巴西成立全国统一的车辆注册登记部门，全国性车辆登记系统逐渐建立，标准车牌尺寸统一为 400 毫米 ×130 毫米。为有更多的牌号组合可供分配，巴西牌号改为三个字母加四位数字的格式，即"XXX-9999"，使用全部 26 个拉丁字母与阿拉伯数字 0～9，字母与数字之间使用分隔点，数字编号从"0001"到"9999"。牌号字符高度为 63 毫米，笔画宽度为 10 毫米。全国统一分配字母号段给各州使用，确保牌号不重复。例如，巴拉那州，牌号字母号段从"AAA"到"BEZ"；圣保罗州使用的字母号段为从"BFA"到"GKI"和从"QSN"到"QSZ"及"SAV"。车牌在车辆前后各悬挂一块，除政府机构、使领馆及国际机构等涉外车辆车牌外，其他车牌必须在上侧中央印制发行州字母缩写与车辆登记市全称，同时通过字符与底色的不同搭配来区分不同类别的车辆。巴西车牌主要包括以下七种不同配色。

（1）黑字灰底车牌用于私家车，是最常见的车牌，如图 4-100 所示。

图 4-100 1990 年款巴西私家车车牌

（2）白字红底车牌用于营运车辆，包括公共汽车和出租车。

（3）红字白底车牌用于驾驶学校车辆，如图 4-101 所示。

图 4-101 1990 年款巴西驾驶学校车辆车牌

（4）黑字白底车牌用于政府车辆，包括联邦、州或市各级警察部门、消防部门及公用事业单位车辆。联邦政府车辆车牌上侧中央标注巴西国名，州一级政府车辆车牌为对应州的州名，市一级政府车辆车牌则为州名字母缩写加市名全称，标注与一般私家车车牌相同。

（5）白字黑底车牌用于可收藏车辆，要求车龄超过 30 年，状况良好，且保留其原始配置的 80% 以上。

（6）白字绿底车牌用于经销商测试车辆或试驾车辆。

（7）白字蓝底车牌用于外交用途车辆，包括外交使团、领事馆、国际机构等所用的车辆，上部中央依据车辆使用对象不同而印制不同的字母标识。例如，"CMD"用于外交使团团长车辆，"CD"用于外交使团成员车辆，"CC"用于领事车辆，"OI"用于国际机构车辆，"ADM"用于外国职业行政官员车辆。这些字母简称实际上就是巴西官方语葡萄牙语对应的机构或人员名称首字母缩写。图 4-102 为 1990 年款巴西外交使团车牌。

图 4-102　1990 年款巴西外交使团车牌

2018 年 3 月，巴西国家交通委员会发布决议，巴西将按照南方共同市场（Mercosur）车牌制度发行和管理车牌。南方共同市场车牌是由南方共同市场成员国推出的一种车牌标准，如同美国、加拿大和墨西哥车牌标准与欧盟成员车牌标准，是现在国家之间达成的主要车牌标准之一。图 4-103 为南方共同市场标识。早在 2010 年，南方共同市场成员国阿根廷、巴西、巴拉圭和乌拉圭四国就通过决议，计划在 10 年内实施统一的车牌管理制度，便于缔约国之间车辆跨境流动。车牌统一标准从货运与客运车辆开始，逐渐扩大至私家车等其他车辆。2014 年 10 月，南方共同市场五个成员国（后增加委内瑞拉）在阿根廷首都布宜诺斯艾利斯宣布推出车牌设计样式，从 2016 年开始实施。乌拉圭提前在 2015 年 3 月按南方共同市场车牌标准发行车牌，阿根廷、巴西与巴拉圭等国相继按南方共同市场标准发行车牌。

图 4-103　南方共同市场标识

南方共同市场车牌主要有以下要求：标准汽车车牌尺寸为 400 毫米 ×130 毫米，摩托车车牌为 200 毫米 ×170 毫米，厚度为 1 毫米；车牌背景以白色为主，上侧有 30 毫米宽水平蓝色色带；蓝色色带左右两侧分别为南方共同市场标识和发行国国旗图案，中间为白色国名全称；车牌下侧白色背景部分，置七位字符牌号，牌号字符高 65 毫米；车牌主要依据功能属性分为不同类型，不同类型车牌牌号字符使用不同颜色区分。图 4-104 为符合南方共同市场标准的巴西车牌。

在南方共同市场牌号编配格式上，除乌拉圭为三个字母加四位数字外，其他国家为四个字母与三位数字组成，但各国字母与数字编配顺序不同：乌拉圭为"XXX 9999"，巴拉圭为"XXXX 999"，阿根廷为"XX 999 XX"，巴西为"XXX 9X99"。委内瑞拉与阿根廷牌号格式相同，但字符颜色不同，如图 4-105 所示。

图 4-104　符合南方共同市场标准的巴西车牌

图 4-105　南方共同市场主要五国车牌牌号格式

2020 年 2 月，巴西各州均已开始发行新标准车牌，上一代车牌陆续退出。现在，巴西发行的新标准车牌分为七种类型，主要依据牌号字符颜色区分，如图 4-106 所示。使用黑色牌号字符的为私家车车牌，是最常见和使用最广泛的车牌；使用红色牌号字符的为商业车牌，发给有偿营运的运输车辆，包括厢式货车、出租车、公共汽车、载货车等及驾驶学校教练车等车辆；使用蓝色牌号字符的为政府车牌，发给属于联邦、州区和市各级公共行政机构的车辆；使用金色牌号字符的为涉外车牌，发给外交使团、领事机构、国际机构及其人员的车辆；使用绿色牌号字符的为测试车牌，发给试验车辆及汽车制造商等车辆；使用灰色牌号字符的为老爷车车牌，一般发给保存较为完好的老爷车，悬挂这种车牌的车辆可以行驶至南方共同市场其他缔约国。白字黑底的车牌是另一种收藏车牌，在 2022 年推出，发行对象与 1990 年老爷车车牌的要求一致。悬挂这类车牌的车辆不能行驶至其他南方共同市场国家，故在车牌上部蓝色色带左侧并不印制南方共同市场标识。

图 4-106　巴西在用南方共同市场标准七种车牌样式

巴西按照南方共同市场车牌制度发行车牌，牌号字符高度为 65 毫米，宽度并未直接规定，但明确使用源自德国联邦高速公路研究所的一种防伪字体。这种防伪字体采用等宽字体设计，具有较好的防止篡改的作用，在欧洲、非洲与南美洲数十个国家车牌上被广泛使用。每个牌号字符本身加一个相邻字符的间隔距离，共 46 毫米。已加入南方共同市场的南美诸国及周边玻利维亚等国，车牌牌号字体样式已朝南方共同市场车牌标准统一，牌号字符也不例外。

巴西现在发行的南方共同市场标准车牌，在左侧上下分别印制防伪二维码和巴西代码"BR"。如图 4-107 所示，在早期发行的南方共同市场标准巴西车牌上，右侧纵向印制州旗与市政徽标图案，后因成本控制原因取消。

图 4-107　印有里约热内卢州州旗和州徽图案的车牌

图 4-108～图 4-111 为一些巴西车牌示例。

图 4-108　巴西私家车车牌

287

图 4-109　巴西出租车车牌

图 4-110　巴西老爷车车牌

图 4-111　巴西政府车牌

巴西使用的南方共同市场标准车牌，样式简洁，具有很好的可识读性，分类也比较清晰，方便车辆管理机构进行车辆管理，也实质性地推进了南方共同市场缔约国之间的交流合作。当然，新标准车牌的使用需要车主及道路交通等相关方逐步协调和适应，而更换新车牌必然增加车主与政府的支出。无论如何，南方共同市场车牌标准的使用，是巴西交通系统的重大改进，也是南方共同市场深化交流合作的直接体现。

图 4-112 为一个特例，是 2019 年巴西总统就职仪式使用的车辆及其牌照。

图 4-112　2019 年巴西总统就职仪式使用的车辆及其牌照

4.8 赤橙黄绿青蓝紫 古巴车牌

古巴从 20 世纪初开始发行车牌，车牌样式历经多次变化，但有一点一直保持着，就是使用各种绚丽的颜色作为背景。20 世纪古巴车牌如图 4-113 和图 4-114 所示。

1919—1920年	1925—1926年	1926—1927年	1927—1928年
1928—1929年	1929—1930年	1929—1930年	1929—1930年
1930—1931年	1930—1931年	1931—1932年	1933—1934年
1935—1936年	1937年	1938年	1939年

图 4-113　20 世纪早期古巴车牌

图 4-114　20 世纪后期古巴车牌

2002 年，古巴开始发行该国色彩最为多样的一代车牌，通过在车牌上使用不同底色来代表不同车辆所有者或者使用人。在这代车牌发行期间，古巴在用车辆多数已经十分老旧，该国普遍以计划分配方式使用和管理车辆，因而从车辆外形难以区分车辆使用人的身份和地位，但通过车牌可以达到这个目的。可以说，重要的不是车辆，而是车牌。各种不同颜色和编号的车牌，近乎直白地向人们展示着车辆使用者的阶层。

这代车牌长宽为北美普遍使用的 304 毫米 ×152 毫米，牌号通常由 6 个字符构成，样式为"XXX999"，上侧中央印制有古巴（Cuba）国名。牌号的第一个字母代表车牌发行的省份，如"H"代表首都哈瓦那、"M"代表马坦萨斯省、"N"代表关塔那摩省。第二个字母代表车辆所有者类型，如白色车牌上的"A"代表省部级等重要官员用车，黄色车牌上的"K"代表外国人拥有的车辆。大部分车牌会在下侧中央印制小号数字 1～9 代表车辆类型，如 1 代表公共汽车、2 代表载重 3 吨以上的载货车、3 代表轿车、4 代表小型客货车（面包车）、5 代表皮卡、6 代表载重 3 吨以下的载货车、7 代表小型越野车等。旅游车辆与外资企业车辆等无代表车型的数字。军车、内政部车辆与外交车辆等有一些特别的样式。需要留意的是，古巴车牌管理部门不时更换车牌颜色，在同一时期不同省份也会有所不同。下面以最常见的车牌颜色作为重要的识别因素，介绍该国车牌。

白底黑字

白底黑字车牌通常用于古巴高级官员——包括国家部委、省级官员和其他重要官员乘坐的车辆，算是古巴级别最高的车牌。

黄底黑字

黄底黑字车牌通常发给私家车，是最为常见的私家车车牌，如图 4-115 和图 4-116 所示。

图 4-115　古巴首都哈瓦那车牌

图 4-116　古巴奥尔金省车牌

橙底黑字和橙底白字

第二个字母为"K"的橙底黑字车牌通常发给外国所有者与记者使用的车辆。宗教机构拥有的车辆一般也使用这种样式的车牌。图 4-117 为古巴首都哈瓦那悬挂橙底黑字车牌的车辆。另外，橙底白字和橙底黑字车牌，也用于私家车。橙底白字车牌如图 4-118 所示。

图 4-117　古巴首都哈瓦那悬挂橙底黑字车牌的车辆

图 4-118　古巴首都哈瓦那橙底白字车牌

蓝底白字

　　蓝底白字车牌用于政府车辆，算得上是最为常见的政府车辆车牌，这种车牌还用于国营公交车、国营出租车及其他政府车辆。蓝底白字车牌如图 4-119～图 4-121 所示。

图 4-119　赫鲁晓夫送给卡斯特罗的礼物已成为出租车（蓝底白字车牌）

图 4-120　古巴蓝底白字车牌

图 4-121　悬挂蓝底白字古巴政府车牌的"北京 212 型"越野车

绿底黑字

绿底黑字车牌专门用于古巴内政部的车辆，车牌下侧中央印制古巴内政部的简称（MININT）。此类车牌在牌号的安排上，通常为一个字母后面跟随五位阿拉伯数字，如图 4-122 所示。警察部门属于内政部，警车车牌自然是绿底黑字车牌了。

图 4-122　古巴内政部绿底黑字车牌

黑底白字

黑底白字车牌专门用于外交车辆。此类车牌牌号为六位数字，没有字母；前三位代表国家或国际组织，如"008"指阿根廷、"070"指西班牙、"172"指葡萄牙、"241"指联合国儿童基金会；后三位数字越小，代表的级别越高，如 001 通常是某国或国际组织驻古巴机构主要负责人车辆的车牌尾数。此类车牌左下角分别标注字母"D""C""E"，代表外交人员、领事人员及其他人员车辆。图 4-123 为俄罗斯驻古巴大使馆外交车牌。

图 4-123　俄罗斯驻古巴大使馆外交车牌

深红底白字

深红底白字车牌专门用于旅游车辆与出租汽车。此类车牌牌号使用字母"T"开头，后面跟随五位阿拉伯数字，如图 4-124 所示。

图 4-124　古巴旅游车和出租车车牌

棕底白字

棕底白字车牌通常用于合资公司拥有的车辆，如图 4-125 所示。

图 4-125　古巴比那尔得里奥省棕底白字车牌

浅绿底白字

浅绿底白字车牌专门用于军车，类似内政部所属车辆的车牌。车牌下部中央标注古巴革命武装力量（Fuerzas Armadas Revolucionarias）的简称"FAR"。图 4-126 为哈瓦那街头的古巴军车。

图 4-126　哈瓦那街头的古巴军车

红底白字

红底白字车牌属于临时车牌，牌号首字符为对应发行省代码字母，后跟随四位数字与字母"P"如图 4-127 所示。此类车牌用于临时上路的车辆。

图 4-127　古巴比亚克拉拉省临时车牌

2002—2013 年，古巴使用的这一代车牌，仅车牌背景色就有近十种。有的车牌与古巴的汽车一样老旧，驾驶人会因为车牌褪色而给其上色，这也让该国的车牌颜色更加复杂。有的本应属于同一底色的车牌，在时间与人为因素的影响下，会让人误认为是另一种车牌。

自 2013 年 5 月 27 日开始，古巴采用全新的车牌体系，车牌样式大大简化，对上一代车牌进行了彻底改变，不再以车牌不同颜色来区分车主身份。古巴现行车牌类似欧盟标准车牌，通用尺寸长 520 毫米、宽 110 毫米，以黑字白底为主。左侧有竖长蓝色方块的车牌通常发给法人实体，有竖长白色方块的车牌通常发给自然人。方块上纵向印制白色的古巴国名，牌号为一个拉丁字母加六位数字（"X 999 999"），以便识读。字母通常用于代表车辆使用主体，如"A"代表政府车辆，"C""D""E"用于外交部门车辆，"K"代表外国人使用车辆，"F"和"M"分别代表军队和内政部车辆，"P"用于私家车，"T"代表旅游租赁车辆，其余的字母暂无特别意义。字母"I""O""Q""W""S""Z"不使用。2013 年开始发行的古巴车牌样式如图 4-128 所示。图 4-129 为悬挂新式租用旅游车牌的吉利汽车。

图 4-128　2013 年开始发行的古巴车牌样式　　图 4-129　悬挂新式租用旅游车牌的吉利汽车

从五颜六色的车牌和汽车上，可以看到古巴的历史。细心的读者会发现，中国元素在古巴正在增加，随着古巴更加开放，我们相信这个国家会再造往日的缤纷与多彩，如同车牌一般绚丽。

4.9 车龄大小车牌晓
英国车牌

英国早期受《红旗条例》等法规影响，实施车牌制度较晚，在 1903 年才开始实施车牌制度。"A 1"被广泛认为是英国发行的第一个车牌的牌号。这是伦敦发行的第一个车牌，但有证据表明，其他地方发行车牌的时间比伦敦略早。第一个英国汽车注册牌号可能是 1903 年 1 月 23 日在黑斯廷斯颁发的"DY1"。

在所有英国车牌中，最"宝贵"的是"A1"，这是伦敦郡议会发放的第一个汽车登记号码，现在应该是世界上最有价值的号码之一。这个号码是由约翰·弗朗西斯·斯坦利·罗素伯爵获得的，他就是著名的哲学家和数学家威廉·罗素的哥哥。1903 年的圣诞节前，约翰·罗素和其他人一样，彻夜排队为自己的汽车领取注册号码。他最终仅以 5 秒钟之先成功获得"A1"这个号码。1903 年 12 月 23 日，《汽车画报》报道："在获得'A1'车牌方面存在一定的竞争，约翰·罗素为他的纳皮尔汽车获得了这个车牌。埃奇韦尔的奥利弗先生声称，他很荣幸地将'A 1'证书亲自交给了罗素伯爵。"罗素伯爵一直拥有这个号码，直到 1906 年。那一年，他卖掉了这辆挂着心爱车牌的汽车。图 4-130 为 20 世纪初的纳皮尔汽车。

图 4-130　20 世纪初的纳皮尔汽车

1907 年，这辆车落到了乔治·佩蒂特的手中，他恰好是伦敦郡议会的主席。佩蒂特保留了这个号码，并将其转移到其他汽车上，最后一辆是他在 1950 年去世时使用的阳光-塔尔博特（Sunbeam Talbot）。佩蒂特将这辆车和车牌遗赠给了特雷弗·拉克。人们认为，这可能是人类第一次在遗嘱中提到汽车注册号码。佩蒂特要求拉克使用这个车牌的条件之一是，拉克死后才能将其出售，并将收益捐给一个和狗有关的慈善机构。此后，拉克一直保留这个号码，直到 1970 年去世，就像佩蒂特在遗嘱中要求的那样。拉克去世后，"A1"车牌被卖给了邓禄普公司，出售所得的 2500 英镑全部被捐给了导盲犬协会。邓禄普公司把"A1"车牌用于一些汽车，其中有一辆是戴姆勒豪华轿车，专门用来接送该公司的贵宾。图 4-131 为邓禄普公司悬挂"A1"车牌的车辆。

图 4-131　邓禄普公司悬挂"A1"车牌的车辆

21 世纪初，"A1"车牌又出现在市场上，该车牌被文莱王子杰弗里·博尔基亚购买，用于其宾利欧陆豪华轿车。据说该王子拥有超过 2000 辆豪华汽车，而他的哥哥哈桑纳尔·博尔基亚，即现任文莱苏丹兼首相——目前全球在位时间最长的主权国家君主，1997 年被《福布斯》杂志评选为世界首富，拥有超过 7000 辆豪车，其中劳斯莱斯有 604 辆，是世界上拥有劳斯莱斯最多的人。图 4-132 为文莱苏丹乘坐的镶金劳斯莱斯汽车。

图 4-132　文莱苏丹乘坐的镶金劳斯莱斯汽车

直到 2019 年，"A1"车牌才再次出现，据说约翰·麦克戴维特以不高于 200 万英镑的价格成为其目前的主人。对于一个汽车配件来说，这是否有点过头了？

图 4-133 为悬挂"A1"车牌的汽车。

图 4-133　悬挂"A1"车牌的汽车

也有人提出质疑，从"A1"到"A11"的车牌实际上是通过抽签分配的，而"DY1"车牌才是英国最早的车牌。

英国车牌由英国驾驶员和车辆牌照局（DVLA）发布。英国车牌可以分为以下四种样式。

当前样式

目前最常见到的英国车牌就是当前样式。该车牌样式是在 2001 年 9 月 1 日引入的，牌号按"XX99 XXX"的固定格式排列。车的前面是一块黑字白底的车牌，而车的后面是一块黑字黄底的车牌，如图 4-134 所示。不过，这套规则只适用于不列颠地区，北爱尔兰仍然沿用 1904 年规则。

图 4-134　当前样式后车牌

这套车牌的字母和数字都有特别的含义：头两个字母为第一部分，是区域标识，显示车辆的注册地。第二部分由两位数字组成，标志车的年龄，从 2001 年 9 月起每年 3 月和 9 月改变两次。从当年 3 月 1 日到 8 月 31 日注册的车，数字就是当年年份的后两位（例如，数字"11"就是给 2011 年 3 月 1 日到 2011 年 8 月 31 日注册的车）；从当年 9 月 1 日到次年 2 月底注册的车，则在原来数字的基础上加 50（例如，数字 61 就是 2011 年 9 月 1 日到 2012 年 2 月 29 日注册的车）。最后三个字母是第三部分，这部分是随机分配给汽车的牌号，用于区分同一地区同一年份颁发的车牌。这种车牌样式足够使用至 2051 年 2 月 28 日。

自 2020 年开始，英国电动车也有了自己的专属车牌。电动车车牌左侧有一个绿色区域，表明是低碳环保的。

根据英国 2001 年道路车辆登记标识展示有关条例，英国车牌牌号的字符高 79 毫米，宽 50 毫米，字符之间的间距为 11 毫米，字符组之间的间距为 33 毫米，笔画宽度统一为 11 毫米，如图 4-135 所示。对于通常使用 50 毫米宽牌号字符的前车牌，要求其在正常日光下，在以中央为起点向前延伸 21.5 米为对角线的正方形区域内易于识读。对于后车牌，要求其在夜间使用牌照灯时，应在向后延伸 18 米为对角线的正方形区域易于识读。

图 4-135 英国通用车牌牌号字符示意图

英国车主在注册车辆时得到的仅是一个写着牌号的单子，而不是已经制作好的车牌，车主要自行定制车牌。当然，英国政府对于车牌的规格有着很严格的规定。例如，车牌的颜色为前白后黄，字母与数字的颜色为黑色，对字体、尺寸、数字之间的距离间隔、反光度及制作材料等都有明确的规定。车主并不需要刻意留意这些细节，大街上的很多修鞋店和配钥匙店都可以制作符合标准的车牌，费用也不高。一旦车牌损坏或丢失，车主可以很方便地重新制作一副车牌，不必通过车牌颁发机关臃肿复杂的程序。

前缀样式

前缀样式车牌是在 1983—2001 年发行的，牌号开头是 1 个字母，后面跟着 1～3 位数字，然后是另外 3 个字母，如图 4-136 所示。车牌开头的第一个字母一般表示汽车的年龄。例如，一个以"A"开头的车牌就表示车辆是在 1983 年 8 月 1 日—1984 年 7 月 31 日注册的，以"J"开头的车牌就表示车辆是在 1991 年 8 月 1 日—1992 年 7 月 31 日注册的。自 1999 年开始，因注册车辆超过编号规定容量，每年改用两个字母（如当年为"S"和"T"），作为牌号开头，直到 2001 年。自 1963 年开始，英国政府规定"I""O""Q""U""Z"不能用作车牌字母，因为其容易和"1""0""V""2"混淆。

图 4-136　前缀样式车牌

后缀样式

后缀样式是一种比较有年代感的车牌样式，是在 1963—1983 年发行的。其格式是开头 3 个字母，然后是 1～3 位数字，最后再加上 1 个字母，如图 4-137 所示。与上一种车牌样式不同的是，车牌的末尾字母表示车龄。例如，以"A"结尾的车牌表示车辆是在 1963 年注册的，以"Y"结尾的车牌表示车辆是在 1983 年注册的，所以 21 年可轮换一圈。最初，年份字母从每年 1 月开始使用，这就造成很多人等到新年后才买车，因为这样牌号看起来新一些，在二手车交易中更有吸引力。从 1967 年起，为了使汽车销售高峰与生产周期相适应，牌号中表示年份的字母每年 8 月开始使用。所以，年份字母"E"只代表 1967 年 1—7 月，从当年 8 月起开始使用年份字母"F"。

图 4-137　后缀样式车牌

无日期样式

无日期样式车牌是 1903—1962 年发行的，车牌内没有汽车注册地和车龄等信息，相当干净简洁。因此，这些车牌很受欢迎，有的甚至简单到只有一两个字符，如号称最贵的"F1"车牌。

"F1"车牌出现在英国车牌拍卖网站上，是由汽车改装公司卡恩设计公司的创始人阿夫扎尔·卡恩拥有的。该车牌在网站上的售价为 12009995 英镑（约合人民币 1.07 亿元）。2007 年，卡恩花了 44 万英镑（约合人民币 390 万元）买下了该车牌，因为该车牌实在是太稀有了，陆续有人报价，卡恩声称他拒绝了 600 万英镑的报价。卡恩给这个车牌的定价远远高出了自己购买的价格，若最终成交，那么这个车牌将成为全球最贵的车牌。卡恩除拥有大名鼎鼎的"F1"车牌外，还有"1K""4K""NO1""4HRH"等天价车牌。"F1"车牌现在挂在一辆布加迪汽车上，如图 4-138 所示。

2020 年 1 月 31 日，英国正式脱离欧盟，车牌上的欧盟标志被英国国旗取代。图 4-139 为脱离欧盟后的英国车牌示意图。

图 4-138 布加迪汽车上的"F1"车牌

图 4-139 脱离欧盟后的英国车牌示意图

如果按照正常流程，那么车主拿到的车牌就是普通的数字和字母组合。不过，在英国，车主可以定制个性化车牌。

车主按普通流程拿到的标准车牌，不能将其迁移到一辆新车上。如果是个性化车牌，那么可以免费在新车上使用。

政府机构发放新的车牌并不收取选号费，但法律并没有规定车牌过户必须无偿转让。很多商家专门做特殊车牌买卖生意，甚至连政府的车牌发放机构也可以做此生意。一副特殊的车牌甚至可以卖出天价。例如，在威廉王子 18 岁生日前，英国皇室在伦敦皇家海军学院的一个拍卖会上，以 4.4 万英镑拍得一个与威廉名字相近的车牌——"W1 LLS"（威廉的昵称为"WILLS"），将其作为生日礼物送给威廉。

英国的车牌上除了数字和字母，还会出现一些小图案，如英国国旗、圣乔治十字、圣安德鲁十字与威尔士红龙等。

英国车牌最独特的是可以选择字体，3D、4D、4Dgel 与 4Dgloss 等炫酷效果，都可以打印出来，而且不用担心，这些字体效果都是英国交通警察认可的。

4.10 求大同存小异
欧盟车牌

欧洲联盟简称"欧盟",1993年11月1日由欧洲共同体改组而来。为了减少各成员国之间的跨境障碍,促进道路交通流动,1998年11月3日,欧盟理事会通过了全新的统一车牌格式决议,在当年11月11日开始用欧盟标准的车牌取代各成员国原有的车牌,欧盟各成员国的车牌由此逐步走向规范和统一。

欧盟车牌满足1968年《维也纳道路交通公约》对车牌提出的基本可读性要求,以原有爱尔兰车牌(1991年)、葡萄牙车牌(1992年)和统一后的德国车牌(1994年)样式为基础,融入欧盟元素,并在此基础上添加彰显国别的特殊元素。

统一车牌格式决议对各成员国在车牌上使用的欧盟会旗标识样式、标识尺寸、国家代码字符高度与笔画宽度等进行了有一定弹性空间的规定,欧盟成员国车牌样式基本走向统一。1986年5月29日,欧洲共同体正式采用"金星圆环"会旗,该旗天蓝色底上面有12颗金黄色的星,是圣母玛利亚的象征,也代表欧洲共同体当时的12个成员国。

1988年,卢森堡开始在本国车牌上使用12颗金星圆环标识图案。1991年,爱尔兰也开始在车牌上使用12颗金星圆环标识,并将520毫米×110毫米作为标准车牌尺寸。

1998年,欧盟重点对车牌上的欧盟标识进行了规定:标识背景使用蓝色,不低于98毫米,宽为40~50毫米;标识上侧为欧盟会旗12颗金星圆环图案;标识下侧为成员国字母代码,字母高度不低于20毫米,笔画宽度为4~5毫米。这些主要的要求已大致限定了车牌的整体样式。对于车牌外廓尺寸,欧盟并未细致规定,但以520毫米×110毫米使用得最为广泛。实际上,在关于车牌的决议中列出了双行车牌示意图,但极少有车主领用这种车牌或领用程序较为烦琐。

图4-140为欧盟27个成员国车牌标识示意图。

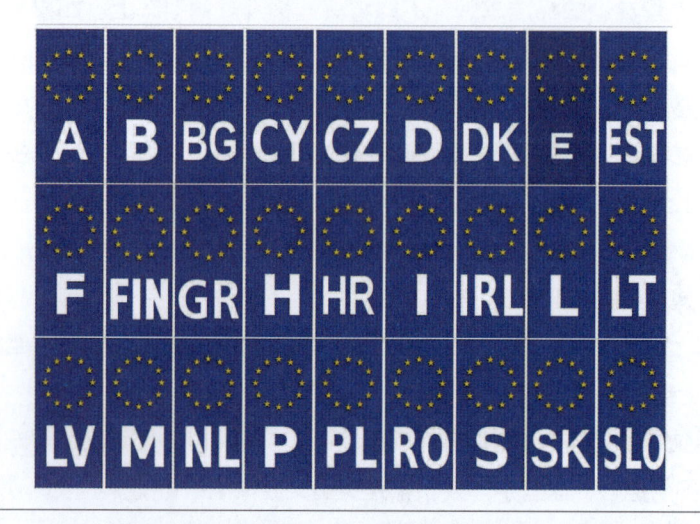

图4-140 欧盟27个成员国车牌标识示意图

欧盟目前 27 个成员国的车牌代码：奥地利"A"、比利时"B"、保加利亚"BG"、塞浦路斯"CY"、捷克"CZ"、德国"D"、丹麦"DK"、西班牙"E"、爱沙尼亚"EST"、法国"F"、芬兰"FIN"、希腊"GR"、匈牙利"H"、克罗地亚"HR"、意大利"I"、爱尔兰"IRL"、卢森堡"L"、立陶宛"LT"、拉脱维亚"LV"、马耳他"M"、荷兰"NL"、葡萄牙"P"、波兰"PL"、罗马尼亚"RO"、瑞典"S"、斯洛伐克"SK"、斯洛文尼亚"SLO"。

欧盟车牌右侧为数字区域，按照要求必须精确表明车辆登记地，并且保证其唯一性，但对长度等没有具体要求，各国的方案虽然不统一，但大同小异，一般前两位为车辆登记地的代码，后部为自选字符。

欧盟车牌均采用标准化格式：白底或黄底，黑字，长条形牌面。

图 4-141 为欧盟 3 个成员国的车牌。

图 4-141 欧盟 3 个成员国的车牌

5 车牌奇趣

5.1 "1 L0VE YOU" "BYE BYE" 有趣的香港自订牌号

香港的车牌是中国乃至亚洲非常开放、包容和有趣的车牌。当然，这里主要指的是车牌牌号。在香港街头行驶的车辆上，不难遇到"L0VE U""1 L0VE U""1 L0VE U2""BYE BYE""0H MY G0D""K1NG""N1U B""YJ"这样有趣而又令人匪夷所思的车牌，甚至"WHATEVER""WHY N0T"这样略具挑衅性又颇值得玩味的车牌。出现这些车牌的原因，在于香港特有的牌号制度。

图 5-1 为一些有趣的香港车牌。

图 5-1 一些有趣的香港车牌

香港的汽车牌号可以大致分为政府保留牌号、自订牌号与民用传统牌号几种。

政府保留牌号主要包括为政府官员、政府机构与香港驻军预留的号码。20 世纪初，香港开始发行车辆牌号时，公众可以从 21 号开始申请，而 1～20 号预留给政府高官与议员使用（目前香港特别行政区政府只保留 1 号供警务处处长车辆使用，其他牌号已通过竞拍等方式变为民用牌号）。图 5-2 为香港警务处处长专车及其牌号。

图 5-2　香港警务处处长专车及其牌号

现在，香港预留的牌号主要包括以下两种。

（1）以"A"和"F"等单字母开头的牌号。以"A"（"Ambulance"首字母，意为救护车）开头的牌号主要供消防处的救护车、流动伤者救护车与辅助医疗装备车等使用；以"F"（"Fire"首字母，意消防）开头的牌号主要供消防处其他车辆使用。

（2）以"AM""LC""HA""ZG"等双字母开头的牌号。以"AM"（取自"Administration"，意为行政；另一说取自"Administration Motor"，有政府车辆之意）开头的牌号供警车（如图 5-3 所示）、邮政车辆（如图 5-4 所示）与香港电台车辆等普通政府车辆使用。以"LC"开头的牌号供立法会（Legislative Council）相关人员的车辆使用，"LC1""LC2""LC3"分别为立法会主席、立法会秘书长与立法会法律顾问专用车辆的号码。以"HA"开头的牌号同时供香港医院管理局（Hospital Authority）与民众使用。"CJ""FS""SJ"等两字母牌号是专门供香港特别行政区政府对应部门负责人使用的；后面跟有数字的牌号，已经开放给民用车辆使用。图 5-5 为香港律政司司长专车。以"ZG"开头的牌号后面均有数字，全部由解放军驻香港部队使用，并不受运输署管辖。驻港部队与香港特别行政区政府相关部门进行必要的沟通，自行制作车牌，尺寸及字体参照内地要求，加印驻香港部队车牌专用水印。驻港部队车牌在颜色上同香港车牌保持一致，前牌白底黑字，后牌黄底黑字，如图 5-6 所示。

图 5-3　香港警车

图 5-4　香港邮政车辆

图 5-5　香港律政司司长专车

图 5-6　解放军驻香港部队救护车

2005年4月，为了让市民有更加多样化的选择，也为了筹集更多的资金，时任香港财政司司长唐英年在年度财政预算案中提出，让市民自行构想最多8个字符的登记号码（即自订牌号），通过拍卖竞价获取，起拍底价为20000港元（现调整为5000港元），筹集到的资金收益拨入香港特别行政区政府奖券基金，用于慈善。

香港拍卖的自订车辆登记号码实际上可以分为两类：一类是政府保留的号码，主要包括除"A""F""I""O""Q"外的21个单字母［因为"A"和"F"涉及政府车辆（救护车和消防车）登记号码，"I""O""Q"容易与数字"1"和"0"混淆］；除"I""O""Q"外其他字母组成的23组相同双字母、23组相同三字母与23组相同四字母，如"AA""BBB""CCCC"等，共69个号码。这类号码的拍卖需要由运输署署长酌情定夺。另一类是一般申请人按照自订牌号组合规则自己确定并申请纳入竞拍计划的号码，含空位必须在八位以内，不得有5个及以上相同的字母或数字（如"BBBBB"和"888888"），不得与现有在用登记号码相同或采用现行登记号码格式（如"HK1"和"BB8888"），不得与政府保留给某些车辆的登记号码相同（如"SJ"和"ZG3233"）等。整体上，香港对自订登记号码要求繁多，但边界清楚。

车主获得自订车牌，一般要经过递交申请、抽签（如申请数超处理上限数）、运输署查核、缴付保证金、运输署署长审批和竞价拍卖几个步骤。通常，每年可以三次申领自订车牌，1月、5月及9月提交申请；为了避免牌号具有低俗、不雅等令人反感的含义，或者包含黑社会组织相关语义，或者令执法产生混淆，以及让道路使用者存在危险隐患等信息，运输署与自订登记号码审核委员会有权拒绝申请。从目前已知的自订牌号看，传递情感、表达态度及标识个体称谓的牌号占多数，而运输署与自订登记号码审核委员会的审核也是相对较为开放与包容的。例如，"TMD""SB"在香港都可以作为车牌。

自2006年9月起，香港自订车辆牌号计划正式开始实施，香港车牌由此变得丰富多彩，产生无数的逸闻趣事。在已经成交的普通自订号码中，价格往往低于传统低位数字号码和政府保留的号码，但却是最为有趣的，如1 L0VE U、JY、TVB、P0RSCHE、K1NG。每个号码背后往往都有一个有趣的故事。图5-7～图5-10为香港自订车牌示例。

图5-7　香港自订车牌"1 L0VE Y0U"

图 5-8　香港自订车牌"520 1314"

图 5-9　香港自订车牌"L0VE U"

图 5-10　香港自订车牌"TMD"（Theatre Missile Defense？）

　　除政府预留牌号和自订牌号外，香港还有传统民用牌号，即按照通用流程登记的牌号。民用传统牌号，主要包括 2～9999 的纯数字牌号与两个字母后跟随 1～4 位数字的牌号。香港名人富商居多，这些人为凸显身份，车子追求名贵，更要有独特的牌号。在按照通用流程登记的牌号中，最著名的莫过于 2～9 号与何鸿燊曾经使用的"HK1"。图 5-11 为悬挂香港 6 号车牌的汽车。不少影视明星也获取与自身姓名等相关的牌号。例如，成龙（英文名 Jackie Chan）的"JC1"，"JC1"即"成龙第一"，是成龙好友杨受成在 1999 年以 115 万港元拍到送给他的；周润发（英文名"Chow Yun Fat"，1955 年生）的"CF1955"，如图 5-12 所示；1961 年 9 月 27 日出生的刘德华，牌号为"AL917"（"AL927"已被他人拍走，只得"凑合"一下），也就是刘德华的英文名字"Andy Lau"简写加"生日"；香港"四大天王"之一的郭富城，拍到"SKY"和"K1NG"两个牌号，凑成了一个"天王"。

图 5-11　悬挂香港 6 号车牌的汽车

图 5-12　周润发座驾牌号为"CF1955"

2006 年 2 月 20 日，成龙让助手出席牌号拍卖会，誓要投得"123"这个牌号。该牌号的起拍价格为 34.5 万港元，竞争很激烈，最后成龙的助手以 150 万港元得到了这个牌号，如图 5-13 所示。成龙的儿子房祖名的生日是 12 月 3 日，大家猜测成龙得到这个"123"牌号是要送给爱子。成龙在北京的兰博基尼汽车牌号是"京 A C0123"。

香港车牌的有趣之处，在于其自订牌号制度和较为开放包容的审核，更为有趣的是车牌背后的名人轶事，不失为茶余饭后让人开怀一笑的谈资。

图 5-13 成龙得到"123"牌号

5.2 一尺见方看实力
中国车牌拍卖

香港车牌拍卖

香港至今已形成了完善的车牌拍卖制度。香港车牌拍卖，主要受香港《道路交通（车辆登记及领牌）规例》等法规规范。香港目前拍卖的车牌分为两大类，一类是传统车牌，另一类是自订号码车牌。传统车牌拍卖从1973年5月起开始实施，自订号码车牌拍卖从2006年9月开始实施。

传统车牌拍卖，号码限于政府按照惯例分配使用的号码，包括四位以内的数字号码，"HK""XX""AA""AB"等后面跟随数字的号码。这些号码又分为两大类，一类是普通车辆登记号码，另一类是特殊车辆登记号码。特殊车辆登记号码之外的传统登记号码即普通登记号码。特殊车辆登记号码主要是政府从传统登记号码中挑选出来的认为较值钱的号码，主要包括以下几类：一是不超过四位数的纯数字号码，即1～9999。二是前面为正常编列的两个字母，后面跟随任何以下数字的号码，包括一位数1～9、相同两位数11～99、相同三位数111～999及相同四位数1111～9999；两位数中10的倍数10～90、三位数中100的倍数100～900和四位数中1000的倍数1000～9000；三位数及四位数连号，如"123""6789"等；其他任何两位数与较好的三位数、四位数，如"12""101""383""4114""2828""1122""7755""9494""9898"等类似组合数。

想获得某个传统登记号码的申请人（包括有限公司的授权人），可以预先通过网络等途径查询心仪的号码是否已经分配，若未分配，即可向香港运输署登记。申请人登记时，对于普通登记号码（以"HK""XX"开头的除外），如"CF1955"，需预交保证金1000港元，而特殊登记号码和以"HK""XX"开头的号码，如"55""CC1234"等，无须交保证金。当然，其他人也可以参与登记号码的拍卖。在正式拍卖中，如无更高出价，该牌号即以底价由申请人获得。按照规定，申请人必须出席拍卖会并喊出第一口拍卖价，即底价，否则该登记号码有可能以底价售给现场竞投人。如果有其他人参与竞投，牌号最终由出价最高者获得，原申请人预交的保证金退还。也就是说，即使成功自选牌号，该牌号也要进行公开拍卖，随时会被其他人抢走。因为基于价高者得的原则，构想出心仪牌号的申请人与最终获得牌号使用权的人不一定相同。例如，香港漫画家司徒剑桥曾申请《机动战士高达》的英文名称"GUNDAM"牌号，但被其他竞争者以11万港元拍走。

参与竞拍的主体，个人需要年满18周岁并持有香港特别行政区身份证或有效护照，代表公司的需要获得授权。在成功投得登记号码后，竞拍人必须立即签署车牌登记号码拍卖付款承诺书等文件，在3个工作日内付款，并在12个月内向香港运输署申请将拍到的登记号码分配给自己名下的车辆。

图5-14为香港新春车牌拍卖会现场。

图5-14　香港新春车牌拍卖会现场

图5-15为"9413"（九死一生）车牌的拍卖现场。图5-16为悬挂"9413"车牌的车辆。

通过竞拍获得车牌的买主若违反上述相关规定，香港运输署署长有权取消其登记号码，并通过法律程序追讨造成的损失。例如，登记号码重新拍卖，若新拍卖的价格低于原买主竞拍时的出价，前后两次拍卖的差价等由原买主承担。

对于通过拍卖获得的传统登记号码，属于普通登记号码的，车辆转让时可将号码一并转让；属于特殊登记号码的，不得转让给他人，但可以申请将其分配给自己名下其他车辆，否则必须交还给政府。自然人的寿命有限，为了能够更长久地控制或传承车牌的使用权，不少人士以公司的名义竞拍持有车牌。

图 5-15　"9413"（九死一生）车牌的拍卖现场

图 5-16　悬挂"9413"车牌的车辆

　　传统车牌的拍卖较为频繁，一般每月两次，有时甚至每周拍卖一次，时间通常在星期六或星期日。对于将要拍卖的牌号、拍卖的时间地点及牌号的最终成交价格，香港运输署均会及时将相关的事项内容公开。

　　2008 年 2 月 23 日，在香港运输署举办的新春车牌拍卖会上，谐音"实发"的 18 号车牌最终以 1650 万港元成交，打破 9 号车牌维持长达 14 年的香港第一拍卖纪录，成为香港最高身价的车牌。其实，18 号车牌是有故事的。它最早的主人是热心公益的香港律师罗文锦。罗文锦于 1959 年过世，其子罗德丞继承了 18 号车牌。罗德丞是前香港律师会会长，第九届和第十届全国政协委员。2006 年，罗德丞去世后，该车牌被归还政府，并在新春车牌拍卖会中推出。从事电子商贸生意的张程光完成该车牌的登记手续后表示，他早已看中 18 号车牌，觉得它带有好彩头，而且可以与自己已拥有的"XX18"车牌配成一对。他原计划竞投价只需

500万港元，但最终以高出近3倍的价钱才夺得。张程光喜欢"8"，与"8"结下不解之缘，视"8"为自己与家人的幸运号码。他的车牌、办公室与厂房等编号，都包含"8"。1997年以前，"XX18"车牌由一位商人拥有，张程光早就对它虎视眈眈，当他从媒体得悉车牌主人欲出售车牌移民后，立即联络对方，最终以50万港元买下。

2021年3月7日，香港运输署举办新春车牌拍卖会，自订牌号"W"以底价5000港元开拍，第一口竞价已跳至500万港元，经过多轮拉锯后，增至1820万港元，一举打破历年纪录；其后竞争仍然十分激烈，逐步升至2200万港元仍未停止。最终，牌号"W"在叫价达199次、历时约24分钟后，以2600万港元成交，高出了底价的5199倍。"W"很容易让人联想到Win（胜利，赢）或Winner（赢家）。

图5-17为自订牌号"W"拍卖现场。

图5-17　自订牌号"W"拍卖现场

图5-18为自订牌号"L0VE U 2"拍卖现场。

图5-18　自订牌号"L0VE U 2"拍卖现场

现在，香港优质牌号越来越少，拍卖价也就屡创新高。根据香港运输署公布的信息，自 1973 年以来，香港牌号拍卖价最高的 10 个号码，除"W""R""V""VV"四个由署长行使酌情决定权，以拍卖方式发售外，其他六个号码全部为一位或两位数字的传统牌号。2016 年，牌号"28"以 1810 万港元位列传统牌号拍卖最高价。"28"粤语谐音为"易发"，寓意极好。香港牌号拍卖成交价前十位如表 5-1 所示。

表 5-1 香港牌号拍卖成交价前十位

序号	牌 号	成交价/港元	拍卖日期
1	W	26000000	2021-03-07
2	R	25500000	2023-02-12
3	28	18100000	2016-02-21
4	18	16500000	2008-02-23
5	9	13000000	1994-03-19
6	V	13000000	2017-02-12
7	2	9500000	1993-02-27
8	VV	9300000	2018-02-25
9	16	8500000	2011-02-20
10	13	7400000	2010-02-28

W 号车牌又一次问鼎最贵香港车牌，也成为中国最贵的车牌。R 号车牌拍出了 2550 万港元的高价，成为有史以来中国价格排名第二位的牌号；"R"有超级跑车的意思，挂在超级跑车身上特别合适；"R"也有兔子（Rabbit）的意思，兔子是敏捷、机智、吉祥和长寿的象征，还有招财进宝的寓意。"28"和"18"这两个数字车牌的拍卖价排在了第三位和第四位。为什么单个数字车牌没有再次上榜呢？原因很简单，那就是单个数字车牌早在很久之前就被香港的"大人物"控制在手里，可谓有市无价，所以就没法上榜了。

阿拉伯数字 1～10 的 10 个无字头车牌（即阿拉伯数字前无英文字母），现在已成为高贵身份的象征。

除 1 号车牌被香港警务处处长使用外，其余 2～10 号车牌都被私人拥有。香港车牌初期由警务处负责发放，1 号车牌自然而然被警务处拥有了。后来，无字头特殊车牌由香港运输署对外公开拍卖，但 1 号车牌还是留给了维护香港市民安全的警队。据说，香港市民认为"1"既是一种荣誉，也是一种鞭策。

2 号车牌拥有者为香港富商王明维，他在 1993 年 2 月 17 日以 950 万港元投得该车牌。这个车牌是原来的香港财政司司长麦高乐拥有的，因财政司改用"FS"车牌而将其拍卖。有人认为，财政司是香港的财神，买到财神用过的车牌，等于请回了财神。《星岛日报》报道 2 号车牌创出 950 万港元的拍卖高价，如图 5-19 所示。

图 5-19 《星岛日报》报道 2 号车牌创出 950 万港元的拍卖高价

3 号车牌为地产商郑公时拥有。该车牌原属周锡年所有。1983 年 9 月，郑公时以 103 万港元投得该车牌，他认为"3"有"三三不尽"之意。

4 号车牌为赵世曾所有，他在 1978 年以 14.7 万港元获得。该牌照原属于香港医务处处长。在一些方言中，"4"与"死"音近，意不吉利。但是，赵世曾认为"4"代表四喜临门，有好彩头，又好记。而且，赵世曾祖籍江苏无锡，经营航运业，"4"的吴语读音与"水"相同。对航运界来说，水即财，故赵世曾颇为喜欢。

5 号车牌由一位梁姓女士在 1993 年以 250 万港元投得，她表示是代一位商人竞投。后来证实这位商人就是刘銮雄。"5"有五路皆通的意思，寓意出入平安。刘銮雄还拥有 11 号车牌。

6 号车牌为邵逸夫拥有，他在 1978 年以 33 万港元投得。邵逸夫是香港无线电视董事局主席，在兄妹中排行第六，6 号车牌对他具有特殊的意义。据悉，邵逸夫除这个无字头车牌外，还购得"AE6""DK6""DM6""DL6""AE66""AX66""AZ66"等车牌。

7 号车牌主人为香植球。该车牌原为已故香港辅助警察队总监曹峻安拥有，曹峻安去世后，香港运输署将其收回拍卖，香植球在 1989 年 1 月以 480 万港元投得。

8 号车牌主人是罗定邦，他在 1988 年 2 月以 500 万港元投得。罗定邦经营针织业，他认为"8"与"发"同音，且有循环不息之意。后来，罗定邦把车牌传给了自己的二儿子罗蜀凯。

9 号车牌主人为杨受成。该车牌原是企业家兼慈善家邓肇坚拥有，邓肇坚生前斥巨资修建医院和学校，但他何时投得此车牌却不为外人所知。1994 年 3 月 19 日，杨受成以 1300 万港元破纪录的高价，得到 9 号车牌。该车牌成为当时香港历史上最贵的车牌，也曾经是全球最贵的车牌。杨受成还拥有 29 号车牌。"9"暗喻九五之尊，又寓意长长久久。

10 号车牌为容永道律师所有,他在 1977 年以 20.6 万港元购得。这是香港最早公开拍卖的无字头车牌之一,原属香港工务司(即现在的发展局)拥有。

香港车牌的有趣在于车牌拍卖制度的实施,而自订号码是关键,拍卖获得的收益拨付政府奖券基金专项用于慈善的做法,更是为拍卖制度注入了灵魂。香港拍卖车牌,虽然具有商业性,但对于各种层次的需求者具有纪念性和社会性,因此广受欢迎。

澳门车牌拍卖

从已经公布的车牌成交价看,澳门通过公开投标的车牌最高价为 121 万澳门元(约 110 万元人民币),牌号为"MS-66-66",于 2014 年 7 月通过竞投售出。有趣的是,同批次"MS-88-88"牌号成交价才 100 万澳门元。澳门车牌公开竞投采用暗标方式,竞投"MS-66-66"的最高出价者有两人,均为 80 万澳门元。按照竞投规则,两个投标人需于 24 小时内提交新标书,标书可维持原价,也可提出更高的价格,最终最高出价增加至 121 万澳门元。这个价格也成为澳门竞投车牌的最高价。但是,"MS-66-66"并非澳门的最贵车牌。从 1998 年开始,澳门开始实施个人专有注册车牌制度,至今共发出 27 个专有牌号。专有牌号在 2016 以前的费用为 100 万澳门元,之后提高至 200 万澳门元。也就是说,2016 年以后按照新费用标准申领的个人专有车牌必然价格更昂贵,只是澳门特别行政区政府并未详细公布各专有车牌的具体申领时间,不能确定发出的专有车牌是否有 2016 年之后按新价格申领的。

图 5-20 为自 2008 年以来澳门竞投 4 连号车牌成交价(澳门元)。

MZ-99-99	MZ-88-88	MZ-66-66	MZ-33-33	MZ-22-22	MY-99-99	MY-88-88	MY-66-66
$409,000	$500,988	$511,000	$268,008	$340,001	$401,000	$1,000,095	$460,000
MY-33-33	MY-22-22	MX-99-99	MX-88-88	MX-66-66	MX-33-33	MX-22-22	MW-99-99
$328,000	$400,095	$380,000	$531,002	$350,000	$318,834	$339,999	$440,001
MW-88-88	MW-66-66	MW-33-33	MW-22-22	MU-99-99	MU-88-88	MU-66-66	MU-33-33
$428,888	$388,000	$260,260	$268,888	$381,688	$400,100	$398,000	$233,339
MU-22-22	MT-99-99	MT-88-88	MT-66-66	MT-33-33	MT-22-22	MS-99-99	MS-88-88
$222,228	$510,000	$1,110,000	$436,666	$433,331	$388,888	$712,345	$1,000,555
MS-66-66	MS-33-33	MS-22-22	MR-99-99	MR-88-88	MR-66-66	MR-33-33	MR-22-22
$1,210,199	$580,000	$319,000	$460,001	$688,000	$518,888	$479,999	$289,999
MQ-99-99	MQ-88-88	MQ-66-66	MQ-33-33	MQ-22-22	MP-99-99	MP-88-88	MP-66-66
$380,000	$480,000	$360,001	$388,800	$259,000	$333,000	$366,880	$266,880
MP-33-33	MP-22-22	MO-99-99	MO-88-88	MO-66-66	MO-33-33	MO-22-22	MN-99-99
$333,338	$188,800	$261,000	$210,000	$180,000	$219,999	$170,000	$168,889
MN-88-88	MN-66-66	MN-33-33	MN-22-22	AA-99-99	AA-88-88	AA-66-66	AA-33-33
$300,018	$150,000	$138,888	$168,800	$619,999	$1,111,188	$836,666	$381,000
AA-22-22							
$488,888							

图 5-20 自 2008 年以来澳门竞投 4 连号车牌成交价(澳门元)

台湾车牌拍卖

台湾迄今最贵的车牌牌号为"8888-88",2011 年由台北监理站以 358.9 万元新台币(约 80 万元人民币)售出。该车牌的寓意自不必说,对财富的追求溢于言表。这块台湾车牌被悬挂在一辆便宜的本田飞度汽车上，更是让人产生难以抑制的好奇，如图 5-21 所示。据报道，车牌主人是一位年轻商人，购买此车牌，只是为了感念父辈从无到有的拼搏历程。2014 年 11 月，台南监理站开展网上车牌竞拍，牌号"AMG-8888"标价达 380 万元新台币，引来不少人围观，即将打破纪录，但投标人最终未按时付款，视为弃标。

图 5-21 悬挂"8888-88"车牌的本田飞度汽车

上海车牌拍卖

在上海公安博物馆内的交通馆里，有一列橱窗专门用来展示不同时期、不同款式、不同材质的上海私家车车牌。其中最知名的当属"沪 A Z0518"车牌，凡是去参观的人都会去拍照，大家注意的不仅是车牌上的阿拉伯数字，还有这块车牌的含义"我要发"。1992 年 7 月 18 日，上海首次拍卖私人自备小轿车优选牌号在上海商城剧院举行。下午 1 时，300 名竞拍者先后涌进拍卖现场，大家都想在这次公开、公平和公正的竞争中成为优选牌号的车主。来自有关部门的代表、观摩者与新闻记者挤满了上海商城剧院。拍卖的第一个牌号就是"沪 A Z0518"，起拍价为 2 万元。第一位竞拍者报价 8 万元，随后 9 万元、10 万元、11 万元……竞拍者的报价一个超过一个。在短短的 4 分钟内，一位中年男子以 30.5 万元成交。图 5-22 为"沪 A Z0518"车牌与拍卖现场。这个男子称自己在一家企业从事房地产工作，他还当场买下现货提供的唯一一辆奥迪轿车，一共花了 60 万元。1992 年，当时国企职工

图 5-22 "沪 A Z0518"车牌与拍卖现场

月平均工资仅 223 元（1991 年为 192 元）。《人民日报》《纽约时报》等多家国内外媒体对此事进行了报道。更有趣的是，仅仅一个月后，车主就因为欠款被告上了法庭，该车牌连同汽车都被查封。

广东车牌拍卖

公开资料显示，除港澳台外，国内拍卖价最高的车牌便是 2016 年 11 月 19 日成交价为 320 万元人民币的广东省揭阳市"粤 V 99999"车牌。该车牌的拍卖价具有"九五之尊"的气势。图 5-23 为"粤 V 99999"车牌拍卖现场。

图 5-23　"粤 V 99999"车牌拍卖现场

5.3　$675000　美国最贵的车牌

在美国大多数州，车牌牌号只是一个用来识别汽车的号码，但在罗得岛、马萨诸塞、伊利诺伊与特拉华等州，四位或更少数字的牌号具有神秘的吸引力，非常受欢迎。人们将其遗赠给亲戚，或为此支付大笔资金，甚至将其作为投资。与其他大多数州不同，特拉华州和罗得岛州的车牌是注册人的永久财产，可以从一辆车转移到另一辆车，也可以合法转让或出售。

1909 年，特拉华州开始发行车牌——按数字顺序排列。牌号"1"是为州长保留的，"2"是为副州长保留的，"3"是为州务卿保留的。州政府的官员们为自己索取编号较低的车牌，或者将编号较低的车牌作为奖励发给支持者。这样一来，低位数车牌成为身份的象征：车主要么从政客那里得到车牌，要么来自多年前获得车牌的显贵家庭或早期能够买得起汽车的富人家庭。

在罗得岛州，曾有兄弟二人于 1983 年因已故父亲的三位数车牌而闹上法庭。1995 年，罗得岛州当时的州长布鲁斯·桑德伦征用了9号车牌并将其交给他的妻子。2003年，伊利诺伊州政府被指控发放低位数车牌作为政治恩惠。在该地区，市长和市议会仍然对低位数车牌拥有支配权力。不过，目前政府官员大多数已停止将发放车牌作为奖励政治支持者的一种方式。

随着越来越多的汽车注册，各州在牌号中添加字母，使低位数车牌变得越来越罕见。除了1~3号车牌，其余的车牌都可以在市场上公开买卖。也许，一个五位数车牌可以卖到500~1000美元，三位数和四位数车牌可以卖到4000~10000美元，两位数车牌价值为125000~350000美元，一位数车牌——只有6个可供公众使用——是一项100万美元的投资。当然，买家购买的是牌号，而不是实际的车牌。

赖斯大学的研究人员搜集了1998—2019年的831个特拉华州车牌的销售数据。该数据包括36个两位数车牌，140个三位数车牌，532个四位数车牌和123个五位数车牌。研究结果表明，编号较低的车牌获得了最高的价格，两位数车牌的平均价格为212000美元，而五位数车牌的平均价格为870美元；两位数车牌的平均价格约为三位数车牌价格的10倍，比四位数车牌的价格高约100倍。

查尔斯·墨菲在2007年年底去世，留下了他的克莱斯勒汽车，但最有价值的是汽车上的车牌——特拉华州6号车牌。2008年4月4日，特拉华州车牌6号车牌以惊人的67.5万美元被卖给了威尔明顿的房地产开发商兼慈善家安东尼·福斯科。在里霍博斯海滩进行的这场现场拍卖，创造了目前美国车牌拍卖最高价格的纪录，拍卖现场如图5-24所示。在1993年的一次拍卖中，福斯科一家以18.5万美元的价格购买了特拉华州9号车牌。

图5-24 特拉华州6号车牌拍卖现场

2014年10月5日，在威尔明顿河畔大通中心举行的特拉华州车展上，特拉华州14号车牌在拍卖会上以32.5万美元的价格售出。14号车牌购买者为怀特夫妇。图5-25为拍卖师（左）与拍得14号车牌的怀特夫妇合影。

图 5-25　拍卖师（左）与拍得 14 号车牌的怀特夫妇合影

随着时间的推移，低位数车牌的价值越来越高。1958—1959 年，特拉华州 20 号车牌价值 5000 美元，而 2018 年 8 月 20 日，在里霍博斯海滩的埃默特拍卖会上，该车牌的拍卖成交价为 41 万美元。据悉，拍到该车牌的是当地的一名牙医，他买下该车牌是为了留给后代。图 5-26 为特拉华州 20 号车牌及拍卖师与车牌新主人的合影。

图 5-26　特拉华州 20 号车牌及拍卖师与车牌新主人的合影

5.4　没有最贵，只有更贵
全球车牌拍卖最高价

2001 年 9 月 3 日，阿拉伯联合酋长国（以下简称"阿联酋"）迪拜举行了一场车牌拍卖会。迪拜王储兼阿联酋国防部长穆罕默德出价 24.8 万美元买下了 7 号车牌。46 岁的商人卡迈利更是砸下重金，一口气买下了三块车牌。他先是以 33.8 万美元和 22.1 万美元的高价买下号码为"2"和"6"的两块车牌，觉得不过瘾，又掏出 22.9 万美元买下了号码为"11"的车牌。这次拍卖会上卖出车牌总价达 370 万美元，大大超出了主办者的预料。

阿联酋由 7 个酋长国组成，分别是迪拜、阿布扎比、沙迦、阿治曼、乌姆盖万、哈伊马角和富查伊拉。在阿联酋，除迪拜的车牌必须有英文外，其他酋长国的车牌可以用阿拉伯语或者英文。

阿联酋当局颁发的车牌通常有五位数字，较少的数字代表皇室、高级政府官员和富人拥有的汽车。在迪拜，1～9号车牌中的每一块都是天价，所挂的也多是顶级豪车。根据牌号前面字母的不同，同数字不同字母的车牌有26块，但1号比较特殊，有27块车牌。因为迪拜酋长的御用座驾牌号是"1"，没有英文字母。

对于大众来说，车牌就是一块带有字符编号的金属或塑料板，但对于富豪或鉴赏家来说，稀缺编号的车牌往往是社会地位和财富的象征，是可以炫耀的资本。在阿联酋、英国、澳大利亚和中国香港等实行车牌拍卖制度的国家或地区，充满特殊寓意编号的车牌，更是富豪们趋之若鹜的稀缺商品，可谓价值连城。

1994年3月19日，香港英皇集团主席杨受成以1300万港元破纪录的高价买下9号车牌。该车牌成为当时香港最贵的车牌，也是全球最贵的车牌。图5-27为悬挂9号车牌的车辆。

图5-27　悬挂9号车牌的车辆

香港9号车牌的全球最贵车牌纪录在14年后才被打破。2008年2月16日，在阿联酋首都阿布扎比举行的一场车牌慈善拍卖会中，编号为数字"1"的车牌由富商赛义德·加法尔·扈利通过竞拍获得，成交价为5220万迪拉姆，按当时的汇率约合1420万美元。在成功拍得1号车牌后，这位富商谦虚地说："我们谁又不愿意当第一呢？这个车牌价格合理，5220万迪拉姆跟我的财富相比不算多。"除了1号车牌，赛义德·加法尔·扈利及其亲属还持有花费2520万迪拉姆购得的5号车牌和花费1170万迪拉姆购得的7号车牌。阿布扎比1号车牌及其获得者如图5-28和图5-29所示。

2023年4月8日，在阿联酋迪拜朱梅勒海滩四季度假酒店拍卖出世界最贵的车牌牌号"P7"，以5500万迪拉姆（约合人民币1.029亿元）打破此前的纪录。目前，该号码已被收录于吉尼斯世界纪录，成为世界上最贵的牌号。据悉，买家是跨平台即时通信软件"电报"（Telegram）的创始人帕维尔·杜罗夫。"电报"公司的总部位于迪拜，杜罗夫目前是法国和阿联酋公民。图5-30为目前世界上最贵的车牌牌号拍卖现场。

图 5-28　阿布扎比 1 号车牌　　　　　图 5-29　阿布扎比 1 号车牌获得者

图 5-30　目前世界上最贵的车牌牌号拍卖现场

英国最大的私人汽车牌照交易网站 Regtransfers.co.uk 对全球最贵车牌进行了统计，将交易价折合为英镑计算，赛义德·加法尔·扈利竞拍获得的 1 号车牌，只能屈居第五位，而排在前四位的，依次是迪拜 2023 年拍卖的"P7"车牌、2021 年拍卖的"AA9"车牌、2022 年拍卖的"AA8"车牌和 2016 年拍卖的"D5"车牌，价格折合为英镑依次是 1200 万英镑、762 万英镑、750 万英镑和 732 万英镑。按英镑计算，排名前十位的车牌，全部在阿联酋的交易中产生，阿布扎比占 5 块（7 号车牌交易过 2 次），迪拜占 5 块。从排名前二十位看，香港车牌占 3 块，澳大利亚车牌占 2 块，其他全部在阿联酋。图 5-31 为迪拜"AA8"车牌拍卖现场。

有趣的是，随着各种电子货币的出现，车牌的交易方式也在改变。美国一家网站发布了一条出售加利福尼亚州车牌的消息，车牌编号为"MM"，标价 2430 万美元，如图 5-32 所示。即使在加利福尼亚州，这笔钱也足以买一所非常漂亮的房子了，或者装满一个车库的汽车。最重要的是，这块车牌是世界上第一个匹配非同质化通证（NFT）的车牌。虽然核心价值在车牌本身，但 NFT 记录区块链上的所有权历史记录，具有专属性与排他性，更加彰

图 5-31　迪拜"AA8"车牌拍卖现场

显其价值。因此,卖家将该车牌在世界上第一个也是最大的 NFT 交易平台"公海"(OpenSea)上出售,标价 5888 枚以太币(Ether)。以太币是一种类似比特币的加密电子货币。2021 年 11 月 11 日,每枚以太币合 4864.02 美元,按此价格计算,加利福尼亚州"MM"车牌的价格高达 2864 万美元,约合人民币 1.9 亿元。

图 5-32　编号为"MM"的美国加利福尼亚州车牌

卖家为了出售这块车牌,专门建了一个广告网站进行宣传,还面向全球列出潜在客户名单,如图 5-33 所示。卖家在宣传中说,加利福尼亚州有超过 3500 万个车牌,而具有两个相同字符的车牌不过 35 个,像"MM"这样几何对称的车牌更是寥寥无几,其独特性、稀缺性与匹配 NFT 的开创性,加上加利福尼亚州私人车牌交易的放开,必将令其持续升值。卖家还列出最适合的购买者,包括迪拜数字车牌拍卖的全球倡议发起者穆罕默德·马克图姆(Mohammed Maktoum),因为他的姓名中首字母含有两个"M"。卖家还建议美国富商埃隆·马斯克将该车牌作为礼物送给他的妈妈梅耶·马斯克(Maye Musk),因其姓名首字母中同样有两个"M"。不得不说,卖家是在精准推销。当然,这块车牌目前并未真正售出,因此不能称为"世界上最贵的车牌",只能算作"世界上标价最高的车牌"。

综观全球,天价车牌大多数集中出现在盛产石油的地区和欧美国家,以及东亚经济发达的城市,至于哪一个车牌是全球最贵车牌,受到不同货币排名与汇率的动态变化,说法可能并不完全一致。

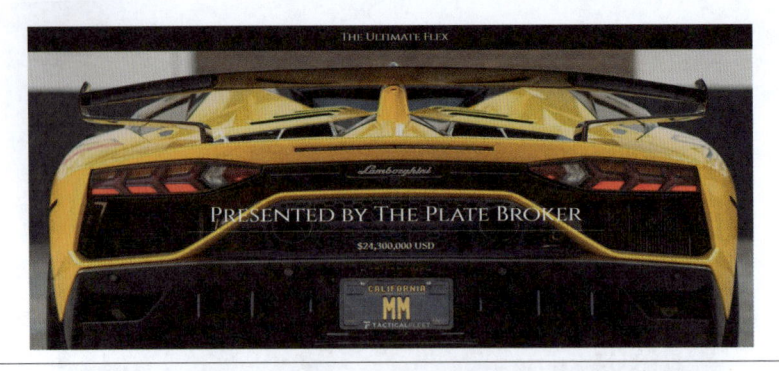

图 5-33　为出售加利福尼亚州"MM"车牌而专门建立的网站首页

5.5 "666"和"888"
吉利号与魔鬼号

　　包含"666"的牌号，真的吉利吗？有的地方，人们趋之若鹜；有的地方，人们避之唯恐不及。牌号"18""8888-88"，在我国香港与台湾地区属于最贵的传统牌号，而有的国家却限制其使用。这样的例子不胜枚举，究竟为何？

　　在我国，数字"6""8""9"通常是牌号中最受欢迎的数字，如果有相同的两位数、相同的三位数甚至更多位的相同数字，就更加显得珍贵。原因很简单，这些数字谐音好听，寓意美好。"6"是被人们普遍认可的吉祥数，与对应的汉字"六"一样，象征和谐、吉利与完整，如六合、六艺、六义、六亲、六畜、六六大顺等词。与"6"同音的"禄"字，有吉祥幸福之意。"6"也同"牛""溜"等字谐音，在现代俗语中有优秀出众与流利熟练之意。澳门拍卖成交价最高的牌号是"MS-66-66"。在普通话与多数汉语方言里，"8"与发财、发达的"发"谐音，已然是象征财富的符号，南方尤其如此。台湾迄今成交价最高的牌号是"8888-88"；香港最贵的四个牌号，两个带有数字"8"，分别是"28"（谐音"易发"）和"18"（谐音"要发"）；澳门公开拍卖成交价最高的三个牌号，有两个是以数字"8888"结尾的。数字"9"对应汉字"九"，常被暗喻九五之尊，"9"又与"久"同音，寓意长长久久，也颇受追捧。广东的牌号"粤Ⅴ99999"一度是除港澳台外国内最贵的牌号。

　　牌号中有被认为吉利的数字，同样有不受欢迎的数字。不用说，数字"4"就是典型的代表。究其原因，无论是普通话，还是南方各地方言，数字"4"与对应汉字"四"的读音，与汉字"死"的读音相同或相近，区别仅在于声调，因此在日常使用中有禁忌。从车牌编号看，大陆与港澳并未明令禁止数字"4"在车牌编号中的使用，而台湾明确规定车牌编号中一律不使用数字"4"。从整体上看，南方人对"4"的禁忌明显多于北方人。

　　实际上，整个东亚文化圈对"4"都有一定程度的回避与排斥，只是程度有所不同。在民用牌号中，日本一般不发行后两位为数字"42"与"49"的牌号，因为两个数字分别与日语"死に"（意为"到死"）和"死苦"（意为"垂死"）读音相同。在英语中，还专门有个词描述这种对"4"的恐惧与忌讳，即"tetraphobia"（恐四症）。

当然，欧美也有很多禁忌，如"666 恐惧症""13 恐惧症"等，就是最直接的反映。

在美国，大部分人不喜欢含有"666"的牌号。如果美国人碰上自己不喜欢的牌号，大多数可以通过缴纳额外费用重新选择牌号。加利福尼亚州与明尼苏达州等州都曾报道过车主要求更换新分配的带有"666"的牌号的事情。密西西比州在 1987 年 10 月与 2019 年 2 月间，不发行带有数字"666"的车牌。1993 年，在菲律宾首都马尼拉，一位天主教神父因拒绝使用带有"666"的牌号，被罚款 1000 比索（约合 150 元人民币），并被当局扣押车辆。

中国人视为珍宝的"666"为什么在其他国家如此不招待见呢？这是源于西方的文化。《圣经·启示录》第 13 章中记载，"666"是兽的数目，所以"666"在西方文化中被广泛认为代表邪恶，象征魔鬼。

同样，数字"13"在西方文化中也被广泛认为是不吉利的数字。世界一级方程式锦标赛（F1）从 1950 年进行首场比赛到 1976 年，赛车编号"13"仅出现过 3 次，两次被南美洲车手使用，只有一次被英国车手迪维娜·加利卡在 1976 年英国站使用（这一次或许是因为她的生日正好是 8 月 13 日，不过 13 号赛车最终没有获得决赛资格）。图 5-34 为迪维娜·加利卡与她的 13 号赛车。在欧美文化中，有许多与"13"有关的传说。例如，耶稣就是被第 13 个参加最后的晚餐的门徒犹大出卖的，最终丧生；历史上著名的圣殿骑士团是在 1307 年 10 月 13 日遭到屠杀的。这些事件让"13"被认为是背叛与出卖的同义词，是代表不祥的数字。自 1976 年之后，"13"这个被认为是"不吉利"的号码就没有在 F1 中使用过，直到被马尔多纳多在 2014 年选中才重返 F1。有趣的是，日本第一位参加 F1 赛事的车手中岛悟，曾拒绝接受将赛车编号为"4"，而他的欧洲队友却十分乐意使用这个编号，以帮他消除心中的痛苦。

图 5-34　迪维娜·加利卡与她的 13 号赛车

在德国，牌号在原则上不得违背良好的道德规范。实际上，在牌号中，最主要的禁忌多与纳粹德国和阿道夫·希特勒（Adolf Hitler）相关。在具体的车牌编号分配中，各州有一定的自主权，对具体不能使用的牌号有不同的细化规定。例如，勃兰登堡州从 2010 年 6 月起，包含数字"1888""8818""8888"的牌号，以"88""188""888"结尾的牌号，以及包含"HH18"和"AH18"组合的牌号，均不发行。巴登符腾堡州，在 2021 年 2 月后，也不再使用包含"1488""HH18""AH18""HH88""AH88"的车牌。中国人最喜爱的"8"几乎都被禁止。2015 年，慕尼黑一块编号"M AH 8888"的车牌曾引发关注和争议，以致当局被公众质问车牌究竟是如何获准发出的，后来政府部门不得不致歉并很快与持有人达成协议，为其更换新的牌号。图 5-35 为悬挂"M AH 8888"车牌的奥迪汽车。

图 5-35　悬挂"M AH 8888"车牌的奥迪汽车

究其原因，字母"A"和"H"在字母表中对应的排序为"1"和"8"。德国各级政府为避免右翼极端分子以更为隐晦的方式通过车牌展现"希特勒万岁"（Heil Hitler，HH）和"阿道夫·希特勒"（AH）等，便采取了相应的禁用措施。除了数字，一些与纳粹相关的缩写在车牌编号中也被限制使用，如"KZ"（Konzentrationslager，集中营）、"HJ"（Hitler-Jugend，希特勒青年团）与"SS"（Schutzstaffel，党卫队）等。

不同的文化、宗教和历史都会影响不同国家和地区的人们对车牌编号的看法。既然有吉利的牌号，自然有忌讳的牌号；既然有牌号让人趋之若鹜，自然有牌号让人避之唯恐不及。车辆牌号的禁忌全世界都存在，这里只是列出一些典型事例，算是管中窥豹。